金融哲学系列
之四

时间游戏

周洛华 著

图书在版编目(CIP)数据

时间游戏/周洛华著. —上海：上海财经大学出版社，2024.4
(金融哲学系列)
ISBN 978-7-5642-4341-8/F·4341
Ⅰ.①时… Ⅱ.①周… Ⅲ.①经济社会学 Ⅳ.①F069.9
中国国家版本馆 CIP 数据核字(2024)第 057065 号

□ 策划编辑　王永长
□ 责任编辑　王永长
□ 营销编辑　王永长
□ 封面设计　桃　夭

时 间 游 戏

周洛华　著

上海财经大学出版社出版发行
(上海市中山北一路 369 号　邮编 200083)
网　　址：http://www.sufep.com
电子邮箱：webmaster@sufep.com
全国新华书店经销
江苏苏中印刷有限公司印刷装订
2024 年 4 月第 1 版　2024 年 4 月第 1 次印刷

890mm×1240mm　1/32　12 印张(插页：2)　265 千字
印数：0 001—10 000　　定价：88.00 元

去当『人上人』,还是去看『天外天』?——这是一个根本问题

目 录

自序/001

时间到底是什么/001

    时间的维度/006

    时间的构成/010

    时间的形式/025

    时间的创造/042

    时间的买卖/056

集体游戏/067

    共同风险/071

    游戏的发起/082

    游戏的切换/096

    游戏的维持/109

    游戏的结束/121

"人上人"模式/133

  模式形成的原因/136

  维持游戏的机制/146

  个体应对的策略/156

"天外天"模式/169

  模式形成的原因/173

  维持游戏的机制/183

  个体应对的策略/199

个体玩家与游戏组织者/207

  弱者靠关系/212

  强者靠能力/214

  个体强弱决定游戏类型/216

  游戏组织者的既得利益/219

游戏场景与攻略/229

  定价与报价/233

  利率/238

  通货膨胀/245

  债务危机/253

  货币政策/257

  企业家精神/265

  双轨制/269

  金钱与效率/279

  房产游戏/285

股票游戏/294

捷径与大道/307

规则与产权/311

老龄化社会与中等收入陷阱/319

内需与外需/328

电力与算力/334

面子、孝子与种子/341

人性与算法/349

人设与角色/354

后记/364

参考书目/368

自 序

我从不声称自己找到了资本市场的普遍真理并能够解决其他投资人的问题。我只是对我自己的生活和投资经历进行了思考。写完这本书的时候,我感觉自己来到了能够让自己暂时停止思考的地方——因为我获得了内心的平静。

在这本书的写作过程中,我肯定对您说了实话。但是,我不肯定这些实话是否符合您开始阅读之前所抱有的期待。为此,我特地把一些澄清性的说明披露在序言里面。我会同时要求出版商把这份序言公开在购书网站上,以便读者在购买之前就已经知晓这份"温馨提示"的内容。

这本书不能帮助你提高投资回报率。

本书的作者既无这个能力也无这个意图。不仅如此,我还认为,如果有人声称他们的书能够帮助读者提高投资回报率,读者应该对他们的作品和人品充满警惕和戒备。

我还自愿披露如下内容:我一直依靠"市场感觉"来炒股,而且投资回报水平很差。"卖房炒股,融资炒股,炒股套牢,套牢割肉,割肉创业"——这其中的任何一条在过去20年,都可以被称为"败家捷径",而我居然都走过一遍。不过,更重要的是,我现在不仅活着,还打算继续乐观地活下去。

如果你碰到一个脸上有刀疤、胸口有熊爪抓痕（也可能是雇了整容医生故意弄上去的）的陌生人时，你的生物本能会提醒你：对他应客气一点，稍微恭敬一点，不要主动冒犯他，挑衅他。因为他的伤疤告诉了你，他经历过危险的战斗，而且活下来了。对于雄性灵长类动物来说，"伤疤"就是奖章。

我记得 2015 年 8 月，我买了万华化学的股票。后来，股价一路下跌，我就被套牢了。然后，我用券商提供的融资加仓，但是股票继续下跌。我的成本在 21 元（未除权）左右。当时股价已经跌到了 16 元。就在这个时候，我参与集体创业的项目"大房鸭"公司急需融资，而投资方却因种种原因始终没有把资金打到公司账上来。眼看着这个月的员工工资就要"违约"了，我被迫割掉了我的股票，给员工兑付工资。尽管他们声明愿意与我共甘苦，但有一种无形的力量推动我做出自我牺牲（这种冲动源自一种责任感和荣誉感的混合体，类似于灵长类动物舔舐自己伤口的癖好）。仿佛，这是我光荣的使命。

按照券商的规定，割肉取款之前先要还掉融资盘的本息，这就像是左手举起菜刀砍掉自己的右手一样——当时我不痛苦，但是麻木。我不知道这是一个股票投资人的悲壮和冷静，还是一个创业者的激情和责任。我大概在 13 元到 14 元之间，割掉了全部融资盘，由此券商才允许我挪出剩余部分本金，注入那个我创业的公司，使其继续运营下去。

后来的事情嘛，你只要去查一下股票行情就知道了：在我写作本书的时候，万华化学不考虑分红和送股除权的因素，也已经涨了 8 倍。我割在了底部。如果我没有割肉，融资盘也没有撤销，那就是接近 20 倍的涨幅。也许，这就是人生吧！但是，我并不难过。我少了一些钱，多了一块值得炫耀的伤(jiang)疤(zhang)。

除了股票割肉以外,我还有一些其他重要的事情(伤疤)需要披露。那就是我的学术素养也很低。我依靠市场感觉,而不是估值模型炒股票——这仅仅是因为我的数学底子太差,而且我不懂计算机编程。

我离开体制前的职称是金融学副教授,而且我从来没有评上教授。每次有人称呼我周教授的时候,我就神经过敏(其实就是疑神疑鬼)地以为对方早已知道我那次不堪回首的落选经历。我还会以为对方其实是在故意讽刺我,揭我的伤疤。总之,我是疑心生暗鬼。

我曾经担任上海大学经济学院副院长。每年,我都会参加学院组织的招聘新教师的面试活动。2013年,我在面试一位刚从国外回来的年轻应聘者时,我问了她一个有关指数波动率如何产生的问题。她惊呆了,当着许多人的面,她大声回答道:"周院长,您不知道这个问题已经解决了吗?×××去年发在JFE上的论文您没有看过吗?"(×××是她娴熟地说出的一个外国人的名字,我只记住了结尾好像是"斯基"两个字,也可能是"诺夫"。总之,听起来像是一个俄裔美籍的数学家。)

当时,我感到难受极了。我感觉根本就不应该是我来面试她,然后给她打一个满分;而应该是她来考核我,然后给我打一个不及格。我察觉到了她的惊讶,她也一定察觉了我的无知。我本来想用"原来你也知道这篇论文啊"的假笑去掩盖自己的尴尬,但已经太迟了。她不仅察觉到了我因无知而产生的尴尬,还察觉到了我试图刻意表现出来的虚假"大度和从容",其实是为了掩盖我的"无知和尴尬"。由于她是一个应聘者,而我是一个面试官。所以,她立刻又明白自己刚才的回答太突兀了,有可能因伤害我的自尊心而降低她被录用的机会。于是,她也流露出了"歉意和后悔"。这个场景在尘埃落定以后,镜头是这样定格的:我后悔问了那个揭示我自己"无知"的问题;她后悔给出了那个揭示"她已经知晓了我的无知"的回答。情况更糟糕的是,会议室里的其他人都察觉并体会到了我们俩不同原因的后悔。按照年轻人的话来说,这叫"大型翻车现场"或者"社交性死亡场面"。对我来说,这就是一场针对我学术生涯的"公开处决"。

那天面试结束以后,我就明白了,自己曾经引以为豪的东西已经被淘汰了。我曾经的珍宝箱已经变成了年轻人眼中的垃圾箱。我意识到自己这些年不学无术和好吃懒做的后(bao)果(ying)终于还是到了。只是我没有料到这一天,它来得这么早——我才41岁。

那一刻,我已经下决心辞职离开了。体制不应该是中年人掩盖自己无知的地方,更不应该是压制年轻人的地方,而应该是年轻人展示自己聪明才智的地方。应该让那些比我能干得多的年轻人,走上重要岗位,去推动国内金融学的进步,去教育更年轻的下一代学生;否则的话,我占着岗位就是浪费所有人的时间。

我离开体制并不是认输和逃跑,而是大踏步地主动转移到"敌人"后方,去开辟第二战场。我用人类学和社会学的方法重新解释了困扰金融学界多年的"波动率的微笑"现象。波动率是数学家们看待交易时间的方式。但是,数学家们没有发现时间是由"身边的风险"和"远方的机会"按照不同比例构成的。机会和风险在不同时间段会此消彼长,因此,时间才会体现出波动。这本《时间游戏》就是我在第二战场的反攻宣言。

许多金融学系的人都反对我的观点,他们认为我只是"不服气"而已。我并不反对他们,也绝对不会公开承认我私下里把他们称为"芋头"(湖南话里的愚蠢)。我觉得自己做了一项开创性的工作。只是别人需要时间来理解、接纳或验证我的想法,毕竟,"群众的思想转变需要一个过程"。多年的炒股经验告诉我,如果我在散户云集的交易大厅里发表的长篇大论收获了众多粉丝,那么,我的持仓一定很危险了,甚至我的头寸根本就放反了。

理解我的作品并不需要很高的智商,但却需要巨大的勇气。设想一个人长期以来是由金融学和经济学教科书培养出来的,现在让他抛弃自己为之奋斗多年的思想框(bao)架(fu),他一定是很不情愿的。就像辛亥革命以后,很多汉族士大夫阶层的人都拒绝剪掉自己的辫子(人一般不愿意否定自己,因为承认自己的错误,会变相提高周围人的社会地位)。

本书在经济学、金融学、社会学和人类学的各种概念之间建立了联系。我试图打通各条崎岖小路,为生活中各种真实的场景建立丰富的多学科索引。我不试图寻找普遍规律或构建估值模型。伊曼纽尔·德尔曼在他的回忆录《宽客人生》里说过,在资本市场发明一个新模型其实不是让你去给股票定价的,而是让你去给想买卖股票的客户报价的。模型对于客户的价值在于其可以让他下单时充满自信。模型对于投行的价值在于让它向客户报价的时候既能确保自己头寸的安全,又能从客户头上赚取一笔手续费(俗称:hair-cut,"给客户理个发")。我在本书里建立了一个类似报价系统的框架,帮助读者在理解经济现象的同时理解与之相关的社会现象。因此,本书其实没有任何理论,没有任何模型,没有任何分析,也没有找出任何现象背后的本质。金融学系的同事们会因为我没有试图去这样做而感到惋惜,我却因此而感到愈加自豪。

本书只是建立了各种经济社会现象之间的相互联系。有些现象在金融学领域,有些在社会学和人类学领域,还有些在口口相传的田野调查和风言风语中。我把这些东西融合在一起,将其视为一场全社会参与的集体游戏。其实,维特根斯坦的哲学思想和投资银行家们的信条是一致的。维特根斯坦哲学强调看出不同事物之间的联系,从而认识统一的整体。

在这个整体之内,各种概念都"物归原处",各个事物都"井井有条",相互之间不会有自相矛盾的地方。投资银行则强调建立一个报价体系,从而在不同期限和不同品种的各类别资产之间建立联系。在这个报价体系之内,不可能出现无风险套利机会。我依据市场上 3 年期国债和 1 年期国债的当前价格,即便财政部今年还没有发行 2 年期国债,我也能给客户报出 2 年期国债的参考价格范围。这在维特根斯坦看来,是因为我看出了它们之间的"联系"。

本书充满了想象和力量。我就像是反出南天门的孙猴子,从金融系破门而出,开创了一片新天地。现在,我拿着这本书回来告诉那些占领了金融系的程序员和数学家们:你们一开始就错了,你们把金融学领上了"邪路"。

当别人说我的书是"跨界之作"时,我并不感到高兴。我甚至觉得对方误解并低估了我。我认为我的作品建立了金融学、人类学、生物学和社会学之间的联系。然后,我像一个收拾院子的园丁一样,把各种花草摆放在看起来舒服的地方,并把园艺工具放归原处。读者以后在这些领域进行一场思想旅行时,就会感觉心情舒畅,头脑清晰。

披露完这些内容,你可能会觉得我表现出来的谦虚和诚实更多的是指向了另外一种可能性:对原有游戏规则的不屑。就像丘吉尔说的,重要的是战斗下去的勇气。我想方设法要换一个新玩法,找一批新伙伴,用一种新规则,发明一个新游戏,继续玩(da)下去。

如果你把我过去写的《货币起源》《市场本质》和《估值原理》分别看成《机械原理》《交通规则》和《旅游指南》的话,这本《时间游戏》就是我的有关投资这场游戏的《玩家攻略》。

在你开始游戏之前,你得先选择游戏的类型:去做"人上人",还是去看"天外天"？这决定了你将在哪种社会生态环境中做投资。为此，你一定要找到你心底隐藏最深的人性，听见你自己最真实的想法。

  本书就是你的镜子和录音笔，帮助你对这个问题做出选择。

周洛华
2023 年 5 月 2 日

时间到底是什么

人一旦相信时间是"身边风险"和"远方机会"的组合,他们就会觉得未来值得他们去努力奋斗。

构建"有效市场"和"法治社会"的目的是为了阻止在人类社会出现唾手可得的"身边机会"和无法避免的"远方风险"。前者代表了不劳而获的无风险套利机会,后者代表了劳而无功的黯淡前景,两者都会扼杀人们努力奋斗的动机。

奥古斯都在《忏悔录》里写道:"时间是什么?你不问我的时候,我是知道的。你一问我,我就不知道了。"

按照维特根斯坦的说法,奥古斯都并非不知道什么是时间,只是无法用语言说清楚。因为时间并不单独存在于人类的日常语言之内。在人类的日常语言中,许多概念是自带时间的。一旦我们把时间从人类的日常生活中单独剥离出来,就很难用人类的语言把时间这个概念说清楚。如果试图用"自带时间概念的词"去表述"时间",按中国人的话说,就是"湿手粘面粉",按维特根斯坦的话说,就是"徒手修补蜘蛛网"。

被我们称为时间的那个事物,最早是一个天文学概念。它是一个算术运算的结果,是对某些自然现象的度量。我们观察到了地球自转、月球绕地球转动或者地球绕太阳转动的星际运行现象。然后,我们把一个完整的地球自转周期用算术除法,平均地分割成 24 个等份。我们习惯地把这每一个等份称为"一小时"。相应地,我们还有了"一天"和"一年"这些概念。这就是我们日常生活中熟悉的时间概念的由来。

既然时间概念源自算术等份的星际运行现象,我们为什么不用同样的眼光来看待我们人类自身的互动呢?

金融学研究资产价格波动时,经常在模型中使用物理学里面的时间概念。这样一来,金融学家们就可以直接应用物理学模型和数学方法来研究资产价格的涨跌了。但是,资产其实不是自然界天然就有的物质,其价格的波动不应该被视作物理现象。我从来没有看到有天文学家来研究资产价格波动。我倒是认为,我们应该效仿天文学,从"人际互动"的角度理解人类社会的时间,进而再来分析资产价格的波动。

2022年8月,美国马里兰州一对黑人夫妇Nathan Connolly和Shani Mott起诉该地区的房产评估机构20/20 Valuations LLC和按揭贷款提供商loanDepot.com,理由是他们违反了《公平住房法案》(Fair Housing Act)。这对黑人夫妻发现,当他们俩接待评估师的时候,他们挂牌出售的房产被评估为47.2万美元;而当他们请白人同事代表他们接待评估师并抹去该房产曾经有黑人居住的任何印记以后,同样的房产被评估为75万美元。

类似的事情在美国发生过多起。据2022年12月《每日邮报》报道,住在加州马林市(Marin)的黑人夫妇奥斯丁(Austin)在2016年12月以55万美元的价格购入当地一间房屋,随后几年陆续花了40万美元进行大幅翻修。在2022年1月他们准备对按揭贷款进行再融资(refinance)的时候,当地的房产公司Miller & Perotti的估价师米勒Janette Miller向他们表示,这栋房子只值99.5万美元。奥斯丁夫妇觉得这个价格与周围房价不符,怀疑是自己的肤色造成房价被低估。他们在3个星期后要求再次估价,并找来一位白人朋友冒充房主。他们将整个家重新布置,拿走所有与非裔相关的装饰,摆上白人一家的照片。房产公司找来另一家评估公司AMC Links对他们的房子进行二次估价。他们的白人朋友也主动和估价师攀谈、聊天、打招呼,没想到价格竟比原先多出近50万美元,高达148万美元,回归到马林市房价的中位数。

请问读者,估值的对象到底是房子还是房主?这两个例子不仅说明美国社会黑人的社会地位低于白人的现状,还很好地诠释了我从

《估值原理》开始就提出的观点："对资产估值是为了确定人的社会地位。"

这两对黑人夫妇卖房子的故事提醒了我：要关注人在社会中相对地位的升降，而不要关注他们手里资产价格的涨跌。这里，我要展示不仅资产价格体现人际互动，时间本身也是人际互动的产物。

金融学的时间应被看成是人与人互动的算术等份，就像物理学的时间源自地球和太阳互动的算术等份一样。我们应该先观察人与人之间的互动，由此，我们才能理解为什么人们在特定的场景中使用特定的资产来实现特定的互动。最终，我们才能理解这个资产价格的波动。

在"太阳—地球"和"地球—月亮"的互动中，我们观察到阴晴圆缺。在人与人的互动中，我们观察到人的社会地位的升降。资产价格的涨跌就体现了其持有人的社会地位的升降。因此，研究资产价格涨跌不应该使用天文学的时间，因为它的涨跌（尽管也有随机性）并不是物理学现象。研究资产价格的涨跌，其实应该研究人际互动关系，研究人类在某个历史时期为什么会用某项资产，研究这些资产在人类社会的作用，研究人类怎么使用这些资产，达到什么目的，解决什么问题，防范什么风险。

有鉴于此，我把人们之间的互动称为"集体游戏"；把资产视作集体游戏中的"比赛用球"。

笔者就是在集体游戏的框架内来分析研究时间概念。

时间的维度

时间的表现形式是千变万化的,我们对时间的各种表现形式是很熟悉的。我套用基督徒赞美上帝的句式,把"上帝"改成"时间"。时间不是无所不在的(ubiquitous),而是普遍存在的(omnipresent)。

我曾经在金融学系当老师。给孩子们讲时间概念,我就得先画一个坐标或者写一个表达式。我在金融学系认识一个年轻的同事。他在黑板上写的公式很漂亮,人也很阳光,很帅气。不过,自从上次股市牛熊转换以后,他就变了一个人似的——他好像不是经历了1年的牛熊转化,而是经历了10年的面壁苦行。我差点儿认不出他了。

我无法像他那样用优美的公式来描写时间。关键是,我认为无论多么优美的公式,只要是用公式来描写人,这个念头就错了,是对人的羞辱,是对人类苦难的蔑视,是对人类喜悦的忽略。

我没有用坐标,而是用下面这个简单的维度来理解时间。

时间在两个极端之间摆动[①]。这两个极端分别是希腊神话中的命运女神和电影《复仇者联盟》里的灭霸。当它摆向前者时,时间表现为机会;当它摆向后者时,时间表现为风险。

希腊神话中命运女神三姐妹之一的克洛索女神手里拿着纺锤,不

[①] 我斟酌许久,波动还是摇摆,最终,我觉得还是"摆动"一词更符合我的意图。读者在惯常的金融学书里往往看到的词是"波动"。"波动"一词制造了巨大的语言迷雾。它使人误以为,资产价格在一段时间里面的变化,就类似于物理现象中的随机波动。其实,时间的摆动既包含了客观世界的不确定性(波动),又包含了人的主观能动性(应对波动),因此,我选择"摆动"这个词。

断地释放出纺线，延长你的生命之线。她不断给你时间，给你机会。她对你一往情深，且不求回报。在她看来，时间对于人来说，就是与生俱来的必然性和必需品。

基于命运女神这个"好的"极端，金融学略作修改，给出了几个约束条件，随即得到了"Martingale 的世界"。这几乎是所有金融学估值模型的基础。要理解"Martingale 的世界"，我们需要想象一个永不清盘的赌场。这个赌场向玩家提供免费的时间，而且从不要利息，也决不催讨债务[①]。

设想一下，你带着 100 美元去 Martingale 赌场，每次扔硬币决定胜负。如果你第一把就输了，赌场会借给你 100 美元（无抵押且不要利息）；你第二把继续扔硬币，如果你又输了，赌场会借给你 200 美元。然后，你押上全部赌注，如果这一把你赢了，你就偿还赌场前面给你的借款，自己也拿回本金。如果你又输了，那么你就继续借钱，翻倍押注地赌下去。这样的话，总有一把你能够翻身，偿还欠款，拿回本金，离开赌场。

Martingale 的意思就是：你在决定进入这个赌场的时候，已经知晓且认同以下前提条件：

（1）如果你还没有翻本，那你就一直待着不断翻倍押注；

（2）当你赢一把离开的时候，身上还是只有 100 美元；

（3）你在赌局的任何一个时间点上，假设你此刻输了 100 万美元，

[①] 我在《估值原理》里面详细介绍过这个"Martingale 的世界"。这里就简单介绍一下，以便我的新读者们理解这个概念。对于我的老读者嘛……经典故事值得反复讲。毕竟，老布什总统曾经说过："请把宫保鸡丁按照原始配方对我重复一百万次。"

你应该预期如果你继续赌下去，你离开时的状态就是输 100 万美元，而不能有"富贵轮流坐，明天到我家"的念头。

这三个约束条件是金融学对"命运女神"的修正（金融学讲的"Martingale 的世界"不如"命运女神"那样一往情深）。你在知晓这三点的前提下，仍然决定加入赌局。你就来到了 Martingale 的世界——欢迎来到金融学大厦的地下室。

读者一定已经发现了，Martingale 的世界和人类社会的实际情况相去甚远，但是，这是许多金融学模型的基准时间。

北美精算师协会的总部设在密歇根小镇，那栋小楼后面有一个与院子规模不太相称的人工湖，里面养了两只白天鹅，公的那只叫 Martin，母的那只叫 Gale。这不是段子，而是精算师协会用来提醒会员：

（1）Martingale 是一切模型的原点；

（2）模型描写的是白天鹅的世界；

（3）现实世界是有黑天鹅的。

这个故事居然还有续集（此处请自行脑补一个掩面泣笑的表情）：20 世纪 80 年代，澳大利亚精算师协会选举了一个名叫 Martin 的精算师担任主席，而他的继任者是一位名叫 Gail 的女士。我本来对此将信将疑，后来我找上海财经大学的谢志刚老师核实了，这一切居然都是真的！澳大利亚，那可是黑天鹅的故乡啊！

时间的另外一个极端的维度是电影《复仇者联盟》里面的"灭霸"。他打一个响指，就随机地消灭地球上一半的人口。他声称自己在用这种灭绝人性的方式帮助剩下的人类，以期恢复地球生态的平衡。灭霸把人当成了蚊子或者鱼在河里产下的卵，任由他代表大自然来随机筛选。在他看来,时间就是人在随机事件中的生存概率。

一个人遇到命运女神就可以躺平不再努力了,因为你不用努力也有用不完的时间和机会;一个人遇到灭霸恐怕也只能躺平了——因为再努力也没有用了。这两个虚拟场景分别对应了进化史中两种极致的自然力量:培养与筛选。在 Martingale 的世界里,命运女神化身为赌场老板,她不求回报地培养、包容、放纵、迁就和溺爱你;在《复仇者联盟》里,灭霸不问缘由地筛选你和其他同类。

真实的世界介于这两者之间。人类社会用集体游戏组成了介于这两种力量之间的机制。这个机制既包含了培养,又包含了筛选,两者缺一不可。

基准时间只存在于希腊神话里、数学模型中和密歇根人工湖上。真实的时间也介于这两个极端维度之间。我们日常生活中的自然时间不是"基准时间",也不是灭霸的"随机事件"。这就意味着我们面对的时间,不是无限的、连续的、包含均匀信息量的,以及可以被视为随机变量的时间。我们面对的时间,是有限度的生命,有代价的资金和有风险的机会。这才是人类社会时间的表现形式。

这里没有无偿借钱给你且永不催债的赌场老板,没有对你一往情深且一直给你机会的命运女神,也没有随机打响指就消灭小区里一半邻居的灭霸。所以,在我们的现实世界(无论你叫它人类社会还是集体游戏)里,时间在"无穷的机会"和"无情的毁灭"这两者之间摆动。之所以是摆动而不是波动,是因为你不是被动承受波动,而是有自己选择的权利,你可以有所作为。

如果你参加的集体游戏在时间维度上靠近命运女神这一端,那么,你会有更多的安全,但没有什么自由发展的空间。因为"Martingale的世界"是一成不变的,你终身待在里面,看起来你好像是拥有了永恒的时间。其实,你的财富和阅历没有增加,人性和见识没有提升。

如果你选择的集体游戏在时间维度上靠近灭霸这一端,那么,你有更多的自由,但是你没有安全保证。无论你多么努力,你都无法改变灭霸给定的生存概率。当然,你一旦活下来了,你就有充分的自由发展空间。

时间既包含了风险也蕴藏着机遇。集体游戏就是我们管理时间的方法。我们通过集体游戏来获得更多的时间(更多的机会或者更少的风险)。

集体游戏介于命运女神和灭霸之间。因此,游戏的时间肯定有限制。没有结束机制的游戏,任何人都可以随时满血复活,永远可以玩下去,游戏就只有重复和轮回,而没有意外和进步。它就对人失去了吸引力。一旦游戏没有了惊险的乐趣,那么,玩这款游戏也不能提高人的激素水平或者提升其他方面的技能。人在游戏中体验各种激素,提升各种技能,游戏提升并发展了人。集体游戏体现了集体进化的机制。

时间的构成

电影《最长的一天》讲的是第二次世界大战时期,盟军在诺曼底登陆的故事。片名取自其中的一个场景——德军指挥官隆美尔自言自语道:"战争的胜负在登陆的第一天就决定了。对于交战双方来说,这都将是最长的一天。"

在金融学家看来,并不是1944年6月6日那一天的时间特别长,而是那一天包含的信息量特别大。金融学的时间是有密度的。费雪·布莱克和他在高盛公司的助手伊曼纽尔·德尔曼很早就发表了相关的论文。他们认为单位时间所包含的信息量是不同的,这就意味着有些时间段里面包含了巨大信息量,从而决定着战争的胜负和人类的命运;有些时间段则平淡无奇,像足球比赛中场休息时段插播的广告,这时候的市场充斥着垃圾信息,交易一般十分清淡。

他们俩用投行的方法处理了时间,将其称为时间的密度,进而就可以利用现有的金融工具对时间进行交易。由于交易标的物的密度是无法预测的,所以,这个品种极具"炒作"价值。这就是投行发明的新交易品种,是他们赚取交易手续费的工具。

我对这个问题有更朴素的理解。现在,我进一步抽丝剥茧,请读者仔细品味和比较一下这两种场景:

场景1:你卖出一份看跌比特币的1个月到期的期权合约。

场景2:你卖出一份看跌比特币的1年后到期的期权合约。

场景1相当于你面对无情的灭霸。这1个月的时间对于你来说,包含着巨大的风险。因为站在市场看起来,比特币在结算日下跌和上涨的概率各为50%——你有50%的可能性爆仓。这个场景特别类似于你面对着即将打响指的灭霸。你的命运已经不在你手上了,你的时间、你的生存就是一个随机事件。而且该随机事件的概率由灭霸、别人、市场或者大自然决定。除非七大姑八大姨凭着深情厚谊出面捞你,否则你爆仓以后的下场很难看。

场景2相当于你面对一个比较严格的命运女神（她给你机会，但并不一往情深）。这1年的时间对于你来说，包含着一个机会：一个努力就有可能实现的机会。你可以用现在做空比特币拿到的这笔钱，去研发一个新算法，搭建一个新算力架构，甚至定制一款新的芯片。总之，你有巨大的改进余地和努力空间，用更少的功耗挖到一枚比特币。这样一来，你1年以后就可以兑现融券比特币时承担的偿还义务。你偿还比特币关闭空头之后，剩下的就是你的纯利润了。因此，在这1年时间里，只要你努力，你不仅不会爆仓，还有赚钱的希望。这个机会是你持有1个月期比特币空头头寸时所不具备的。

　　从1个月到1年的时间，是从风险到机会的过渡。离我越近的时间，由于我努力也没有用了，我可作为的空间没有了，所以近期的时间包含的风险大于机会。离我越远的时间，只要我努力就总还会有机会，所以，它包含的机会大于风险。这并不是时间的性质或者密度发生了变化，而是人的好奇心、上进心、主动性和积极性带来了更大的可作为空间。

　　时间是风险和机会的组合，但这个组合的比例是变化的。从1个月到1年，这个组合里面的风险在变小，机会在变大。我之前就说过，不要把这种变化和过渡看成一种随机波动，这里有一种人类主观情绪的变化，人类可作为的空间在扩大。所以，我更乐意将其称为"摆动"。我并不是被动地等待1年，等灭霸宣布我的命运。只要我努力，就有可能被命运女神拯救。我有1年时间去努力，去作为，去奋斗，去改变命运。风险之所以变小，机会之所以变大，时间之所以可能摆向对我有利的结局，全因我自己所做的摆脱厄运的努力。这就是我提倡的，要在进化史上理解人类的时间。在理解时间的同时,也就理解了人的进化,并意识到金融活动对"人的进化过程"起到了推波助澜的作用。

还记得在序言中我提到的那个曾经令我颜面扫地的"波动率曲面"吗?我现在明白过来了。任何试图用数学方法构建一个三维模型来刻画波动率曲面的努力都是徒劳的。我甚至认为,在这个问题上,使用数学方法就是错误的。我们不应该把数学模型当成捷径,当成战胜其他数学不好的人(并使自己快速致富)的捷径。波动率曲面上的每一个点都对应着人在当时当地环境下感受到的风险和机会的组合,也是当事人由此产生的希望和恐惧这两种情绪的组合。只有接受了这一点,我才能理解金融学里"波动率的微笑"现象。

"波动率的微笑"曾经在金融学中被认为是"黑暗中的大笑",是永恒的、不可知的未来给我们出的难题。其目的是使我们事先无法知道股票未来价格的波动范围。但它还是给我们留下一些线索:越靠近到期日的期权,隐含的波动率越高;到期日越远的期权,隐含的波动率越低。

"波动率的微笑"现象提示了我:波动率曲面本身可能不是有关股票波动幅度的函数。它也不是有关时间密度的函数,是"近期时间"向"远期时间"的过渡,是"风险"向"机会"的过渡。它是"恐慌"和"希望"这两种情绪在不同时间点按照不同比例构成的组合。

离我们近的波动率比较高。这说明:我们剩下的时间不够解决问题了;我们随时可能遭遇兑付危机;我们此刻捉襟见肘;我们可以作为的空间很有限了;灭霸举起了他的右手;我们只能扑向七大姑八大姨求助了。

离我们远的波动率比较低。这说明：我们关注的未来包含着更多机会——谁会担心1年以后发生车祸的可能性呢？我们可以乐观一些；我们可以放松一下；我们可以继续想办法解决问题，时间还来得及；我们还有可以作为的空间；除了祈祷好运以外，我们能够依靠自己的努力来实现胜利和进步；灭霸也许只是一个传说而已；我们暂时还不用找七大姑八大姨。

我把这个解释波动率曲面的框架提交给金融系的前同事。他对我的解释不置可否，但是回复了我一个啼笑皆非的衍生案例：

> 看了你的解释，我终于明白了为什么城投债的主体（地方政府的平台公司）总是倾向于借5～10年的中长期贷款。他们普遍不喜欢马上到期的1年期贷款。远期的债务其实是令下届政府头疼的"风险"；而现在融到手里的资金，则是本届政府可以作为的"机会"。

我把他的回复披露在这里，并不代表我赞成他的观点。其实，他可能更像是在调侃我。而且我还发现，如果我要引用金融学系老师们的话，他们经常要求匿名——金融学系的人历来如此。类似情况在人类学系和社会学系的老师身上从未发生过。他们都表示感谢和荣幸。同样一件事情，在有些人眼里是"被人利用的风险"；在另外一些人眼里，是"集体合作的机会"。

归根结底，并不是资产价格在不同的时间段上表现出不同水平的随机波动；而是人类在面对不同远近的未来时，具有不同程度的"希望"和"恐慌"组合。不同远近的未来在我们心理产生了不同比例的"风险"和"机遇"组合。我们本能地感觉到，离我们近的时间，包含更多风险；离我们远的时间，包含更多机遇。

一个人类学家的实验给我这个结论带来极大的鼓舞。

2023年1月，得克萨斯州立大学奥斯丁分校的人类学助理教授艾伦·桑德尔博士向社会公众披露了他的最新研究成果：黑猩猩具有风险意识。他设计了一项实验，给黑猩猩两个装食物的不透明密封罐，左边的罐子里永远装的是黑猩猩们既不喜欢也不讨厌的花生。右边的罐子里有50%的可能性装的是黑猩猩们最喜欢的新鲜香蕉，另外有50%的可能性装的是黑猩猩们最厌恶的酸黄瓜（酸黄瓜和香蕉随机出现）。实验由黑猩猩们自主决定从哪个罐子里取食。一旦黑猩猩做出了决定，研究人员会拿走另外一个罐子，以防止它们反悔。实验发现：不同群体的黑猩猩们具有不同的风险偏好。具有统计显著性的结论显示，年轻群体的黑猩猩倾向于冒险选择右边的罐子；成熟群体的黑猩猩倾向于稳健选择左边的罐子[1]。

这个实验部分解释了为什么老年人偏爱存款或者固定收益类的投资，也解释了为什么创业和炒股的往往都是年轻人。因为年轻人意识到自己的时间还很多，他对未来的框架是乐观的，他看到的时间就是机会。他有的是时间去等、去熬、去扛那些不利的风险事件，剩下的就是纯机遇了。老年人看到的未来更多的是风险，他意识到自己剩余的时间已经不足以让自己承担一场损失了。损失一旦发生，他的财富就很难在有生之年恢复过来了。

社会心理学方面的田野调查报告进一步给我提供了有力的证据。

---

[1] 引自 Aaron Sandel 论文，发表于 American Psychological Association 主办的期刊 *Journal of Experimental Psychology*，2023年1月号。

美国普林斯顿大学的心理学家艾尔达·夏菲尔(Eldar Shafir)在印度农村做了一个实验。实验的目的是研究贫困问题的根源。实验对象是印度南部种植甘蔗的农民。这些农民有一个共同的特点：收入的季节分布不平均。他们全年大多数时间都在花钱，只有到了收获季节才一次性获得一大笔收入，然后再去维持下一年的生计和耕作。夏菲尔的研究显示：在甘蔗即将收获前的6周时间里，这些农民的智商普遍下降了14%。他们变得易怒、冲动、悲观、焦虑，容易做出质量极差且事后看起来不可理喻的决定。

为什么是收获前的6周？6周以后他不是能够收获到全年的收入了吗？他为什么不高兴和期待，反而焦虑呢？甘蔗今年的收购价格在波动，他不知道他是否会遇到糟糕的年份。降雨量在变化，他不知道6周以后是否有连绵阴雨导致来不及收割的甘蔗烂在地里。价格和降雨量等这些因素都是他无法控制的，他可以辛辛苦苦努力克服1年的困难。但是，到了"临门一脚"的收割季节，那最后6周的不确定性，却是他最无能为力，也是最无助的困难。他只能无所作为地被动躺平，等待灭霸安排他的命运。如果他今年运气不好的话，他就会被淘汰出局。所以，越是临近到期日，他的风险越大。农民意识到了，这6周时间包含的"出乎意料的风险"远大于"可以作为的机会"。因此，他们在焦虑、负债和酒精的压力下，容易冲动地做出错误的决策。

这个场景像极了赌徒在下注以后，焦虑等待即将揭晓盅里骰子的点数。这个场景也像极了周洛华重仓某个股票以后，焦虑地等待第二天即将公布的年报和分红方案。到期日期越近，人就越像即将面对灭霸宣布生存概率的赌徒。一切努力能够带来的希望都已经暗淡，命运已经掌握在伟大的上苍手里。

这个场景也很像一个早就卖出了期权并即将在6周后迎来结算日的投资人。为什么身处这个时刻的人们对未来6周的时间充满了焦虑和恐惧？因为此时此刻发生任何意外都无可挽回了。可作为的空间没有了，可努力的余地没有了，可补救的时间没有了。你就是一个闭着眼睛等灭霸打响指的无辜地球人——心里充满了焦虑不安和恐惧惊慌，也许还有一丝侥幸心理。

是的，就是这些日常开支经常捉襟见肘的普通人内心容易产生侥幸心理。无论是投资人还是蔗农，越是到期日临近，越是容易做出错误的财务决定。2022年，美国彩票业统计结果显示，85%的彩票收入来自低收入人群，且购买彩票的人当中有60%是生活困难的非洲裔或者墨西哥裔美国人。他们过着"pay check to pay check"（工资勉强付账单）的日子，每天都要担心明天是否会收到信用卡公司的催账单。偏偏就是他们这种人，反而容易相信运气，相信"实际不可能发生的"小概率事件。他们买的彩票，其实是药物——缓解他们焦虑情绪的药物。那张彩票带来的期待能够让他们熬过今晚，明天再去想办法兑付账单。

社会心理学有一个与印度蔗农相对应的案例。从1974年开始，社会学家们在加拿大多尔芬（Dauphin）镇上组织了一个社会学实验。这个实验持续了4年，由政府向镇上所有居民提供最低收入保障：当某人年收入低于事先设定的贫困线时，他自动会获得联邦政府的补贴，以确保他不会陷入贫困。参与研究的伊芙琳·法尔热（Evelyn Forget）教授研究了这4年里面的数据之后发现：获得联邦政府的保证之后,该地区居民的心理门诊量减少了,家庭暴力案件减少了,住院率下降了,孩子们的学习成绩提高了,但是在这个镇上真正触发贫困线的案例极少。最终,政府的实际支出并不高于历年联邦政府转移支付的平均水平。

多尔芬实验说明"克服贫困"是一个涉及方方面面的集体游戏,仅仅给穷人一些钱,不能解决他们的贫困问题。在这个实验中,政府其实没有给钱,而是给了承诺和保证。穷人在得到这些保证之后,对未来充满了希望,生活有了底气,他们开始规划自己的人生,从现在就开始积极向上地努力了。时间对他们来说,包含了更多的机会,而不是风险。改变人对时间的预期,让他们相信自己的未来包含更多机会而不是更多风险,他们就会对未来充满希望和期待,他们就会从现在开始努力。因此,消除贫困的关键是把困在"恐惧"和"焦虑"的近期时间(现在)牢笼里的穷人解救出来,把他们交给由"希望"和"期待"主导的远期时间(未来)。

金融行为学的研究者们有类似的发现可以佐证我的观点。

卡内曼和特沃斯基做了一个实验。他们为参与实验的志愿者提供如下选择:一是有 80% 的概率输掉 4 000 美元,有 20% 的概率不输钱。二是有 100% 的概率输掉 3 000 美元。他们发现,有 92% 的志愿者会选择"一",来赌一把。其实,选择"一"的数学期望值是损失 3 200 美元,而选择"二"的损失是 3 000 美元[①]。

这个实验说明人在困难境遇中更倾向于做出不理智的决定。人

---

① Daniel Kahneman 和 Amos Tversky 合著论文"*Prospect Theory: An Analysis of Decision under Risk*",发表于 *Econometrica* 期刊,1979 年,Vol. 47, No. 2,第 263—291 页。

特别厌恶风险,为了逃避风险,他们甚至愿意去承担更大的风险,以换取某些慰藉,侥幸心理能够让自己暂时缓解焦虑。这也部分解释了为什么那些"6 周收获期内的蔗农"特别容易做出错误的财务决定。

另外一个实验是诺贝尔经济学奖得主理查德·泰勒设计的。他预先给第一个班级的学生们每人 30 美元,然后给他们两个选择:

一是扔硬币,正面朝上赢得 9 美元,反面朝上输掉 9 美元。

二是不扔硬币,不输不赢。

这个班有 70% 的学生选择了扔硬币赌一把,试图让手里的钱变成 39 美元。

第二个班的学生们没有得到 30 美元的初始资金,而是直接面对两个选择:

一是扔硬币,正面朝上赢得 39 美元;反面朝上赢得 21 美元。

二是不扔硬币,直接得到 30 美元。

这个班有 42% 的学生选择扔硬币[1]。

其实,第二个班级的同学面对的两个选项在概率上和第一个班级的同学是一样的。但是,他们中绝大多数人选择不冒险。两个班级面对概率相同、数学期望相同的两个选项时,唯一的区别就是起始资金 30 美元。这个实验说明富人(兜里已经有了 30 美元)对未来相同概率的事件更乐观,由此更积极进取。

这个实验也说明所谓的富人不仅仅是"现在有钱",更是"近期无忧"。他没有输的风险,没有饿的危险,没有马上要兑付的账单,没有

---

[1] 摘自[美]彼得·L. 伯恩斯坦著:《与天为敌——风险探索传奇》,机械工业出版社 2018 年版,第 221 页。

明天还来敲门的债主。他的现实生活中没有迫切的风险,他生活在远期的时间里。他所生活的远期时间段里主要是希望和期待。他就被希望驱动,被期待鼓舞。所以,他从现在就积极行动,因而我们会看到富人平时在生活和工作中都很努力。然后,我们将他们的富裕归因于他们的个人努力、独特禀赋和远见卓识。我们忽略了这样一个事实:<u>富人的时间和穷人的时间是由配方完全不同的风险和机会组合而成的</u>。

我认为,扶贫的关键是想方设法消除穷人的近期风险,并给穷人注入远期希望。因此,我反对某些专家的观点:穷人之所以穷,是因为他们根本不做规划。实际情况是,穷人被到期日临近的账单压得喘不过气来,他们根本就没有规划未来的自由。他们和卖出期权等待交割日最后揭幕的那个投资人是一样的,只能及时行乐、得过且过或者祈祷上苍。总之,他们过的就是"草木惊风势未安,孤舟惶恐再经滩"的日子。

对即将到期的时间,人们感受到的风险大于机遇。近期时间的构成可能是"95%风险+5%机遇"。误解了时间就会导致对穷人的道德批判,这是完全错误的。在我国,也曾经有这方面的误解。旧社会的陕北民谣唱到:"富人像条狗,清晨起来满街走。穷人像条龙,天天睡到太阳红!"这听起来就像是说穷人之所以穷,是因为他们懒;富人之所以富,是因为他们勤奋。其实,穷人始终生活在"95%风险+5%机遇"构成的短期时间之中,你让他们怎么努力呢?人类历史上又有几个债务奴隶实现了人生逆袭呢?

对穷人的误解很普遍,其实是对时间构成的误解。这是一种根深蒂固的误解。但这种误解在集体游戏中扮演着重要角色,它使得穷人闭嘴,自卑和耻于开口求助;它使得富人获得更高的社会地位。总之,这套说辞有利于维护游戏的激励机制。

另据美国一家志愿者组织的统计,在他们资助的弃养宠物收养站中,被主人遗弃比例最高的品种是比特犬。进一步追踪调查显示:这种庞大凶猛宠物的弃养者的年收入比全美低收入家庭的标准还要再低15%。这很令人惊奇:为什么美国的穷人爱养比特犬?为什么他们又容易放弃宠物?恐怕还是因为人在生活重压下很难做出正确决定和长远规划。一张又一张的账单把他们和"还有6周收获甘蔗"的印度农民锁定在眼前的同一时间段内。在这个时间段里面,风险远大于机遇,惶恐远大于希望。寅吃卯粮、得过且过和及时行乐是对这种时间段的最好适应。你指望那个等待灭霸打响指的人做什么远期规划呢?他们有时间观念吗?他们能预见多少未来的时间呢?自律性措施对他有多大价值呢?穷人的生活缺乏安全感。当下的债务问题就足够控制他们的思想和情感了。他们没有可能和必要去做长远的规划。所以,美国穷人没有"远见卓识"去发现比特犬具有的攻击性及其潜在的后果。而当他们发现比特犬的凶猛特性带给他们的风险时,他们又采取逃避的策略:弃养。因此,我认为,穷人的逃避策略是对风险的被动适应,并不是因为他们懒散、懦弱、不负责任和不计后果而造成的。

穷人和富人对时间的感受不同,他们各自采取的策略也不同。庄子说:"君子之交淡如水,小人之交甘若醴。"庄子不仅区分了君子和小人,而且指出了两种风险的防控措施。如果我把这句话里的"君子"

替换成"富人"或者"强者",那么,一个强者的追求就是尊严、独立、自由和进步的人生。如果我把"小人"替换成"弱者"或者"穷人",那么,他们喜欢抱团取暖以便获得安全感的动机就容易理解了。越是富有的地方,人们越是彬彬有礼地保持体面的距离,相互之间不打听对方的隐私;越是穷的地方,越有深情厚谊、家长里短和抱头痛哭。

穷人和富人并不是两种基因的优劣,而是身处不同配方的时间段里。富人在"甘蔗收获前6周"的表现和穷人并没有太大区别。GMO资产管理公司的创始人兼首席策略师杰里米·格兰瑟姆(Jeremy Grantham)说过这样一段话:

> 当危机达到高潮时,市场上充斥着大量可怕却又精确的、让你变得更加小心谨慎的数据,原先那些理性的人也开始预言世界末日即将到来。每次市场下跌都让人更加着迷于现金的魅力,最后就会出现所谓的"末期麻痹"(terminal paralysis)。这种情况在1974年发生过。那些背负过高杠杆的投资人会变得很紧张,只能坐着祷告。少数几个看起来高明,现金却在一点点流失的人,也不想轻易放弃自己的财富。所以,几乎每个人都在观望和等待,保持着一种麻木的状态。通常情况下,那些拥有大量现金的人将会错过市场复苏前买入的最后机会,他们由此错过了巨大利益。

我自己炒股的经历告诉我,格兰瑟姆所言不虚。那些科技股的估值不是依靠可见未来的近期业绩来支撑的。科技股那些高得惊人的估值需要大家闭上眼睛,向往遥远未来,感觉已经穷尽了自己的想象,但仍然激动不已。越近的时间,包含的信息越多,人们对近期将要发生的事情看得比较清楚,他们的风险意识也就随之提升了。那些越远的时间,包含的信息量越少。投资人其实看得不太明白,他们只是乐观、向往和期待遥远的未来所包含的巨大机遇。

维特根斯坦曾经说过:"人的愿望只会在期待中实现。"为此,他举过一个例子:我约了朋友今天下午3点到我家碰头,从中午12点开始,我对他的期待就开始升温。到了2点30分时,我简直就处于焦虑状态了。任何人从门外走过的声音都会促使我去开门查看,而且越是期待这位朋友的到来,我就越是频繁地看表,把头伸出窗外查看情况。不仅如此,这最后半小时的时间对我来说,真是"度日如年"。而朋友到访以后,我们俩畅谈一个下午,直到深夜他起身向我告别,我才突然意识到,我们已经共同度过了8个小时。这8个小时的时间对我来说,真有"白驹过隙"的感觉。按照费雪·布莱克和伊曼纽尔·德尔曼的解释,他们认为等朋友的最后半小时包含的信息量大,波动率高,因此,相当于平时的几个小时。我觉得他们俩的这个解释对于后面那欢乐的8小时说不通。我认为还是要从时间的构成去看待维特根斯坦的这个例子。等朋友的半小时时间主要由焦虑和期待构成(两者在英语中是同一个词 Anxiety),畅谈的8小时则由希望和欢乐构成。因此,我们体内对应这两种情绪的激素给我们带来了完全不同的化学体验。人的主观感受导致了我们对时间的看法不同。这个例子我很喜欢,也符合我自己的体验。我由此猜想,这个理解时间的框架可能也适用于读者的生活体验。

在这个框架中,个体对未来时间的看法是渐进的,并不是非黑即白的,也不是危险和机遇的机械混合体。人的感情变化(激素波动)是丰富的，从感受危险时的紧张、害怕和焦虑过渡到感受机遇时的幸福、激动和期待。波动率曲面不需要被函数化，它就是一组人类情绪指标的光谱。我从这个例子中理解了波动率曲面。由此，我对于自己当年被应聘者反诘没有读过最新论文的事情，也终于释怀了。这不是我对那些攻占了金融系的数学家们的反击，而是我同我自己的和解，我不再感觉内疚和羞愧了。

金融学的波动率这个概念不仅没有告诉我们任何新东西，反而还制造了许多新困惑。我不喜欢制造新名词，不热衷于制造新概念。我倾向于使用日常名词来描写事物。我认为，波动率曲面不是有关波动率的，与其说它反映了资产价格在未来一段时间的变化，不如说它反映了人对未来世界的期待和愿望。它反映的是人的情绪的变化，而不是资产价格的波动。我甚至觉得我们根本就不需要使用波动率、波动率曲面和波动率微笑这些名词。使用这些名词只揭示了我们因痴迷于模型而忽略了人性，只暴露了我们向外行炫耀金融学知识的企图，而没有揭示任何真相和真理，也没有解决任何实际问题。

2008年11月，雷曼兄弟破产引发的金融危机来到了最黑暗的时刻。伯南克在回忆录《行动的勇气》中记录了那天的情形。美联储召集各金融机构召开紧急会议，商讨怎么把危机控制住，防止出现多米诺骨牌效应。当时，美林证券的财务健康状况在各投行中仅次于雷曼兄弟，是最有可能倒闭的下一个目标。因此，美联储和美财政部建议由美银集团整体收购美林证券。当天的会议室里，美林和美银的高管因收购价格分歧而相互指责，恶语相向，几乎到了谩骂的地步。用我们的话说，他们这种行为绝对属于"无组织、无纪律""不顾大局""山头主义"和"无视上级"。但是,伯南克后来在回忆录里说,他当时在会议室里看到这番情景却感到一丝欣慰。他说自己当时极力按捺住内心的狂喜,刻意表现出焦虑和担忧,仿佛对他们两家公司这种斤斤计较、吵吵嚷嚷的行为非常抵触和反感。他写道:"那一刻,我如释重负,感觉一种救赎的力量突然降临了。我第一次看到了结束这场危机的希望,仿佛黑暗隧道的尽头突然出现了一丝亮光:'因为,只要银行家们还保持着贪婪,资本主义就还有救,市场就还有希望。'"

包含着希望的时间就是挽救这场危机最大的力量、最好的政策和最后的指望。

时间的形式

我理解的上帝是神学的逻辑补丁。

我根本就不考虑它是否存在。只要有了"上帝"这个逻辑补丁,神学里面的一切都变得"说得通"了。人类用以捍卫秩序和提倡美德的那套说辞就显得合理,就合乎逻辑,就能够自圆其说。

20 世纪 30 年代,维也纳大学哲学系的石里克小组成员讨论过以下两个命题在逻辑上的稳定性:

命题 1:上帝因为善是善的,所以选择了善。

命题 2:善之所以是善的,因为它是上帝的选择。

维特根斯坦认为,命题 2 更稳定,因为它阻止了一切试图为善寻找原因的企图,使得善这个词脱离了因果关系,成为一切美好事物的源头,从而真正体现了善的本意。

维特根斯坦进一步指出，根本不要去研究上帝是否万能，而应该勇敢地意识到，神学其实就是关于"上帝"这个词的用法。人们试图在神学中建立自圆其说的逻辑。因此，上帝这个词的含义也会经常发生变化。

我感觉人类社会之所以进化出上帝这个概念，不是因为宗教，而是人们需要用一种逻辑自洽的说辞来建立社会秩序，鼓舞所有人用乐观情绪和合作精神正面积极地参与社会活动，并一起用一种具有建设性的期待来看待未来。总之，我们之所以进化了上帝这个概念，完全是因为我们需要集体合作来建立秩序并管理风险。

我把这种集体合作比喻为一种集体游戏。这个游戏的目的就是要为个体提供更多的发展机遇，或者降低他们个体生存的风险。更多的机会和更少的风险，也就是说，人们组成集体游戏来获得更多的时间。

这些形形色色的集体游戏最好被设计成这个样子：它不让人们快速致富，而是让他们持续地做正确的事情，让他们心怀希望地长期坚持，最好终其一生都在做正确的事情。人们在做这些正确事情的时候，心里充满了期待，期待自己会变得富裕，会拥有更大的自由、更多的安全或者更高的社会地位。他们期待的时间越长，他们努力的时间也越长。对全社会最有利的情况就是一个人终其一生都在努力，因此，一定要想方设法让他一生都在期待。

在集体游戏的过程中，不要让人们全部致富，但始终要让一小部分人的成功故事去激励他们身边的人，从而让大多数人心怀梦想并一辈子全力以赴。人们在努力工作（参与集体游戏）的过程中，全社会面临的共同风险被克服了。当全社会共同风险被克服或者降低了以后，集体就能获得更大的发展空间、更长的生存时间。作为这个游戏集体的一员，个体也就相当于获得了更多的机会，并延长了自己的生命。集体游戏是关于时间的，这就是"时间游戏"的雏形，也是我写这本书的初心。

在命运女神面前，时间是无限的，我们反而无法对资产估值。因为女神给我们免费且无限的时间，导致我们不需要用集体游戏来降低风险并延长时间了。由于我们不玩集体游戏了，也就不需要在游戏中使用资产作为"工具"或者"比赛用球"了，资产也就没有了价值。

脱离了集体游戏的资产没有价值；脱离了集体游戏的时间也没有价值。所以，让我们在集体游戏当中（而不是命运女神面前[①]）谈论时间概念。与其说时间是有限的，不如说是游戏自身内置了结束游戏的机制。时间的有限性是任何游戏不可分割的一部分。没有了这个结束机制，玩家就失去了乐趣，游戏就没有了输赢。期待、沮丧、快乐和进取等由游戏激发的情绪就被抹杀，社会就失去了进化的动力。为了让集体游戏玩下去，一定要让个体在游戏中的时间有限。

我真心希望有一天，人们能够重写现代金融学。因为资产价格波动不能放在靠近命运女神的 Martingale 的世界里，资产价格波动应该放在现实人类社会玩的集体游戏框架里。

有鉴于此，我从"游戏"角度去看待时间的有限性。时间有限意味着时间本身就是游戏的一部分，是游戏的激励筛选机制的一部分，是

[①] 我再次提醒读者，绝大多数金融学模型都是在命运女神面前讨论时间。因此，靠模型来给资产估值，一定是搬起石头砸自己的脚。

大自然进化机制的一部分。我请求读者暂时忘记墙上挂的时钟,克制自己对下一场约会的期待,忽略经纪人催你在收盘前追加保证金的电话,并从脑海中暂时排除天文学对地球自转和物理学对光速粒子的各种描述,转而在集体游戏中看待并理解时间。

时间有多种表现形式。但是,时间归根结底是在集体游戏中,它也就介于"命运女神"和"灭霸"这两个维度之间。一个集体游戏,越是靠近命运女神,它的机会就越多。于是,科技进步能够带来空间上更多的可能性[①],让你遍历更丰富的人生;否则,你一个人像苦行僧一样待在山洞里,活得再长,也很无聊。另外一种集体游戏,更靠近灭霸。这时候,安全就变得更重要了。要结成紧密而广泛的关系网,让自己的基因在多个成员个体身上有备份。这样一来,无论灭霸打响指灭掉了谁,你的基因都有更高概率生存下去。我的犹太导师朱迪·赛内特曾经这样对她的孩子们说:"去和你们相爱的人结婚,不要在乎他/她是不是犹太人。只有把犹太人的血统和犹太人的上帝传播到更远的地方去,犹太民族才真正获得了安全。"这段话对我启发很大。

很多年以前,我在上海大学教金融学。金融系有一个同事,叫赵剑敏。他鹤发童颜,仙风道骨,总是穿一身中式马褂和圆口布鞋,平时上课主要在讲《三国演义》的故事。这使得他在流行说英语、热衷计算机编程、习惯穿西装的金融学系里鹤立鸡群,卓尔不群。他曾经对我说,"洛华,你一定要发展出中国人自己的金融学。"我当时很吃惊,感觉我何德何能,担此重任?以我的水平,西方金融学入门都困难,何谈开创中国金融学?10年后的今天,我希望这本书部分回应了赵老师对

[①] 维特根斯坦说过:"时间的无限性对应着空间的无限可能性。"

我的期待。我们过去熟悉的金融学,或者说西方学者们构建的金融学,都是基于靠近命运女神的集体游戏而构建起来的。毕竟整个金融学的前提假设就是近似于命运女神的 Martingale 赌场,从来没有人针对那些靠近灭霸的集体游戏构建金融学。西方金融学的土壤是个人主义的、崇尚冒险进取的。当代金融学也应该考虑那种基于温暖亲情和友情的人情社会。毕竟,人们玩着完全不同的集体游戏,也就会有不同的价值取向和游戏规则。我并不暗示说,我实现了金融学的中国化,我更不是说中国化的金融学应该研究人情社会的资金往来和资产价格波动。我是说,我对金融学的贡献在于,把金融学放到从命运女神到灭霸的时间维度里,从而发现了西方学者们搞的金融学只适用于某些特定的集体游戏。金融学不是一成不变的,它必须适应人的集体游戏。在不同的集体游戏中,照搬照抄西方金融学的思想,反而会破坏原有的游戏秩序。

好吧,回过头来,还是让我们来看一些展现时间多样性的例子。

为了撰写金融哲学系列书之一——《估值原理》,我在渔村做过一年多的田野调查。我发现一个有趣的现象:鱼贩子们和渔民们每天下午 2 点在码头上交易当天的渔获。这个时候,码头上的冰块反而要比相同重量的海鲜贵很多。在这个码头上,冰块就是时间。如果把冰块的价格看成是时间的价格,关于到底什么是时间的问题似乎就被简化了(而不是被解决了):当鱼贩子们持有冰块的时候,他们手里的鱼才能保鲜更长的时间,才能在下一个环节(比如:超市的冰箱里)卖出好价钱,而不至于被当成臭鱼烂虾处理掉。

当鱼贩子们对 12 个小时以后海鲜在超市货架上的价格感到乐观

的时候,冰块(时间)的价格就贵;反之,冰块和鱼的价格现在就跌到没有人要的水平上去了。在码头上,时间的表现形式是冰块,它的价格直接体现了人们对未来的预期。<u>冰块是鱼的时间</u>。

我还有一个类似的故事。我曾经在芯片封装测试工厂当过成本会计员。工厂很重视芯片在每个环节的成品率。工厂一定要在尽可能早的阶段把废品识别并挑选出来,这称为早期失效性检测(early failure test)。这对于提升整个生产线的成品率至关重要。这种检测防止了一个有瑕疵的芯片被送入下一道工序去加工,也就避免了巨大的浪费(这相当于鱼贩子们要避免把已经发臭的鱼和新鲜的鱼混在一起,继续运往超市)。我在想,如果买冰块能够提升海鲜上市时的成品率,而投资购买检测仪能提升芯片封装测试环节的成品率,那么,冰块和检测仪是一回事吗?检测仪是芯片的时间吗?它们在上述两个场景中,看起来都像是时间的表现形式。

渔码头的保鲜冰块和半导体行业的检测仪器都是时间。它们都属于用科技进步的方法,增加了生存机会,延长了各自产成品的生命。

现在,我把目光从半导体行业的成品率转移到热带雨林新生幼崽的成活率上来,看看那些靠近灭霸的集体游戏究竟怎么降低风险,延长生命,获取更多的时间。

进化史给了我巨大的启发:蚊子和鱼这样的低等动物,它们的繁殖成功率很低,大量产卵意味着损耗巨大——只有少数幸运儿能够活到成熟期。它们的时间就是存活概率。所有的鱼卵在大自然中随波逐流,它们的命运是被动选择的,没有什么主动抗争和自身努力的余地。你可以把蚊子和鱼在水里产的卵,视作大自然基础时间的标尺。

它们直接面对灭霸,等待打响指的残酷筛选。你可以用这把标尺衡量其他动物的进化程度:成活率比它们高的动物,进化程度更高,离灭霸越远,通过自己努力争取更多时间的可能性就越大。

在灵长类动物中,很少有"父亲"这个角色。许多灵长类动物并不确切知道自己的父亲是谁,当然也没有父子之间的互动。而人类则不仅有父亲这个角色,还进化出了阿姨和外婆等角色。我们之所以进化出如此巨大且亲密互动的家庭,很大程度上是为了有效提高繁育下一代的成功率。因此,父亲、阿姨和外婆都是时间的表现形式。

动物越是进化,个体越是高级,婴儿的脑容量就越大。为此,人类婴儿在出生时的体型必须很大,否则一个很小的躯干无法支撑一个巨大的脑袋。成年大猩猩(电影《金刚》在大自然中的原型)的体型比成年人类大1倍,但是大猩猩幼崽出生时的体型却比人类婴儿小一半,因为它不需要支撑一个大脑袋。可以说,人类女性已经尽可能地提升自己身体的潜能,以便生育一个体型(主要是脑容量)足够大的婴儿了。女性在这方面的努力已经竭尽她们生理极限了。

为了提升人类婴儿的成活率,部落里的个体需要进行分工合作,共同生育和抚养下一代。由此,人类进化出了父亲、阿姨和外婆。这些称呼都是以"孩子"为原点的。因为这些角色都是为抚育后代而诞生的。这些角色越是尽心尽力,越是尽职尽责,人类孩子的成活概率就越高,成长得就会越好,下一代就比我们能干,比我们强大,就能创造出比我们更辉煌的文明,人类就进步和繁荣了。

人类部落有形形色色的亲戚朋友,看起来比其他灵长类动物群体复杂得多。这恰恰说明我们进化得更好,我们为摆脱灭霸危险的努力更成功,我们可作为的空间更大,我们的婴儿更安全,成活率更高。这就相当于部落全体成员的生命延长了。

靠近命运女神的集体游戏需要科技进步,靠近灭霸的集体游戏需要阿姨和外婆。难道阿姨和外婆就像是新生儿的时间?这种类比可能有些烧脑,好在进化史给我留下了丰富的证据来说服读者。

日本京都大学的德山奈帆子(Nahoko Tokuyama)和同事从2019年4月至2020年3月观察了位于刚果民主共和国的万巴科学保护区里的四个野生巴诺布猿种群。2021年10月,《科学报告》发表了他们的研究成果:"Two wild female bonobos adopted infants from a social group at Wamba。"[1]科学家根据对野生巴诺布猿种群的观察,发现其中有两只幼崽可能被来自不同社群的成年雌性收养。研究结果或是对野生巴诺布猿非血缘收养的首次报道,这或许也是野生巴诺布猿跨群收养的首例。

2岁半的雌性幼崽Flora由18岁的成年雌性Marie照顾,Marie还有两个小女儿。3岁的雌性幼崽Ruby由52～57岁的年长雌性Chio照顾。Chio的血缘后代已经成年并迁徙到其他社群生活。Flora的亲生母亲叫Fula,Fula在Marie开始照顾Flora前曾去过Marie的社群,但研究人员没有发现她与该社群的成员有过交流,目前不清楚她是否还

---

[1] Nahoko Tokuyama, Kazuya Toda, Marie Laure Poiret, Bahanande Iyokango, Batuafe Bakaa, Shintaro Ishizuka 合作论文 "*Two wild female bonobos adopted infants from a different social group at Wamba*",发表在 *Scientific Reports* 期刊 2021 年第 11 卷,第 4967 页。

活着。另外，作者没有鉴定出 Ruby 的生母。

作者之所以相信发生了收养行为，是因为作者观察到了 Marie 和 Chio 对这两只幼崽表现出了母爱行为，包括背在背上、理毛、哺乳，以及一起筑巢，持续时间分别超过了 18 个月和 12 个月。作者没有观察到 Marie 和 Chio 的社群对 Flora 或 Ruby 表现出攻击行为。对粪便线粒体 DNA 样本的分析显示，幼崽和它们的照顾者之间并非亲生关系。

研究结果表明，巴诺布猿的收养行为可能不仅发生在养母和生母之间有血缘关系或社交联系的情况下。作者认为，潜在收养行为可能源自巴诺布猿的利他主义、对幼崽的喜爱，以及对本社群外的个体具有很高的包容性。

巴诺布猿是人类的近亲，它们早已进化出"阿姨"的角色，母猿的姐妹们会帮助母猿共同抚育后代。但是，非血缘"养母"的角色在自然界中是很罕见的。可见，巴诺布猿的进化程度极高，远高于其他灵长类动物。它们为了提升群体内幼崽的成活率，进化出了"养母"这个角色。它们能够意识到，幼崽成活率更高既符合群体的利益，也符合它们自己的利益。有了"养母""阿姨"和"外婆"这种角色就能够提高整体的生存概率，这就相当于延长了大家的生命，或者个体拥有了更多的时间。在集体进化的动物群体中，拥有更多的"七大姑八大姨们"，对于个体幼崽来说，意味着更大的生存概率和更多的时间。这就是生存在原始热带雨林的灵长类动物群体（靠近灭霸），为降低集体风险，实现更大生存概率而采取的策略。

我们再来看看黑猩猩和人类的情况。

黑猩猩抚育后代时,每个个体一次只带一个孩子。孩子长大以后,母亲再接着生育和抚养下一个孩子。而人类母亲则是在孩子独立之前,一个接一个地生育,家族内有亲缘关系的人们共同帮助母亲抚育孩子。

事实上,这也就是人类女性隐藏排卵生理周期的原因。雌性黑猩猩排卵的生理状态可以从粉红而肿胀的臀部看出来。由于从外面就可以明确地看到,这就等于是积极地宣告:"我正在排卵。"而人类女性排卵的生理状态从外面看不出来。

如果人类的女性排卵也像黑猩猩一样,周遭的人都一目了然,那么男性会怎样呢?就男性而言,要是让处于排卵期的其他女性怀孕,就可以生下许许多多子孙,也就是说会使繁殖成功率上升。但是这样一来,人类的女性就麻烦了。

原因在于,人类的女性要是一个接一个地生孩子,她们就没法独自抚养这么多。若是她们能像黑猩猩那样,做全职工作的单亲妈妈,那么男性也不必额外帮忙了。但假如她们接连不断地生育,可是谁也不帮忙,独自一个就没法带。最关键的是,如果配偶不帮忙就不容易育儿。为了高效生育后代,同时成功抚育这些后代,人类进化出了父亲这个角色。

为了让"孩子的父亲"投入精力帮助自己照顾后代,人类女性隐藏了排卵期。这是为了获得配偶的帮助而刻意营造的"若总是不把心思放在我身上,我会生下别人的小孩"的声势。男性若和其他女性生孩子的话,作为女性的策略就是向男性暗示，她可能怀上别人的孩子。

用生物学的语言来表示，就是人类男性必须时时看紧自己的另一半(mate guarding)，如此才能成为终身伴侣。而黑猩猩群里看不到这样的情形。现代人类世界显著的特征是男女结成牢固的一男一女关系纽带。一夫一妻同时给孩子带来了父亲，这是灵长类动物进化史的飞跃。

在灵长类中，(也许表述有点不太正确的说法是)黑猩猩是多夫多妻或者杂婚，没有相对固定的一对。人类特定的一夫一妻是由社会进化而来，这也解释了人为什么可以接二连三生孩子的生理特点，答案就在先前讲过的生活史里面。

人类的体型比黑猩猩大。黑猩猩的婴儿出生时候大约 2 公斤不到一点，人类的婴儿刚生下来不到 3 公斤。人类抚育子女的时间比黑猩猩花得长。如果黑猩猩宝宝需要 5 年时间才能够独立，人类小孩独立的时间稍微长一点，要花 7~8 年。假如人类从十七八岁开始，每隔 8 年生一个孩子，也就是在 18、26、34、42 岁时生育，到 50 岁生育就困难了，这样一来，一个女性一生就只能生 4 个孩子。又如果跟野生黑猩猩一样，婴幼儿死亡率高达三成，那么存活率只有 2.8 个小孩，人类的族群就存活不下来了。

既然生理机能不变，妊娠时间不缩短，抚育后代所花的时间也不减少，那么，人类抚育后代就进化成了这样：早早地断奶，恢复月经周期，尽早地怀孕生出下一个孩子。而如此选择的代价就是，照顾孩子需要额外的帮手。

为了多生育几个孩子,就形成了一夫一妻的伴侣组合。再者,寿命延长,生育期过后的时间延长了,于是创造出祖母(外婆)这个角色,让母亲以外的人也参与抚育,大家一起来照顾孩子。我们可以认为,人类就是如上所述,经历了漫长的进化而来。

......

人何以为人?答案就是共同抚育后代。[1]

人类社会比黑猩猩群体的进化程度更高。这体现在我们繁育后代的效率更高,女性改变了生理状态,男性承担了更多责任。我们还进化出了外婆和阿姨等角色帮助带孩子。人类有一种更高效的组成方式,我们能够生育更多后代,且婴儿成活率更高。我们因而比黑猩猩有了更多的时间。一张基于血缘或者友情的关系网能够提升人类婴儿的生存率。这相当于我们进化出了关系网来形成紧密亲切的互助机制,使得我们面对丛林里残酷的生存法则时,能够提高自身的生存概率。从黑猩猩到巴诺布猿,再到我们人类,这是对付灭霸的好办法。

海鲜的品种越珍希,保鲜用的冰块就越值钱;芯片的集成度越高,后道工艺越复杂,前道生产线上的检测仪就越值钱。相应地,人自身的价值越高,孩子也就越"金贵"。为了提高幼崽的成活率,黑猩猩和巴诺布猿分别进化出了"阿姨"和"养母"。为了同时提升新生儿的数量和成活率,人类进化出了"忠诚的丈夫""热心的阿姨"和"温婉的外

---

[1] 引自[日]松泽哲郎著:《想象的力量——透过黑猩猩看人类》,韩宁/张鹏译,上海科学技术出版社2017年版,第38—41页。

婆"。

请读者沿着这个逻辑去观察我们的现实世界：越是文明进步和繁荣的社会，人就越是"金贵"，人权保障得越好，医疗机构越发达，人的时间价值就越高，经济越发达，社会分工也越细致。此时社会多样性特征明显，有远比父亲、阿姨和养母更丰富的社会角色。而这样的社会往往特别提倡效率，注重成功率。而且人们不是通过节衣缩食来约束欲望，通过对分母做减法来提升全社会的效率。整个社会充满了使人进步、成全人、发展人和成就人的机遇和氛围。

从脊椎动物到灵长类动物，漫长的进化史告诉了我两条主线：提升个体的存活率，同时提升群体的效率。鱼群是用大量产卵的办法来确保在概率上自己有后代，鱼根本就无法主动提升幼崽个体的存活率。黑猩猩群体进化出了"阿姨"的角色，巴诺布猿进化出了"养母"的角色，为的是提升幼崽的成活率。但是，它们群体中的母亲仍然只能在幼崽成熟之后，才能再次怀孕。因此，它们提高幼崽成活率的代价之一就是降低后代的数量。人类则更进一步，我们进化出了父亲、外婆，乃至七大姑八大姨。我们还进化出了一夫一妻制。于是，人类女性能够生育更多的婴儿，与此同时，人类的部落能够成功地哺育这些婴儿直到他成年。人类婴儿比黑猩猩幼崽的脑容量大和预期寿命也要高很多，人类社会运行效率比黑猩猩群体高很多，人类的进化程度比其他物种高得多。"<u>更高效地组织起来，以便让更多的人过上更好的日子</u>"——这是人的进步，也是人类的进步，更是整个进化史的主旋律。

为了延长海鲜、芯片和孩子的生命，人类分别进化出（或发明）了冰块、检测仪器、父亲和一夫一妻制度。所以，时间的表现形式是多样的,认识时间的多样性就是认识世界的多样性和今天社会角色的来龙去脉和相互之间的关系。

时间表现形式具有多样性,因此,我们要到具体的"游戏"场景内去理解时间。理解时间的同时,我们会理解游戏规则,理解游戏主体参与游戏的动机。就像我们理解婴儿脑容量问题和人类一夫一妻问题一样,两者看似不相关,其实是一个系统内的同一个问题。抓住了这条主线,就是抓住了理解我们自己以及社会的关键。

为什么只有墙上挂着的钟才能度量、表示和提醒时间呢?为什么你额头的皱纹、胸中的城府、腹中的诗书、肚子里的春秋、额头的伤疤、心里的阴影、账户上的存款和体制内的级别不能表达时间呢?不要试图去理解时间,而要全面理解游戏。一旦你理解了游戏,你就会发现,对时间的理解已经深深地嵌入你对游戏的理解了,或者说,你根本就不需要去单独理解时间了。

一旦你接受并拥抱了这个视角,你就会发现:时间的表现形式就是世界对我们的呈现方式,也是我们对社会游戏的参与方式。时间可以是更高的社会地位——你轻松躺平,让别人替你干活。有人说,权力欲是一种激素。人一旦掌权就感觉达到了人生巅峰,那种前呼后拥的架势让他觉得此前的一切时间都是虚度,而拥有了权力才是人生真正的开始。时间可以是惊险刺激的旅途——你享受了激素分泌的过程并体验了不同的人生。你看了一部紧张刺激的大片,你感觉好像自己和主人公一起经历了坎坷崎岖的人生旅程,仿佛自己以另外一个角色多活了一遍。你对别人生活的好奇心是由你的社会基因决定的,它通过激素来推动你去关心别人。你在关心别人的时候,时间仿佛延长了。同样的时间你和爱人一起度过,你发现时间仿佛缩短了。因为这是另外一种激素在发挥作用,你之所以爱他/她,完全是因为你的潜意识里面认为对方的免疫系统和你互补性很强,你渴望和他/她尽快生下更健康的下一代。时间甚至可以是更稳定可靠的回报——人喜欢有一种安全踏实的感觉,希望每天都有进步,步步为营,确保自己能够每月按时还房贷。这其实就是压力导致的体内皮质醇增加,从而促使化解压力的血清素分泌的结果。因此,不要再尝试单独剥离时间概念并试图准确定义并描述它了——重要的是意识到这些都是因为人在不同的游戏场景中分泌不同的激素组合导致的,人对时间的体验在各场景不同主要与激素波动有关。

人有多少种激素和激素的组合,就有多少种情绪的变化。每一种情绪都对应了一种游戏的场景。在这个场景中,时间就是激素分泌的一个组合,它通过人的情绪来体现。

我还需要澄清一些有关时间的误解——其实是大众对于时间这个词的误用。大家常说,金钱不能买到时间;大家还说,有钱就自由了;大家普遍渴望财务自由,然后开始享受人生。毕竟《黑天鹅》作者塔勒布的那句话对人们的影响非常深远:"我衡量一个人成功与否的唯一标准是他有多少自由支配的时间。"我们在日常语言中,经常交叉混合并相互替代地使用"金钱""自由"和"时间"三个词。这就使得这些概念看起来密切相关,成为统一整体。

钱,第一眼看上去,好像是衡量"成功"的标尺,又像是"自由"的价格标签,甚至可以是"买到"时间的工具。它看起来像是时间的"复制品"甚至是"替代品"。它可能给你更高的社会地位,也给你更多自由活动空间的可能性,但是,钱不是时间。整个社会并没有在玩"金钱游戏",而是在玩"时间游戏"。钱是"时间游戏"所使用的记分牌。

钱怎么用,怎么赚,都取决于你对时间的看法。钱是你参与集体游戏之后的结果,重要的是集体游戏。而集体游戏的核心,就是时间。爸爸、阿姨、外婆乃至其他形形色色的角色参与的集体游戏提升了部落的生活质量、生命保障、后代的生存空间,并延长了宗族延续的时间。

看明白这个游戏之后,你就可以参与其中,扮演好自己的角色,贡献自己的力量。与此同时,你还要意识到,你对时间的看法并不是你在集体游戏中的行为依据和价值取向。不同的社会形态会组成不同的游戏来提升他们的时间。决定你人生命运走向的那个游戏分水岭是:你在意的是自己在社会的相对地位,还是你个人的相对自由?

这个决定其实也不是你一个人可以做到的,你所生活的社会多多少少会对你施加影响,取代你的个人意愿来替你做这个决定。在推崇自由的社会里,人有了钱就可能去做更多事情,探索更广阔的未来,经历更多的逻辑空间的可能性,增强人生的能力,经历丰富的人生体验,提升人的价值。这就是一场社会游戏对时间的看法。在这种社会形态中,人口往往增长很慢,下一代的人口数量并不是很多。这意味着我们需要提升下一代的劳动生产率,才能生产足够多的东西养活正在老去的上一代人。这种社会形态往往就推崇科技进步,他们会发明"制冰机"和"检测仪"来提升他们的成品率(相当于延长他们的时间)。对个人来说,在这个组织体系里面,你的科技水平越高,你的时间就越多。

在靠近命运女神的地方，机会很多，人很独立，人们追求自由，办法就是发明创造。科技进步带来更多的可能性，相当于延长了时间。在靠近灭霸的地方，机会很少，资源匮乏，生存概率本来就低。这里的人们就容易结成关系网，诞生温暖人心的亲情友情。他们提升了部落的生存概率，相当于延长了时间。发展中国家常见人口爆炸式增长，而贫困和疾病同时在部落里蔓延。这种社会形态就需要进化出"叔叔"和"阿姨"，部落需要更多的人手来帮助下一代。

两种社会形态的消费习惯也是不同的。在靠近命运女神的集体游戏里，人比较以自我为中心，他们喜欢消费，消费满足了激素、渴望，激发了新的冲动和渴望——然后迫使人去追求更好的自己。这里的消费几乎不需要政府刺激，人民自己不断消费、不断满足了刺激之后，就有新的消费欲望、新的动机去消费。这是经济发展的不竭动力，人们推动自己去努力。

在靠近灭霸的集体游戏里，人们不太注重自己的真实享受，他们更注重维护人际关系、人际互动，在乎自己的社会地位。他们的消费动机有所不同。炫耀是他们消费的目的，消费了以后他们需要马上晒朋友圈，甚至还有虚假消费晒朋友圈的。他们不注重提升自己的人性，也不注重消费带来的享受和体验。他们渴望得到羡慕和嫉妒，他们渴望花钱买到这些，提升自己在别人心目中的地位。更高地位带来更高生存概率。

时间到底是什么？这完全取决于你在什么场景中使用这个词，或者说取决于你在玩什么游戏。我认为，你自己一定要想清楚这个问题：去当"人上人"还是去看"天外天"？这才是根本的问题。

在靠近灭霸的地方,你要争取当"人上人"。你要构建复杂的人际关系网,让七大姑八大姨都来帮助你,给你更多的时间。但是,一旦离开了这个关系网,你就寸步难行,你的时间就没有了。

在靠近命运女神的地方,你想去看"天外天"。你要想方设法提升自己的技能,用科学技术来获得独立的生存能力,使你在出发的时候就能信心满满,相信自己这一路都能克服各种意想不到的困难。更新的风景、更刺激的旅程、更大的能力、更广阔的世界和野心,才能让你感到满足,仿佛人生不虚此行。

"人上人"和"天外天"是我给两种集体游戏起的外号。我将主要在这两个场景中讨论时间问题。

时间的创造

时间到底是怎么来的?天生就有的吗?到底是央行还是上帝给了我们时间?根据前面的分析,时间只有两种来源:提供机会或者降低风险。为达到这两个目的,必须形成集体默契。只有在集体游戏中,时间才可以被创造出来。

首先,来看提供机会创造时间。

1979 年,英国政坛发生了一件奇怪的事情。工党的詹姆斯·卡拉汉(James Callaghan)[①]首相拒绝在大选中批评保守党候选人撒切尔夫人。这当然不是什么绅士风度!卡拉汉是接替原工党领袖哈罗德·

[①] 卡拉汉首相退休以后在 1987 年出版的自传 *Time And Chance*(《时间和机会》)曾经给了我巨大的启发。

威尔逊出任首相的。在此之前,英国在社会福利、教育、住房和国有企业方面开支巨大,已经连年出现赤字,通货膨胀几近失控。卡拉汉首相不得不在经济上实施紧缩,限制工资增长,以期控制通货膨胀。但他的政策引发了工会的罢工行动(1978—1979年的冬天被英国报纸称为"不满之冬")。工党政府许诺工会更高的工资福利,导致了通货膨胀失控,由此得罪了选民。于是,工党又反过来限制工人工资,这又引发新的社会矛盾。这个集体游戏玩不下去了。卡拉汉首相意识到,必须有一个新人,从外面来打破这个"死循环"。所以,整个大选期间,他拒绝按照惯例批评对手。他甚至私下预言:"几个星期以后,我们就会有一位女首相了。"撒切尔夫人执政以后对英国经济进行了改革。她执政期间,推行了经济自由化和企业市场化政策,降低了竞争门槛,放松了行业监管,限制了工会的行动,鼓励外来的投资。这一系列举措活跃了市场经济,使得投资人重新看到了希望。英国经济又恢复了活力。

1998年,东南亚发生了金融危机。我国经济受到了巨大的冲击。国有商业银行产生了巨大的不良贷款,从技术上讲,都已经可以被"教条主义的审计师"判定为资不抵债的银行了。2001年,中国加入了世贸组织。从此以后,我国经济融入了世界市场。中国的企业一下子获得了广阔的发展空间,巨大的机遇降临了。随着企业经营好转,国有商业银行的资产负债表也得到快速修复。没有银行破产倒闭被清算,所有当年陷入困难的银行都得到了更多的时间。

只要我们放松管制,开放市场,鼓励竞争,就会给所有愿意自强不息的人创造机会(躺平偷懒的人并不需要机会)。这些机会就相当于我们创造出了更多的时间。大家在更美好未来的激励下，努力工作，这就足以偿还今天的债务。

其次，我来解释一下为什么降低风险能够提供时间。

如果说给你钱就相当于给你更多选择权，从而相当于变相给你时间，那么，帮你承担风险，也类似于给你更多时间。

经济学家们一直说美联储在2008年金融危机的时候印了大量的钞票来救市，用钱来给金融机构续命。其实，美联储的资产负债表规模远远小于中国人民银行。美国拥有将美元设置为全球经济基准时间的霸权，它根本不需要印钞票，它只需要印时间就可以了。那么，问题来了，美联储印时间的具体做法是什么？

答案是：实行零波动率（而不是零利率）。这样就把投资人从灭霸开的赌场营救到了命运女神开的赌场。2009年1月开始，伯南克领导的美联储对国债利率曲线进行了"扭转操作"（twist operation）。绝大多数经济学家只注意到美联储实施了零利率，他们认为美联储用印钞票的办法买了大量的美国国债，从而推高了美国国债的价格，相应地，就将国债利率压低到了几近于零的水平。这是经济学家们片面观察事物并匆忙得出结论的又一例证。真实情况是，美联储通过所谓的"窗口指导""市场操作"和"会议纪要"等方式，将美国国债的波动率压低到了零水平。当时的美国国债不仅利率是零，而且利率的波动率也是零。这就相当于告诉全市场的投资人：美国国债利率将在很长一段时间保持在零利率水平上，且几乎没有波动。我该说什么呢？两手一摊，哈利路亚！喜大普奔！欢迎来到美联储人为制造的Martingale的世界。

就在这里！从现在开始！你做空美国国债的风险已经被美联储人为地消除了。你可以放心地构建这样一个投资策略：融券做空美国国债，抛出之后，拿到现金，然后去做多其他类别的资产，如标普500ETF。如果你在标普500ETF上的多头头寸暂时亏损了，你也不用担心，因为你做空美国国债的空头头寸是无风险的。你不用担心美国国债价格暴涨导致你被逼空。美联储已经把美国国债波动率和利率同时打压到了零的水平上。你有的是时间，你可以安心地等下去，等到你的多头来一个反弹并上涨以后，你再获利了结多头和空头，结束这个投资策略。美联储并没有印钞票，它只是消除了做空美债的风险。你由此不再担心你的美债空头头寸被逼空，这就相当于你免费获得了时间。在这种情况下，你完全可以把美联储想象成命运女神，把纽交所想象成Martingale的世界。

橡树资本创始人霍华德·马克斯说过："Time in the market, not timing the market."（市场就是时间，不要择时）很长一段时间里，我对这句话的理解重点在后半句。投资人构建的各种交易策略很难长期（或者在事先指定的时间段内）战胜同时期的指数ETF的收益率。多头ETF空头其他组合的投资策略又很难战胜同期国债的收益率。随着年龄的增长，我的理解重点转向了前半句。在投资这场集体游戏中，市场本身就是时间（指数ETF就是你看得见的钟）。蚊子和鱼把卵产在河里，任由它们接受大自然的筛选。鱼卵如果有时间的话，那个时间就是它在大自然活到成年的概率（灭霸模式的时间）。因此，我觉得霍华德·马克斯这句话的本意是指投资人应该"躺平"，被动地接受并承受市场的筛选，获得市场平均的风险回报水平，就像你活的时间和全社会平均水平一样。市场指数 ETF 的回报就是市场时间的标尺。你要超越这个标准时间的标尺,你就得要有制冰机、测量仪和七大姑八大姨——或者说,你要么从事科学技术相关的发明创造,要么构建一个以血缘为纽带的、充满亲情的复杂命运共同体。

最后,我来解释一下,为什么需要集体游戏才能提供时间。

我经常读到经济学家批评美联储不负责任印钞票的行为。我绝无为美联储辩护的念头。我只想指出,经济学家们"起诉"美联储的罪名用错了。美联储操纵市场的方式是印时间,而世界上其他央行倒可能是在印钞票。

美联储在 2008 年金融危机中印了时间,而不是钞票。美联储手里有一台"时光机"。其他央行就没有那么幸运(或者,更准确地说,是不那么万能)。它们只有印钞机。但是,印钞票是有代价的,一旦大家不认可你新发行货币的价值了,投资人就会夺路而逃,那时你们国家的汇率会暴跌,并形成更大范围的金融危机。

你此刻一定是郁郁不解、愤愤不平或者闷闷不乐:为什么美联储地窖里的是时光机,而其他央行仓库里的是印钞机呢?它们不都是在印一些花花绿绿的纸币吗?这不公平啊!你可能还在想,美国已经连续实现贸易逆差 50 多年了,累积财政赤字 20 多年了,美联储一定已经印了许多美元了,为什么还没有拖垮美元呢?宏观经济学家们对此有许多种解释,每一种解释都适合作为期末考试的命题,但没有一种解释可以帮助你更清晰地理解这个世界。

在我看来,美元就是世界经济的基准时间。不能只看到美国的逆差,逆差其实是美国向其他国家投放货币的一种方式。大家接受美元,认可它的价值,把它作为基准时间。各国央行从本国外汇市场上买入美元作为储备,然后发行自己的货币。这就像是各国央行和美联储对表一样:如果你的经济发展速度快,科技进步迅速,劳动生产率提高得很快,财政纪律得到了遵守,赤字得到了控制,国家治理得井井有条,人民安居乐业,你们国家的货币一定相对于美元慢慢走强;反之,则有贬值的风险。

对于美国来说,确保美联储地窖里藏着的印钞机是一台"时光机"——是至关重要的事情。为此,它一定要做到以下几点:

一是培育领先的科技水平;二是不断提高劳动生产率;三是恪守财政纪律以避免发生通货膨胀;四是坚持公平、透明和公开的国家治理;五是让人相信美国能够做到前面四条。

做到这几点(尤其是第五点),美国就像是一台运转良好的机械装置,美元就相当于基准时间,投资人就会安心持有美元。有关内容在我的《货币起源》一书中有详细论述,此处就简单引述一下相关内容。

时光机,有些文学作品里面叫它时间机器(time machine);造富机,相当一部分投资人喜欢叫它合法印钞机(money machine)。在这些投资人的头脑里,对"时光机"和"造富机"的误解是根深蒂固的。这可能源自我们渴望一劳永逸地找到财富密码的动机。我们渴望拥有一台合法的造富机(或者你叫它印钞机),而且其他人没有。

当今世界上,恐怕只有人民银行、美联储和欧央行这三家中央银行有资格印时间。它们的印钞机其实是"时间机器"(time machine)。它们看似在印钞票,其实是在提供时间,给市场喘一口气,给改革留一点时间。其他国家的央行印钞机那可真的是在印钞票,是在稀释(吞噬)普通人的财富。

许多年前,我还在体制内工作。有学生问我:"印时间"和"印钞票",这两者的区别是什么?有一天,我在学校足球场边散步,突然想通了这个问题。

上海大学宝山校区有一个标准足球场和巨大的看台。很早以前,上海女足经费不足,一度将此地作为自己的训练基地和比赛主场。那天傍晚,我从益新楼食堂吃完饭出来,散步到附近的球场去看上海女足姑娘们的比赛。她们正在和上海大学女子足球队打友谊比赛。上大女足的主教练是一个嗓门很大的女老师。她姓S,身材高大,声音洪亮,看起来像是早年退役的女足运动员。大家都用上海话叫她的外号"大S"(音:杜艾司)。她看上去就是那种风风火火、说话不拐弯的人。如果你平时在生活中遇到这样的人,一定会先让三分,然后敬而远之。

由于这是我们的主场,因此,她很有主人翁意识,像舞会的女主人一样操办着整场比赛。"操办"这个词在当时的场景中还有些许未尽之意,应该还包括"影响"和"控制"。

"杜艾司"没有站在本队教练席前,而是站在场边的记分牌后面。她一手搁在记分牌上,另外一只手在愤怒地指挥她的队员。上海女足的主教练倒是没有什么声音,安静地和他的替补队员们坐在塑料棚里观战。场上几乎只听见"杜艾司"的怒吼声。那是一种"恨铁不成钢"的责备和谩骂,间或还有对裁判的不满,对客队的敲打。

我明显感觉得到她对比赛结果和当值裁判很不满意。同时,我也感受到她对足球和胜利的热爱。因此,她很可能以某种方式去干预比赛,使之产生对上海大学队有利的结果。我猜她有以下三种方法:

一是90分钟比赛结束以后,她强行翻动记分牌,更改比赛结果,直接宣布上海大学女足获胜。这相当于央行"印钞票"。

二是90分钟比赛结束以后,她突然宣布,当天因为上海大学的领导Y书记有一个重要的外事接待任务而未能及时到现场观赛,为了让领导更好地看球,比赛自动延长1小时。这相当于央行"印时间"。

三是90分钟比赛结束以后,她突然宣布,由于上海女足的姑娘们今天太"野蛮",导致我方好几个主力球员受伤倒地,接受医疗救治。因此,比赛被迫补时30分钟,且责任完全在客队。如果30分钟里面主队没有进球,她还会找到其他响亮且正当的理由继续补时,直到她的姑娘们进球后欢呼着向她跑来。这就相当于央行的"窗口指导"或口头干预,按现有规则,体面地"注入流动性",维持市场的正常运转——吃相并不难看。

那天,"杜艾司"选择了第二种。我们都知道领导参加外事活动只是她延长比赛时间的借口。但是,以现场观众们的道德容忍度和对延长比赛的期待程度来看，她的"吃相"并不太难看：至少她没有更改比分，她承认了自己队伍的落后；至少她想让自己的队伍踢得更好，她没有容忍队员们的懈怠；她利用了客队想以某种方式感谢主队领导的愿望。但也许，她只是好胜心切——从这个意义上讲，她憨蛮得可爱，执着得可敬，是个好教练。

普通国家的央行一旦开始印钞票，市场就惊慌失措，投资人夺路而逃。因为这里的市场是不讲规则的，他们是直接改记分牌的。政府欠钱之后不是省吃俭用，不是招商引资，甚至不是借新还旧，而是直接印钞票，并宣称这是"赤字货币化"。这样的比赛没有人有兴趣看下去；这样的游戏，没有人有兴趣参与其中。这些国家将陷入经济衰退的泥潭和物价飞涨的火坑。

而人民银行、美联储和欧央行印钞票则完全不同了，它们并不直接修改比分，而是以一个大家能够接受的借口来延长比赛时间，直到金融危机过去，金融机构缓过劲来。尽管这三大央行也印钞票购买国债，但是市场相信它们将恪守"正直"的原则，遵守"公平"的规则，相信它们在危机情况下有"正当"的理由这样做，相信它们会在危机过后回收这些货币。人们相信比赛还是公正的，相信这个市场还是公平的。只要人们还愿意相信这些，他们就会继续用你的货币玩集体游戏。这样一来，你印再多的钞票都是在印时间。

那天晚些时候，Y书记终于出现了。他是一个温和又儒雅的领导。他来了以后,并没有在摄影师的"牵引"下,前往主席台就座,而是站在场边和看球的师生们拉家常。他到场不久,上海女足姑娘们的体能就明显下降了,防线漏洞百出。上海大学队随即攻入一个球。我记得裁判确认这个进球时的哨音特别响亮,特别悠长,似乎有向Y书记报喜的意思。

比赛结束以后,"杜艾司"满脸笑容地迎上去:"Y书记,你一来我们就进球了。你要是早点来就好了,我们今天就能赢了。"

Y书记似乎对于主队的这个进球并不兴奋,他先用一种僵硬而机械的微笑(其实是一种仪式化和程序化的面部表情),礼貌地止住了"杜艾司"在现场进一步汇报工作的念头。然后,Y书记突然又绽放出一种亲切而由衷的笑容,快步向客队走去,紧紧握住了对方主教练的双手。

Y书记:"感谢你们今天组织的教学赛,学生们收获很大啊!"(场边看台上挂的横幅是"友谊赛",但是Y书记一句话就把比赛性质重新定义为"教学赛"。)

客队主教练:"感谢Y书记亲自关心上海女足,我们一直借你们的宝地训练。"

Y书记眉头微皱,头往右后方一扬,表示了一种否定。同时,他一把握住对方的双手狠狠地往下一摁:"哪儿的话,怎么见外了呢。这里就是你们的主场,我们都是你们的娘家人。你还是要尽快给上面打报告,一定要把明年全国女足联赛的主场定在上海大学。"那语气像是一种由衷的挽留,更像是一道亲切的命令——亲切得不容拒绝。我在一旁突然理解了领导使用"教学赛"这个词的意图：把对方当成"教学赛"的老师，而不是"友谊赛"的对手，看起来是尊重他，但他一旦成为上海大学的老师，也就同时意味着他必须遵从Y书记的指示，赶紧去打这份报告。

两千多年前，中国古代圣贤孟子就说过："使天下仕者皆欲立于王之朝，耕者皆欲耕于王之野，商贾皆欲藏于王之市，行旅皆欲出于王之涂，天下之欲疾其君者皆欲赴愬于王。"我想补一句，"使万民争兑王者之钱"。大家愿意持有并使用我发行的纸币，愿意参加并观看我组织的比赛，服从我制定的规则，遵奉我提倡的道德，向往我引领的文明，崇拜我发明的科技，依赖我维护的秩序才获得安全，依靠我建立的市场才获得财富，这是一个统一的整体。

如果"杜艾司"控制了记分牌，打破规则改写比分，她只能赢得虚假且毫无意义的胜利。真正重要的是，让大家都相信我组织的比赛是公正的，大家都来参加我组织的联赛是比胜利重要的多的东西。这也就是"时光机"和"印钞机"的根本区别。我把这个故事总结成一句话：<u>奉行全球最高道德标准的国家发行的货币会自动成为全球货币，这个国家的央行会自动拥有"时光机"，它印的是时间，而不是钞票。</u>

后来，我经常对金融系的学生们说，我的现代货币理论（MMT）是体育老师教的。我是带着对"杜艾司"巨大的感激说这句话的。①

我后来一直给学生们讲这个故事。讲着讲着,我自己逐步意识到了那天还有一些重要的事情被我忽略了。

为什么Y书记表面冷待"杜艾司"?"杜艾司"为什么会对客队那样盛气凌人?人们为什么对此熟视无睹?我想,她那种"主人翁"态度恰恰起到了Y书记希望的效果:敲打来这里比赛的客队,让他们始终保持恭谨和谦卑。"杜艾司"提醒了他们,要摆正自己的位置,自己就是一个客人,不是这里的主人,来这里参加公正的比赛就是一种额外的恩惠。这样一来,所有的客队们就容易心服口服地遵守规则,服从监管,自觉维护集体游戏的秩序。一旦客队或者其他队伍开始"反客为主",以为自己可以"当家作主"了,他们就会"不知天高地厚",他们就不会珍惜和维护来之不易的游戏秩序——这反而对所有人都不利。

这也就是为什么儒雅的Y书记需要"杜艾司"这样的"悍妇"来补台的原因。当然,我们宁可是Y书记来主持并组织女足联赛这场集体游戏,因为他最正派,最符合孔子提倡的"政者,正也"的理念。"杜艾司"让其他有野心但不够正派的人留在底层,无法挑战现有的游戏组织者。这也对所有人都有利。

中国古代圣贤老子说:"圣人以其无私而成其私。"披头士乐队的约翰·列侬(John Lennon)在其成名曲中唱到,"Come together, right now, over me"——年轻人一起来啊,你们可以踩着我前进。两者说的可能是同样的道理。我想起《论语·子张》中说,"我之大贤与,于人何所不容?我之不贤与,人将拒我,如之何其拒人也?"想要四夷归化,

---

① 周洛华:《货币起源》,上海财经大学出版社2019年版,第214—217页。

海内服礼,"关键是要把我们自己的事情办好"。

据说,现在有许多经济学家在研究怎样提高人民币的国际化程度。我认为,要实现这个目标,并不需要很多博学的经济学家搞顶层设计方案,倒是需要许许多多的 Y 书记和偶尔个别的"杜艾司"在基层扎实努力地工作。他们穿针引线,卓有成效地组织起了一个公正的集体游戏,从而让更多的人参与进来。参加游戏的人越多,游戏就越有可能创造出更多的时间:要么增加机会,要么降低风险。

在命运女神模式中,你总会有无穷无尽的时间,你根本不需要努力奋斗,躺平享受就行了。在灭霸模式中,命运对你来说就是一个概率事件,你拥有再多的美德和技能也没有用,躺平等死是最好的策略。这两种极端的时间表现形式都消除了人的努力空间。

我们应该在命运女神和灭霸带来的两种极端"躺平"场景之间,组织一个充满变数、令人期待、催人奋进的"足球联赛"。只有把人的主观能动性纳入游戏,才能让人有所作为。因此,我完全可以(似乎也应该)把"时间"放在"游戏"中来理解并定价。

人有追求"自由"和"安全"的天然本能,这也是进化过程的两种源动力,我反对把自由和安全对立起来。不要以为靠近命运女神的 Martingale 的世界是世外桃源,那其实是一座监狱。你待在里面,背负巨大的债务(类似你被判处了无期徒刑),只是没有人逼债而已,但你只能永远待在那里扔硬币或者掷骰子,除此之外,你什么也干不了,哪儿也去不了。一旦你转身离开这个赌场,你就立即破产(财务死亡),因为 Martingale 赌场之外再也没有人借钱给你了。Martingale 的世界看似有永恒的时间,其实是永恒的静止——那里只有安全而没有自由,那里没有风险也没有机会。人要争取离开那里,抛弃绝对的安全去追求自由。相应地,灭霸举手打响指的场景只有自由而没有安全,那里有巨大的风险和机会。我们却无能为力,只能被动等死,或者侥幸偷生。

命运女神让我们无所事事,灭霸让我们无能为力。人类构建的任何社会形态都是在命运女神和灭霸之间的一种选择。人类进化出两种发展路径,相应设计出了两种集体游戏的模式,配套发明了两套道德、说辞、风俗、习惯、规则和秩序。这两种路径分别是:把人的自由限制在某个最高水平范围内,以便集体更容易实现安全——我将其命名为"人上人"游戏;或者把集体安全保持在某个最低水平之上,以便个人更容易实现自由——我将其命名为"天外天"游戏。

我们的社会形态、风俗习惯、道德说教、规则秩序、礼义廉耻、荣辱进退和文化传统都来自我们选择什么类型的集体游戏。这种选择的根本动机是我们对时间的看法:我们到底向往的是更高的回报(自由)还是更低的风险(安全)?自由和安全其实是不可区分的,它们分别代表了不同构成的时间。自由意味着高风险高回报的时间,安全意味着低风险低回报的组合。就像我们不能把风险和回报对立起来一样,我们也不能把自由和安全对立起来。就像我经常说的例子,不要把星期一和星期五对立起来,它们共同构成了一个星期。

在靠近命运女神的地方,我们要创造更多的机会;否则,我们就在永无止境也永恒不变的 Martingale 的世界里待着。那里看起来有用不完的时间,其实那里的时间没有价值,因为里面没有包含任何新机会、新刺激、新信息、新挑战和更好的自己。我们要想方设法创造出变化,用文化的多样性和科技的进步来创造出包含更多机会的时间。

在靠近灭霸的地方,我们就要降低风险。我们要想方设法结成充满亲情友情的关系网,最好是沾亲带故、血浓于水的关系网。如果灭霸打响指,即便你遭遇了不幸,你的基因仍然能够用其他形式传递下去。因此,我们要团结七大姑八大姨。我们要修炼得人缘很好,人脉很广,面子很足和信用极佳。基于亲情友情的互相帮助我们降低风险。

<u>时间的两个维度会造成两种集体游戏,分别诞生了一大群亲戚朋友和一大堆科技成果。</u>

这就是人类时间游戏的两种结果。

时间的买卖

"潘多拉魔盒"的故事有多个版本。广泛流传的文学版本是:"希望"被留在了魔盒里。而谢志刚老师告诉我,这个故事在保险精算领域流传的完整版本是这样的:

> 众神之王宙斯用黏土造出了一个女人,准备把她送往人间。为了让她拥有更诱人的魅力,潘多拉打开了魔盒。释放出"贪婪""虚伪""诽谤""嫉妒"和"痛苦"等毒虫。就在此时,宙斯及时赶到,关闭了魔盒。那只最危险的毒虫还没有来得及飞出来。它就是预知未来的能力。宙斯说,只要这只毒虫仍然被关在魔盒里,人类就还有希望。

我觉得这个精算师版本的魔盒故事更深刻、更具哲学性,也更符合人性。它听起来更像是一场宙斯导演的游戏。只要人类还不能提前预知游戏结果,他们就会继续把游戏玩下去,在游戏中表现出来的恩怨情仇、钩心斗角、团结协作和努力奋斗恰恰促进了人类的进步——只要人类还不知道未来,他们就会努力奋斗;只要人类努力奋斗,他们就仍然拥有希望。

从上帝视角来看,人类只有努力工作,才有希望。但是,从个体的人的视角来看,人是因为拥有希望,才努力工作的。未来的时间包含的是机会还是风险?这个问题的答案决定了你此刻的态度是希望还是恐惧。这是时间游戏的重要环节:看起来,人们的喜怒哀乐和荣辱进退随着当前资产价格的涨跌而摇摆。实际上,<u>当前资产价格的涨跌体现了人们对未来时间所包含的机会和风险感到犹豫不决或左右摇摆,资产价格变动源自人对未来时间判断的变化。</u>

时间有一个特性:未来的不可知性。人对"未来的不可知性"的感受会演变成"当前行动的主动性"。这种不可知性激发了人类主观能动性,并最终带来了未来世界的多样性和可能性。

如果你生活在一个计划经济时代,一切行动听指挥,你对未来的预期就是很明确的。你清楚地知道你退休时候的样子,大致可以预见你的未来。而且无论你怎么努力、怎么挣扎、怎么抱怨,都不会改变你的个人命运,甚至在极端情况下,你越抗争,处境就越糟糕。由此,你在当前场景中最好的策略就是循规蹈矩、一言不发、谨言慎行和保持稳定。你没有积极性、主动性和上进心去改变自己的命运,因为这个社会环境限制了你个人努力的空间。

我们先来看买时间的情形。

费雪·布莱克说过:"时间的价格总是高于它的价值。当你需要购买时间的时候,你会发现,即便你买到了时间,也不能改变命运。"那为什么还有人去买时间呢?这其实是一种筛选机制。让那些弱者挣扎着去借高利贷买时间,其实是对强者的鼓励。只要你足够强大,你就足够安全。因此,这个买时间的机制是鼓励大家成为强者的机制。

对于甲级足球联赛排名垫底的几支球队来说,最后几轮的比赛对他们来说格外重要,每场比赛的时间恨不得是 180 分钟。时间对他们来说特别贵,这是因为他们面临着被淘汰到低级别联赛的命运。他们很在乎自己的联赛排名,因为在一个更高级联赛的集体游戏中能够带来更多的门票收入、转播权分成和明年参加欧洲联赛的资格。所有这些收入,都来自他们卖掉了明年联赛的时间。弱队在联赛中垂死挣扎就在无形之中鼓励了强队明年继续签约明星射手。

如果足球队要玩命进攻来买时间,那么,普通投资人是怎么买到时间的呢?先来看一个简单的例子。

假设你有一个资产包 A,在资本市场上,它的预期收益是 8%,预期风险是 ±15%。你现在把资产包 A 卖掉,置换成了一个等价的资产包 B,里面包含了两项资产:一个是 3 个月期的无风险国债,另外一个是预期收益 3%、预期风险 ±30% 的资产。那 3 个月的无风险国债就是你买到的时间。但是,在你买到这 3 个月时间的同时,也持有了一项风险更高、收益更低的资产。当 3 个月时间到期的时候,你持有的这项低收益高风险资产可能会夺走你全部的本金,而这时候你已经没有筹码再去买时间了。这就是"买到的时间改变不了命运"。买时间就是饮鸩止渴。

真正的强者会自然而然地在集体游戏中脱颖而出,并不需要购买时间。需要购买时间的玩家,恰恰是集体游戏中有可能淘汰出局的人。这就是为什么我一直反对给陷入困难的中小企业提供融资的原因,它们并不需要买时间续命,而是需要一个公平的集体游戏。我们应该让不同所有制的企业在同一市场平台上公平竞争。只要拥有相同的市场机会,那些企业根本不需要慈善性质的融资就能够生存下来。双手紧紧掐住一个人的脖子,同时又宣布氧气价格打折了——这不是市场经济发展的好办法。

那些最想买时间的人,往往是已经陷入困境但又想着一夜暴富的赌徒。他们反而经常爆仓。这是因为他们就想着脱离集体游戏,想一劳永逸地退出比赛。而赌徒们退出比赛会让更多的人思想动摇,产生一夜暴富的念头,想要"博一记"去实现财富自由。这对于社会来说是很不利的,社会需要大家玩一个集体游戏,在游戏中勤勤恳恳、踏踏实实、任劳任怨和努力工作。我一直在想,赌博不创造任何财富,为什么人类社会一直有赌场这门生意,为什么从来没有被淘汰掉呢?这样岂不违背了达尔文的思想吗?这是我的自问自答,我猜想的答案是,人类需要把那些侥幸心理特别强的人提前消灭在赌场里,并用他们的悲剧性结局教育广大社会公众,还是要参加集体游戏,踏踏实实地努力工作。有些国家没有合法的赌场,他们的股市就承担了这部分职责。

如果买入时间改变不了命运的话,那么,卖出时间又会怎么样呢?我们再来看看卖时间的情况。

1994年圣诞节后不久,欧洲金融行业的百年老店霸菱银行同时卖出了看跌和看涨日经指数的期权——这相当于对投资人承诺:如果日经指数在规定的时间内出现暴涨或者暴跌的巨大波动,霸菱银行会承担投资人因此产生的损失。听起来是不是很像命运女神?只不过霸菱银行卖出期权的同时还收了投资人的钱,而且它的这个操作(专用名词叫"做空一个蝴蝶组合")并没有完全消除日经指数的波动,只是帮助"做多蝴蝶组合"的投资人把日经指数的波动提前控制在一个比较小的范围内了。这样一来,霸菱银行的对手盘在未来一段时间面临的风险小了,向着命运女神统治的 Martingale 的世界靠近了一步。相应地,霸菱银行自己卖出了时间,承担了风险,并收到了钱,但是也向着成为灭霸打响指的牺牲品迈进了一步。1995 年 1 月 17 日,日本发生阪神大地震。霸菱银行卖出的蝴蝶期权组合一下子被打爆了。日经指数的跌幅超过了霸菱银行事先与客户约定的范围——灭霸真的来了。

霸菱银行的教训引起了费雪·布莱克的注意。他就此批评老朋友们创立的长期资本管理公司(LTCM)在卖出时间,"简直是在把自己当上帝"。任何人都不能取代上帝,事先就对时间给出准确估值定价。数学模型和行业经验在这方面帮不上忙。1998 年,LTCM 卖出了俄国国债看跌期权,他们认为俄国政府不会发生外债违约事件。他们错了,俄国违约了,他们爆仓被清盘了——灭霸又打了一记响指。

打那以后,绝大多数机构都学乖了。他们既不把自己当成能够准确给时间定价的上帝,也不把自己当成免费给人时间的命运女神。于是,绝大多数投资人终其一生都在瞎忙活。

你卖出指数 ETF 的看涨或者看跌期权,交易对手付钱给你。你替他承担了风险。这就相当于你向他卖出了时间。但你不是上帝,也不是央行,而且你作为个体,无法脱离集体游戏创造出额外的时间来出售。因此,你很难对时间进行准确的定价。你不能在未来1个月或1年里凭借自身努力来影响指数ETF的涨跌,你也不能用科技进步的办法来合成一个指数ETF份额到期日去交割。因此,对于卖出时间的人来说,要想方设法满足以下几个条件之一:

一是你有雄厚的资本金来扛住这段时间隐含的风险,才能赚到卖出时间的钱。当年长期资本管理公司和霸菱银行都曾经有过雄厚的资本,但是相对于他们的赌注规模来说,资本金仍然捉襟见肘。"不要试图对时间定价,那是上帝的事情。"对于试图扮演上帝角色的人来说,资本金永远是不够的——因为市场恰恰需要淘汰这些人。

二是你有广泛的人脉和对你一往情深的亲朋好友作为融资渠道,出现风险时,你可以从他们那里融资来扛住这次兑付危机,而等待下一次机会。不过,莎士比亚在戏剧《威尼斯商人》里面有这样一段话:"把钱借给朋友,就会同时失去朋友和钱。"用人脉来融资,最终会在下一次市场波动中,失去亲情友情,并使得整个关系网的人生活质量下降,或者生存概率降低。

三是你比市场绝大多数人都更随机。更随机就意味着更独立。你不相信依据历史数据构建的预测模型,意味着你独立于历史记忆。你不相信周围其他投资人或者主流经济学家的判断,意味着你独立于他们的估值模型。你在足够随机的情况下,就淘汰了那些不够随机的投资人。全市场通过这种筛选机制,使得剩下的投资人都变成了独立自主并对自己负责的人。这些人遇到困难不找人帮忙,也不找政府求助。他们就是"强者"。

强者构成的集体游戏具有高度的市场化，个体的人是相互独立的。由弱者构成的集体游戏，往往反对市场化，个体的人往往相互依赖，抱团取暖。他们要么依赖政府或者国有企业的补助，要么依赖教会救济，要么依赖亲戚朋友的帮助。依赖只是问题的一个方面，另外一面是丧失了主动性、积极性和独立性。他们听凭安排、任凭摆布，他们乐于服从一个类似"恩主"的领导。他们为了追求安全，不惜待在"监狱"里。他们的未来包含了很少的机会和期待。他们只顾躺平、听话和一成不变地稳定生活；他们从不考虑自强、努力和随机应变。

一个更随机的人，他冷静而娴熟，并善于应对各种突发的违背自己本来愿望和计划的事件。罗伯特·默顿曾经做过这样一个比喻：在资本市场上，有一台机器人，它左手在不断地扔硬币，右手则据此产生的结果来下单。它就像命运女神三姐妹中的厄运女神，突然要剪断你的生命之线；它就像浮士德的魔鬼仆从靡菲斯陀，突然出来捣乱。这台机器人的存在使得资本市场不断淘汰那些不够强壮的人（他们太贪，杠杆太高，失去了灵活性，很难承受巨大波动），也同时淘汰不够随机的人（他们太固执，相信模型、消息和自己的运气）。

市场筛选出能够灵活应对随机性的人，他们是强者。他们能够主动积极调整自己去适应不利的环境，他们对自己负责，他们依靠自己的力量解决问题、克服困难。随机性是大自然给我们安排的进化机制。

强者才能在市场上卖时间，弱者只能买时间，而且买到也改变不了命运。这让我想起了老子说的"善者，不善者之师；不善者，善者之资"。他说的善者应该就是强者。

除了上述三者之外，还有一种情况，被广泛认为是可以卖出时间的。这就是资本市场上股民们心心念念、口口相传的"造富机"。它其实是另外一种形式的时间机器。这是对时间的最大误解之一。

有时候，我们热衷于巴结一些资本大佬、资深高管、内部人士或者神秘而冷漠的操盘高手。仿佛和他们建立友谊就能给自己赢得一台造富机，使自己源源不断地从市场上收获涨停板。

有时候，我们热衷于构建数学模型，最好是麻省理工学院的数学博士用最新的软件在最强的计算机上运行的那种模型。越是我们看不懂的，我们就越是相信它（其实是侥幸心理）。仿佛这样的模型就像一台合法的印钞机，能使我们源源不断地从市场上收获涨停板。

无论是靠关系还是靠模型，构建一台"造富机"来源源不断地产生财富或时间是不可能的。而打消这个念头，是我们正确理解时间的关键一步。

金融学里面有一个关于"市场组合"（market portfolio）的假说：市场上存在这样一个组合，在相同风险水平上，它比其他组合的预期收益高；在相同预期收益水平上，它的风险比其他组合低。你一定以为市场组合就是一台有一定风险的"造富机"——其实不是。我们事先不可能知道哪个组合是市场组合，我们只能近似地认为指数 ETF 接近于它。如果我们事先知道的话，我们相当于事先就能够确定该组合比全市场其他资产组合有更低的风险和更高的回报。这样一来，我们就可以随机地融资做空其他组合，然后，做多这个市场组合。这就相当于我们构造了一台合法的印钞机，或者叫造富机（money machine）——这当然是不可能的。

那只能够预知未来的"毒虫"仍然被关在盒子里,人类因此才有希望。所以,我们无法事先构建出"市场组合"。

我们只能把指数 ETF 当成市场组合的替代品。对于任何投资人来说,他们可以做空其他组合,同时做多指数 ETF。这样做的结果就是,这个交易策略的长期回报等同于持有同期国债(市场上的无风险利率),也就是你白忙活了一场。其结果就是:这个交易策略产生的收益水平和国债是一样的,你没有跑赢市场的基准时间——在相同的时间里创造出比国债更高的收益。

有关造富机的梦想似乎应该就此终结了——这是委婉的说法,其实我的意思是,你应该把其他有关金融学和经济学或者声称能够帮助你提高投资回报的书扔掉了。

指数 ETF 本身包含着波动,承受这种波动是我们获得回报的唯一方式。指数 ETF 带来的回报不会使我们超越同侪,不会让我们一夜暴富;它蕴含的风险也不会把我们踢出中产阶层。请把它视作市场上的"原味"的基准时间。

指数 ETF 的波动体现了市场基准时间里面包含的风险;指数 ETF 的回报体现了市场基准时间里面包含的机会。那些替你承担波动的人就是卖给你时间的人,你花钱从他们手里买一个期权,就相当于你放弃了一部分回报,但是排除了这段时间里的风险。帮你承担这种风险的人就是送你进入 Martingale 的世界的人,就是你的命运女神。他/她给了你时间,帮你排除部分乃至全部的资产价格的波动,就是给你时间。这样一来,我就理解了霸菱银行和长期资本管理公司的最终结局。

投资指数 ETF 并不会提高你的社会地位。绝大多数情况下，人努力折腾一辈子，社会地位仍然在原地踏步。这是好事情，否则，上流社会将人满为患。当然，会有少部分人成为写回忆录的幸运儿。他们在书中声称自己千辛万苦像寻找圣杯的骑士一样，找到了市场组合。他们把这种成功总结为自己"独特的眼光"和"执着的奋斗"，他们在回忆录里面也会承认（其实是顺便提到）他们的运气不错。但是，他们希望你将"偶尔的运气"这几个字理解为他们"谦逊的美德"。

那些个人发财致富的传闻大多是不可复制的小概率事件。归根结底，时间是在集体游戏中被创造出来的。<u>时间由机会和风险构成。人们在面对机会和风险时，会表现出希望和恐惧。</u>

如果人们看到未来包含更多的机会和更少的风险，内心就会产生更多的希望和更少的恐惧。在这种情况下，人们就会更多地追求自由，较少的顾虑安全。他们构成的集体游戏就会更注重自由：个体就更独立，崇尚向着未来的冒险和面对未知的探索，鼓励个体成为强者，推崇个人英雄主义。

如果人们看到未来包含更少的机会和更多的风险，内心就会产生更少的希望和更多的恐惧。在这种情况下，人们就会更多地追求安全，较少地考虑自由。他们构成的集体游戏就会更注重安全：个体就更团结，崇尚服从大局和保持稳定，帮助弱势的个体，推崇集体英雄主义。

时间是由一大堆看似矛盾的名词组合而成：风险和机会、希望和恐惧、自由和安全、独立和团结、冷漠与友情、强者和弱者、冒险和稳定以及个体和集体。按照维特根斯坦哲学来看，我可能并没有找到有关时间的任何真理,我只是发现了一大堆涉及时间概念的词。我充其量只是发现了人们在使用这些词的时候,被这些词误导了,脑子里充满了迷雾。人们没有意识到它们体现的都是时间。在我看来,这些词并不矛盾,而是相互成全,共同构成了统一整体——人类用集体游戏创造出来的时间。

集体游戏

人们用资产来玩集体游戏。

集体游戏要么降低身边风险,要么增加远方机会,其目的是给参与者创造更多的时间。

如果一个美国人从22岁大学毕业开始,始终挣社会平均工资,且每月坚持拿其中的1/3购买标普500指数ETF,那么,到他65岁退休时,他的财富将超越87%的美国人。

这不说明美国的股票指数值得投资,而是说明美国人在用股票指数玩集体游戏。这个集体游戏的目的就是让那些具备"勤奋工作""省吃俭用"和"持之以恒"这三种品质的美国人拥有更高的社会地位,从而为整个社会树立一个榜样和激励机制,鼓励大家去创造更多的时间和财富。

我在 30 多岁的时候,写了《金融工程学》。那时候,我认为股票波动是自然现象,可以用数学模型来描写、刻画甚至预测。

我 40 多岁的时候,写了《金融的哲学》。那时候,我认为股票涨跌是个人修行,只要修炼自身修养,提高个人素质,克服情绪波动和主观偏见,就能把握股市机会。

等到我 50 岁写本书的时候,我想把前面两本书都收回来销毁掉。因为我恍然大悟地意识到,各类资产价格的涨跌是一场集体游戏。为了防范共同风险,人类发明了各种集体游戏。<u>人类通过集体游戏来创造机会,克服风险,形成秩序,解决问题和实现进步。</u>

人类学家早就指出,如果人类祖先是单独进化的,那么,以每代 25 年寿命计算,总共需要 120 亿只南方古猿才能进化到我们今天人类的智力水平。这当然是不可能的。人类一开始就是以集体形式进化的。在集体游戏中,问题就变得复杂了,对脑子的要求也更高了,我们也进化得更快了。

我发现,当我使用这个集体游戏的视角来看待资产价格波动的问题时,许多特定的困惑会自行消失。这就是为什么我一直宣称我写的是哲学,而不是金融学或者人类学。问题不是被解决了,而是在语言中被澄清以后,自行消失了——这就是维特根斯坦的哲学观[①]。

我们很熟悉"集中力量办大事"这句话。这也可以看成是一个集体游戏。大家都愿意付出一定的代价,用暂时的痛苦来实现一个共同

---

① 金融学系的人说我写的东西根本不是金融学;人类学系的人委婉地建议我去读一些人类学的入门书籍;哲学系的人根本不在乎我写了些什么。我因此意识到,我可能触动、违反或者改变了金融学系和人类学系原有的游戏规则。我因之更加确定他们在玩集体游戏。

的目标。这个目标可以是应对突发自然灾害事件,可以是建设一个公共设施,也可以是建立新的经济增长机制。集体游戏要么克服大家的风险,要么给大家创造机会,总之,是给大家延长了时间,提升了福祉。

我对于"福祉"这个词的理解是基于人类本能的愿望。我们是社会化动物,天然就渴望加入一个群体。如果一个群体没有集体游戏,那么,那里的集体生活要么没有秩序(发生踩踏事件时的慌乱人群),要么没有乐趣(遥遥无期等待遣返的战俘营生活)。因此,让人们在一起玩游戏,这件事本身对于所有人来说,就是一道福祉。

投资大师达里奥曾经说过,"Cash is trash"(现金是垃圾)。他的意思应该是指:不要持有现金在场外观望,而是要持有资产参与市场。人应该参加社会的集体游戏。当然,巴菲特也说过:"不要贪恋下一支舞曲,不要最后一个离开舞会,那样的话,你会被迫留下来收拾桌子。"巴菲特的意思不是让你知足常乐,节制贪欲,少赚钱,而是告诉你舞会(游戏)随时会意外地结束。如果游戏结束的时候,你没有持有现金待在场外,而是持有资产(或者搂着美丽舞伴)待在场内,你就会损失前面积累的大量财富,然后重新开始努力工作,从社会底层开始奋斗。资产是你参加上一场游戏的筹码,现金是你参加下一场游戏的门票。

我估计很少有人听从了巴菲特的建议,但这并不是因为我们太贪婪,而是规律使然。如果我们都预判舞会结束,大多数人都提前退场,持有现金观望,那舞会反而不会结束。因为那样的话,即便我们结束这个游戏,在下一个游戏开始的时候,绝大多数人已经有了大量的现金,他们有了更高的社会地位,他们就没有动机去努力参与下一个游戏,社会面临的新问题就得不到解决。

共同风险

达尔文在《物种起源》一书中提到了大自然存在一种进化机制：自然选择。后人将其简化成"物竞天择，适者生存"。进化史学家和生物学家都对这句话持保留意见，他们认为大家误解了达尔文的本意——尽管这句话就是普通人广泛接受的进化论。

达尔文在晚年写了一本更惊世骇俗的书——《人类的由来与性选择》。在这本书中，他提到了人类进化的第二种机制：性选择。雌孔雀在选择雄孔雀，雄孔雀在选择雌孔雀。于是，雌雄孔雀都按照异性的择偶标准在进化，以便获得交配权。不符合异性择偶标准的孔雀个体都因失去了交配机会而没有留下后代。因此，我们今天看到的物种都是性选择的结果。我们不知道雌性偏好拥有某项特定生物特征雄性的具体原因，我们只是猜测这种偏好和后代的生存能力有关——能够让后代活得更长，拥有更多时间。

经济学家一度热烈争论的"裙摆指数"（Hemline Index）是指女性裙摆越长，经济就越低迷；相反，女性的裙子越短，经济越繁荣，股市越可能出现牛市。其实，这就是性选择机制。只不过，经济学家们搞反了因果关系。在人类学家看来，当女性裙摆很短时，恰恰是人类男性相互之间竞争激烈的时候，经济由此就变得繁荣了；反之，则出现经济停滞和萧条。这只说明了女性的性选择是促进社会进步的力量。

爱德华·威尔逊在《论人的本性》及其后续著作中指出，进化还有第三种机制：集体选择。你是一个能干、努力、聪明和友善的年轻人，你也很受女孩子的欢迎。但是，很不幸，你年轻时候就走了"弯路"，爱上了足球。你最终的事业巅峰就是中国男子足球队。但你在那里无论多么努力，最终也没有取得任何成绩和进步。因为那个集体的整体竞争力太差（还可能内耗也很严重）。到退役的时候，你浑身是伤，一事无成，还要低着头忍受球迷的谩骂和指责。你悔不当初，那时候，以你的聪明才智和敬业精神，如果你当年走上软件工程师的道路，你也许已经在华为公司或者国家航天局崭露头角。你选错了集体，导致了你最终在进化时被淘汰了——个体努力毫无用处。

我提出集体游戏的观点，其实是对威尔逊的"集体选择"假说的补充。

第一，游戏的目的是要在游戏中发现个人的特长。每个人都加入自己喜欢并擅长的团队，更好地发挥自己的潜力。

第二，人不是单独在丛林中和市场上脱颖而出或黯然出局的。人是在他自己选择的集体游戏中胜出或者被淘汰的。

第三，一个社会，如果有一种机制，能够让每个人都去适合自己的岗位发挥作用，这个社会的效率就一定很高。全社会的文明就进步，社会就包容，经济就繁荣。

第四，如果没有了人人积极参与的集体游戏，每个人被动听从于社区牧师的布道、酋长的摆布和国王的调遣，那么，整个社会的效率就会下降，通货膨胀就容易起来，社会矛盾就容易积累，主流观点就容易偏激，文明就容易闭塞和内陷。

人类形成集体游戏有三个主要原因：

第一，因为个体在集体游戏中的进化比单独进化的速度要快。集体游戏促进个体的智力发育。集体进化的物种一般比它们的生物学近亲进化得更好：脑容量更大，情感更丰富，互动更频繁，免疫系统更强，个体寿命也更长。

第二，在游戏中能比较容易发现人的才能和特长。然后，把最能干的人送到最适合于他的岗位去发挥作用。这对个体和集体都最有利。

第三，最关键的因素是要有一群人组成游戏，按照规则行动，并因此形成某种秩序，从而让人们在集体游戏中化解他们面临的共同风险。

从防范共同风险的角度来组织大家"玩游戏"，这是人们参与集体游戏的根本诉求。由于人们面临的共同风险会发生变化，集体游戏的内容、规则、提倡的美德、需要的技巧和由此形成的社会关系都会发生相应的变化。

每过几十年，人们就会哀叹：时代变了，世风日下，人心不古。其实，时代并没有变，而是人们玩的游戏变了。在新游戏中，会有新的风俗习惯，会有新人脱颖而出，他们对老游戏形成的价值体系、文化风俗和利益阶层构成了冲击。

为什么人类需要用集体游戏防范共同风险呢？因为这些共同风险只能依靠集体行动来防范或管控。我们先来看其他物种合作应对共同风险的例子。

2022年10月31日出版的生态学期刊Journal of Ecology发表了一篇由中美两国科研人员Qin Li和Richard Ree合作的论文。

他们在中国横断山脉的针叶林和高山草甸过渡地带进行了长期观察,发现该地区有272种杜鹃花共生。这在其他生态系统中是少见的,因为同一科属不同的植物在同一地区经过漫长的演化和竞争以后,一般仅剩几个最适应环境的优势品种了。在同一片区域有如此多品种的杜鹃花共存确实是罕见的现象。

他们的进一步研究显示,不同品种的杜鹃花会非常默契地把各自的花期相互错开,从而使得该地区全年很长时间都有杜鹃花开放。对于附近的蜂群来说,这里的花期足够长,它们就有了足够的时间来孵化迭代。而蜂群一旦在该地区稳定地驻扎下来,则对于所有的272种杜鹃花都有利。

"生物多样性"对于横断山脉的杜鹃花来说,是一场"集体游戏",它们化解了蜜蜂因花期过于集中而导致青黄不接的风险,从而使得它们自己防范了没有蜜蜂授粉的风险。

读到这个故事的时候,我突发奇想:欧盟是否就是因为类似的原因而成立的呢?他们各成员国看起来相互竞争,其实是共同繁荣的关系。他们用经济互补性和文化多样性构建一个相互成全和相互依赖的生态系统,从而防范了战争和经济衰退的风险。

另外的一个例子是关于椋鸟的。它们不算是群居性动物,但是它们学会了集体飞行。它们飞行时会默契地组成各种流动的队形,像一张大网罩在了城市上空,而且随时都在变化队形,并持续发出刺耳的噪声。鸟类学家认为,它们这样做的目的可能有三个:一是用巨大的噪声驱赶在同一地区捕食飞虫的竞争对手——乌鸦或灰喜鹊;二是用密集的队形网住那些飞行中的虫子,这样提高了个体捕食的成功率;三是用不断变化的飞行队形来躲避捕食者。由于它们只在迁徙途中组成这种飞行队形,所以,普遍猜测第三种可能性大。

如果你是孤独的灰喜鹊,你就只能提高自己的飞行本领,争取比椋鸟群飞得更快,这样才能捕捉虫子。如果你是椋鸟,你就只有一个选择了:加入这场集体游戏。成为集体游戏的一员,这将显著提高你的个体生存能力。一只椋鸟如果脱离集体游戏去和灰喜鹊和乌鸦单打独斗,或是单独躲避猫头鹰的偷袭,那绝对是错误的选择。

2022年10月,我读到一篇新华社的专访。这个例子使我确信群居性动物的集体行为背后都有规避风险的动机。

三江源生态与高原农牧业国家重点实验室的科研人员经过7年的野外观察研究发现:藏羚羊每年从四面八方赶到可可西里地区产仔,规避出血性肠道寄生虫感染可能是原因之一。

藏羚羊是国家一级保护动物,长期生活在青海可可西里、西藏羌塘、新疆阿尔金山等自然保护区。每年5月,雌性藏羚羊都要大规模迁徙,前往可可西里卓乃湖、太阳湖等地产仔。7月至8月再带着小羊羔陆续返回原栖息地与雄羊合群,往返行程约三四百公里。

藏羚羊长途迁徙的原因一直是学界关注的焦点。据该实验室主任赵新全介绍:"通过连续两个繁殖季的野外考察,我们发现新鲜的藏羚羊粪便中,寄生虫30天后才发育到第一个幼虫期,在此之前,寄生虫卵并没有感染性。而雌性藏羚羊迁徙至卓乃湖后,仅停留21至27天就返回,与寄生虫感染'完美错过'。"进一步检查还发现,可可西里严酷的环境使得消化道寄生虫很难越冬存活,因而新生的小藏羚羊没有感染源或感染机会,从而少了肠道感染、出血甚至死亡的风险。这说明藏羚羊的集体迁徙规避了寄生虫的感染而提高了幼崽的成活率。

藏羚羊的集体迁徙是防范了共同风险。印度尼西亚加里曼丹岛上的红毛猩猩(旧称:婆罗洲猩猩)则给我提供了一个反例,从而在逻辑上证明了:无论选择集体游戏还是选择个体单独生存,都是为了防范特定的风险。

除了红毛猩猩以外,其他大型类人猿都是群居性动物。红毛猩猩选择独居生活的原因曾经困扰了动物学家很长一段时间。后来,人们发现,因受历史上的火山活动影响,加里曼丹岛当地土壤的肥力只相当于印度尼西亚其他岛屿土壤肥力的10%,导致当地树木不能从土壤中吸收足够的养料,因而不能每年都结出果实。有些树要10多年才开花结果一次。哪座山上的哪棵油棕树在哪一年开花结果几乎是不可预测的随机性事件,这意味着你结成同盟去攻占邻居的地盘也不能确保这座山头明年变成你的粮仓。面对食物稀缺的风险,红毛猩猩采取了"化整为零"的生存策略。它们只在交配季节聚集。平时,它们就在雨林里"随机游走"寻找食物。生物学家们会说,红毛猩猩的单独生活和黑猩猩的群居生活都是对环境的适应。但是,在金融学看来,这就是它们对风险的应对措施。

红毛猩猩曾经是进化史中领先的物种,它们的祖先早在1 000万年前就学会了用树枝树叶制作一张床,这是灵长类动物的一个飞跃。早期的人类学家们还曾经争议过这样一个话题:制作一张树床是否是文明的第一步?有证据表明,红毛猩猩的祖先曾经遍布东亚大陆,它们也曾经是群居性动物。加里曼丹岛独居的红毛猩猩是一个特例。

红毛猩猩的树床对我是一个启发,这也许是文明进步(或者在这里应该叫生物进化)的一个分水岭。它们曾经在进化史中领先,但它们目前却又是独居动物。那么,怎么才能证明集体进化更有效呢?

灵长类动物学家们做出了如下推测[1]:红毛猩猩的祖先竞争不过人类和黑猩猩的共同祖先,最终它们退出东亚地区,领地萎缩到东南亚一带。该地区因土壤贫瘠而不适应群体觅食,导致它们以个体形式生存。这个物种就此在进化过程中落后了。

红毛猩猩在进化过程中从领先到落后说明了集体进化的群居物种有巨大的优势。在群体中的个体,因为有丰富的互动而促使其大脑更快进化。个体互动——而不是个体之间的竞争——是更快提高物种智力的途径。也就是说,互动游戏不仅能够防范风险,还能促进个体进化得更聪明。

章鱼被认为是比绝大多数海洋鱼类"聪明"得多的物种。澳大利亚的野生动物学家们在该国的杰维斯湾发现:一种名为"Octopus Tetricus"的章鱼以极高的密度生活在一起。研究者们用水下摄影机拍摄这些动物,以观察它们是否存在互动关系。随后,他们发现了一种章鱼特有的行为:用腕足吸起海床上的贝壳(有时也用淤泥或藻类),然后朝自己的同伴(邻居)扔出去,同时用自己的虹管喷水,来推动这些

---

[1] 此处参考了渡边邦夫、松泽哲郎、加藤隆至和弗朗西斯·德瓦尔等学者的观点。

贝壳——它们在互相朝对方扔东西。研究团队找到了证据,表明这些章鱼并不是特意针对另一个同伴的敌对行动,而更像是"游戏"。在与某一特定章鱼互动时,投掷物往往是相对较"硬"的贝壳,而且投掷者会同时显示出纯色且较深的体色。而朝另一只章鱼投掷的时候,投掷者是用另外一组特定腕足来完成,而投掷物则是泥沙。来自意大利那不勒斯腓特烈二世大学的神经生物学家 Tamar Gutnick 说,这项工作为调查这些出了名的聪明动物的社会生活打开了一扇新的大门。"这些章鱼的个体之间有互动。"她说,"在某种形式上,这是交流。"[1]我得克制自己的好奇心,才能不去联想章鱼相互扔贝壳的游戏和人类在朋友圈相互点赞之间的相似性。

我们的近亲黑猩猩之间的互动游戏就更丰富。研究人员在乌干达基巴莱国家公园(Kibale National Park)观察一个名为"尼哥"(Ngogo)的黑猩猩群体。他们发现黑猩猩母女之间有着类似于人类母女的互动行为。小黑猩猩在咀嚼树叶时,拿起其中的一片去展示给妈妈看,它希望母亲注意到上面的寄生虫,母黑猩猩一开始不注意,随后在小黑猩猩的坚持下,妈妈开始全神贯注地关注这片有虫子的树叶,小黑猩猩似乎达到了目的,收回了树叶。参与这项研究的英国约克大学心理学教授凯蒂·斯洛科姆说:"确切地说,它似乎不想让母亲对这片树叶做任何事……看起来就是单纯想展示一下,就好像在说'你看你看,这挺酷的,对吗?'这很像人的行为,这种行为曾被视为人类独有。"人类婴儿在 10 个月大以后,就会把自己喜欢或者感兴趣的

---

[1] 引自 Emma Marris 的论文:"*Duck! Octopuses caught on camera throwing things at each other*",发表在 2022 年 11 月 9 日出版的 *Nature Portfolio*。

玩具展示给妈妈看,但他并不是要把玩具送给妈妈,而是希望得到妈妈的注意,并且,最重要的是,他希望能够激发起妈妈对这个玩具的共同兴趣。展示结束以后,婴儿会收回玩具①。这个场景像不像拍短视频的人类?拍完以后感觉放到网上去给别人看:快来看新鲜事物啊!

凡参加集体游戏的物种,进化程度就高,个体就获得更多的时间。我们人类也不例外。

前文详细论述了要获得更多时间的两种方式:一是利用科学技术来实现发明创造。发明了制冰机就能够在渔码头上用冰块获得更多时间;发明检测仪器就能在生产线上获得寿命更长的芯片。二是从关系网获得时间。七大姑八大姨们愿意掏出辛辛苦苦的积蓄来解救你。她们的深情厚谊帮助你降低了自己的风险,也相当于给了你时间。

人类组成群体、社团、单位、公司、团伙、朋友圈和小团体进行集体游戏。<u>集体游戏能为我们增加机会或者降低风险,我们由此获得更多的时间。</u>

我们组成了群体之后,只有两个方式去获得更多的时间:不断诞生发明创造的科学技术和不断产生深情厚谊的人际关系。因此,我们观察到的群体,要么是在车库里面吵吵闹闹,谁也不服谁的盖茨和乔布斯;要么是先把美酒喝得烂醉如泥,然后举起毒酒一饮而尽的宋江和李逵。前者在相互批评、相互启发和相互促进的互动中,用科学技术来获得更多的发展机遇;后者用豪迈的自我牺牲和温暖人心的兄弟

---

① 引自 Claudia Wilke,Nicole J. Lahiff 和 Kris H. Sabbi 合作论文:"*Declarative referential gesturing in a wild chimpanzee(Pan troglodytes)*",发表在 2022 年 11 月 14 日出版的《国家科学院学报》(PNAS)。

情谊替陷入困境的同伴承担风险。

这大概就是集体游戏中两个模式的雏形。

我曾经受邀在一场社会学的年会上发言。当时我还没有形成"用集体游戏应对共同风险"的想法。我只是把金融学风险管理的内容嫁接到社会学上。我认为不同地区的人类之所以发展成不同的社会形态,完全是因为不同地区的人们面临不同的风险。为了应对这些风险,人们就组合成不同的社会形态,从而形成了不同的风俗习惯、道德说教、秩序规则和礼义廉耻。

我认为古代印度社会形成种姓制度的原因是该地区的人们特别需要防范热带流行病风险。种姓制度对人们生活的影响类似于传染病隔离措施。高种姓的人和低种姓的人不仅不能通婚,也不能相互交流,更不能接触。低种姓人坐过的板凳被认为很脏,高种姓的人是不会去坐的。从事特定行业的低种姓的人(比如与牲口屠宰有关的行业),被认为特别"低贱"且"肮脏"(这两个词在种姓制度中几乎是通用的),他们必须主动绕着高种姓的人走路,不能踏入高种姓的人的影子范围以内。这样的措施防止了传染病在全社会范围的快速传播;否则的话,印度古代社会容易被热带地区经常出现的传染病"一锅端"。毕竟,世界历史上,同纬度热带地区没有出现古代印度那样灿烂的文明。而且,种姓制度在印度北部(靠近)喜马拉雅山地区执行起来就很"形式主义",而在更热的南部地区则是不折不扣地落实了。种种迹象表明,种姓制度是针对传染病采取的风险防范措施,就像金融学里面的"分散化"策略一样,把"两两不相关"的资产构成一个资产包,这个资产包的整体风险会显著降低。古代印度的种姓隔离很像是确保不同种姓之间"两两不相关",从而降低整体社会风险。

我的发言受到了社会学前辈的猛烈抨击(其实更像是轻蔑的嘲讽),说我对金融学和社会学的基本常识都没有搞懂。我感觉自己有责任向读者诚实地披露这一点:我的观点受到国内社会学顶级专家的批判和否定。我经常鼓励自己,"下士闻道,大笑不止,不笑不足以为道"。与此同时,我又想起维特根斯坦的话:"有些哲学家早已停止了思考,却还没有停止演说。"

不过呢,那场发言之后,我的社会学老师王水雄教授给我发来了一段鼓励的话。我经常拿着手机翻看这段话,他的每一句都温暖着我的心。我将其整理了一下,作为这部分内容的总结。

一是对于人类社会来说,组织生产和防范风险是相辅相成且同等重要的。物质生产决定了人类社会可以维持多大规模的人口,风险防范(特别是针对特大风险的防范)意味着某种生产方式的可持续性及其相关人群的后代繁衍规模。一定的生产方式会带来一定的风险;除此之外,在特定的时空条件下生存,其自然环境也会带来风险,而对应的风险防范机制则直接影响到人类的生活方式和组织方式。

二是人类的生活方式和组织方式,蕴含着人们意识到或没有意识到的风险防范功能。它们往往会赋予不同的行为主体以人类社会基本组织单位的根本性意义。有些是以家庭、家族为基本单位,有些则是以小型的信教组织为基本单位,比如说寺庙、家庭教会。这种基本单位意识又会影响到人们的思想观念,特别是影响到小群体的认同和自我认同,从而形成对特定群体认同的个人会为了某个基本单位或群体的存续而牺牲自己的利益。

三是人类社会风险防范方式会通过特定的文化在一定人群的后代中传承下来。目前仍然存续和传承的文化,往往是具有较好风险防范功能的文化。那些风险防范功能较差的文化,会因为不利于特定人群的存续而被逐步淘汰掉,剩下的往往都是有利于风险防范和人群存续的文化。

四是在风险防范方式(游戏)中,一些特定的个人行为倾向与品性以及相应的人物会被推崇,成为社会价值之所在。风险防范方式应该成为人类社会研究的重中之重。

我每次感到疲惫困惑的时候就会翻看这段话,内心感谢王老师对我的指导和鼓励。我还会想起恩格斯的一句话:"伟大灵魂总是相互吸引的。"

游戏的发起

珍妮·古道尔说过,"研究动物是为了更好地理解人,因为动物们不会说谎"。因此,研究灵长类动物的群体行为可能比研究文字记载的人类历史更接近真实的人性。

500万年前,热带雨林面积缩小,人类的祖先被迫迁徙到稀树草原谋生——这是一场被迫的冒险,好在我们成功了。我们超越了当时把我们赶出热带雨林的近亲:黑猩猩和巴诺布猿。它们的祖先是500万年前生存竞争的胜利者,现在它们仍然待在雨林里,而我们成了它们的保护者。

黑猩猩和巴诺布猿的基因合集与我们人类的基因只有0.6%的差

异。这很难解释我们之间的巨大差异。爱德华·威尔逊认为,关键是激素。各种激素的组合对应着各种丰富的情感。所谓的刺激是一种体验,是脑垂体分泌激素的一种新组合,这种组合在带来愉快新体验的同时,也促进免疫系统修复受损器官。

这是一个重要的发现:进化程度越高的动物,其个体就越渴望那些能够带来新刺激的新体验,并愿意为之冒险尝试。他们的免疫系统因此进化得更好,他们各项器官的功能因此更高效也更协调,他们往往活得更长。

积极进取的人会寻求刺激,他们称之为热爱冒险和追求自由,另外有一些人会追求安全。有些集体游戏提供自由,有些集体游戏提供安全。这些都是当时、当地和当事人们的选择。他们一旦做了选择,就会开始玩特定的游戏。文明或者落后是游戏的结果,事先无法预测哪条路径是进化路径。

用相同材料、相同图纸和相同工艺建造的相同房子,其用途可以是监狱,也可以是夜总会。相同基因的人在感受同样的风险时,在不同激素的刺激下,他们可能形成形形色色的集体游戏来应对。

让大家来玩集体游戏就像发行一种新货币一样,是一项艰巨的系统工程。发起一个成功的集体游戏应该符合三个方面的条件:

一是集体游戏确实能够防范共同风险。

居住在金沙江两岸的云南彝族有"抢亲/抢婚"的习俗。当地的地方志《东川府志》有两个版本,分别是清雍正时期知府崔乃铺和清乾隆时期知府方桂所编撰的《崔志》和《方志》。《方志》中的"夷俗附"记载了彝族抢亲的风俗:

> 爨之父母将嫁女,三日前持斧入山伐带叶松树,于门外结屋,坐女其中,旁列米渐数十缸,集亲族执瓢构列械环卫,婿及亲族新衣黑面,乘马持械鼓吹至,两家械而斗,婿直入松屋中扶妇乘马疾驱走,父母持械构米渐逐浇婿,大呼亲族同逐女,不及,怒而归。新妇在途中,故作坠马三,新婿挟之上马三,则诸爨皆大喜,即父母亦以为是爨女也。

这里所说的爨,就是彝族人。我看了这段描述,才知道彝族的"抢亲/抢婚"习俗中居然还有"械斗"。现在,这种婚俗已经演变成一种欢快的仪式,带有表演乃至招待游客的意图。但我相信在很早以前,械斗抢婚可能是确有其事的。

彝族的祖先形成这样的风俗习惯——或者我称之为集体游戏——肯定有着防范风险的动机。根据地方志记载,当地的彝族几乎是一个山头住着一个部落,彼此的口音和风俗都略有不同。

他们首要的风险是部落内近亲结婚导致的后代早夭。因此,他们需要在邻近部落之间通婚。其次,他们要防止对方嫁过来的女儿"人在曹营心在汉"。万一两个部落以后发生冲突,自家的媳妇还向着娘家的亲人,那就会带来对外冲突失利的风险。于是,父母对于已经被抢走的女儿反而进行驱赶,这就使得新娘子和原有家庭和部落在感情上做了切割。最后,他们还要防止嫁出去的女儿受到婆家虐待的风险。因此,抢婚是为了让新郎更加珍惜自己的新娘,知道得之不易。所以,回婆家的路上还有摔跤和扶上马的行为,这就进一步增加了新娘今后在婆家的地位。

通过这样的"集体游戏",邻近山头的部落都防范了近亲结婚的风险,也防止了因联姻而导致后代对自己的外公外婆产生感情,并导致本部落丧失领地的风险。他们抢来的新媳妇会忠于自己的新家庭,会和原来的部落彻底割裂感情。各个部落原有的领地边界和权力结构不会因为跨部落联姻而发生改变。这些新媳妇在婆家的日子并不难过,因为婆家人千辛万苦,冒巨大风险才娶到了她。这意味着,婆家人在她身上的投资巨大。丈夫和婆家人会对抢来的媳妇好一些,否则的话,以后不会有人愿意把自己女儿嫁出去了。而把成年女儿留在本部落又回到了第一项风险,即容易触发近亲婚姻。一场械斗抢亲的集体游戏防范了三种风险。

抢婚风俗在世界各地都有,但有的是筛选能干女婿的机制,有的是以讨要彩礼为目的。在我看来,各地的抢亲游戏都是为解决当时当地人们对于特定风险的关切。所以,人类学研究不能只关注抢亲活动,而要分析当地人们在生活中面临的风险。

马林诺夫斯基曾经告诫去搞田野调查的年轻的人类学家:不要认为我们来自一个更高的文明,而土著人则代表了落后和愚昧。他们是文明的另外一种形式。我们共同构成了人类文明。他们有独特的风俗习惯,那是因为他们用特定的方式解决他们的问题。如果我们"降临"到他们中间去拯救他们,把他们带入一个更高的文明,那样反而毁了我们自己。

人们面对共同风险的时候,会组织起来参与集体游戏。人们的参与程度越高,集体面临的共同风险就越低。解决了这些特定风险以后,参加游戏的个体就相当于获得了更多的时间。

二是个体在集体游戏中实现进步。

绝大多数灵长类动物都是社会化群居的动物。人类祖先之所以在类人猿当中脱颖而出，很重要的原因是我们的游戏更复杂（我们进化出了外婆和父亲的角色）。这使得个体在集体游戏中提升了能力，反过来又促进了集体的进化。

人类学家通过对野外黑猩猩群体的观察发现：雌性黑猩猩性成熟以后会离开原生群体，它并不倾向于加入一个占据果实丰富领地的群体，也不倾向于加入一个周边没有花豹等天敌的群体，它更乐于加入一个雄性活泼好动的群体。相比"食物充裕"和"环境安全"，她们更愿意选择"活泼好动""打闹嬉戏""互动频繁"的雄性黑猩猩群体。在"安全"和"刺激"之间，它们选择了后者。这些群体的雄性黑猩猩明显在玩一个更复杂、更高级也更刺激的游戏。这些新奇的游戏会刺激动物的大脑分泌更多的激素，不仅会使它们经历更愉悦的体验，还会迫使它们的大脑进化得更强大。这是一条重要的线索。除了人类以外，黑猩猩几乎是进化程度最高的动物了，它们成年个体的智商已经相当于5岁的人类儿童。因此，我有理由认为，更刺激的集体游戏在物种进化的过程中，起到了关键的推动作用。

当然，人类个体在参加集体游戏的过程中，不能任由激素控制自己去单纯追求刺激。人类个体在集体游戏中免不了要克制自己的欲望，约束自己的行为，自觉服从集体游戏的规则和社会秩序。只有这样，个体才能在集体游戏中获得安全，否则他就被当成"刺儿头"，人们会"以集体的名义"或者"为了集体的利益"而消灭他。

有些集体游戏不能容忍那些不能"克己复礼"或者"委曲求全"地服从集体游戏规则的"刺儿头"——尽管他们的数量极少。集体有时候就会公开惩罚这部分"刺儿头"——以便绝大多数人因害怕惩罚而服从游戏规则。这当然不是悖论：集体游戏不能容忍"刺儿头"，为此，我们经常需要个别"刺儿头"来当反面教材。有时候，某些无辜却不幸的人会莫名其妙地背上莫须有的罪名，被当成"刺儿头"接受处罚。这样做的目的是让大家服从规则。

出现这种情况的根本原因是集体游戏被设计成"依赖于大家的服从"而成立。这不仅仅是游戏设计的问题，也是个体自身愿望的问题。

个体希望在集体游戏中得到进步，提升自己的人性修养，发展自己的技能，认识新世界，增长新知识，开拓新眼界，学会新方法，拥有新工具，登上新平台。他们希望能随时出发去探索更广阔的新天地，又能随时联合起来解决新问题、组织新游戏来对付新风险。这种个体就生活在遥远的未来，他们认为时间包含着巨大的机遇。他们形成的集体游戏就会和另外一些人的集体游戏不同。

还有些个体更关心自己和周围人的相对位置。如果自己落后了，就意味着自己处于被谴责、被贬低、被抛弃的地位，就意味着不安全，感觉自己的生存概率变小了。如果他们看到周围的人和自己情况一样，他们就莫名其妙感觉到了安全——至少自己不会成为第一个或者唯一的饿死鬼。这些个体就生活在当下的时间里，他们眼中的未来更多充满了风险。

集体游戏从两个方面促进人的进步。一方面，集体游戏要鼓励个体提升能力，使得个体更强；另一方面，集体游戏也注重培养个体对集体的服从（磨掉一个人的棱角，让他变得听话），从而使得集体游戏更容易进行下去（社会也更和谐）。

我有时问自己：到底什么是人的进步？从个体的角度来看，应该是指人去探索新世界，挑战新边界，摸索新规律，找到效率更高的工作方法。总之，他得承担一定的风险，在崭新的未知世界里接受新信息，处理新问题，发展新方法，提升新能力。最终，他变成一个更强大的自己。但是，如果我从集体游戏的角度来理解个体进步，似乎应该是指个体学会和人相处，提升自己的游戏技能，改善人际关系，提升自己的社会地位去玩更高级的集体游戏。

我进一步设想，在进化的过程中，其实根本就没有什么培养机制，客户和人才都不是培养出来的。没有组织和上帝来帮你培养客户，只有筛选机制在起作用。因此，最好的状态就是让每个个体对自己负责，自己想办法照顾自己，培养自己，提升能力，意识到自己的风险，然后提高主动性、积极性去参与集体游戏。

如果再回到游戏本身来，我把下列四件事情从易到难排了个队：

- 个体发展个人能力；
- 个体获得安全；
- 个体在集体游戏中提升自己的能力；
- 个体共同努力改善集体游戏效率。

最难发起的游戏是让一群致力于提升自己能力的"强者"默契地按照共同规则来玩一个集体游戏。这个游戏并不抑制人的愿望，也不压制人的自由，而是在发展人的过程中实现社会秩序、防范共同风险和提升集体效率。因而，这个游戏就特别依赖强者的自觉联合。

相对来说，当共同风险足够大的时候，人就容易放弃追求个体自由，学会控制自己的愿望，愿意服从集体的安排，遵守社会秩序。风险越大，个体就越想加入集体游戏来防范风险。以至于在有些情况下，集体游戏的组织者会夸大共同风险的程度，以恐吓个体，让他们放弃更多的自由，让他们不敢脱离集体游戏。

三是全社会文明程度的提高。

文明和游戏不是一回事。集体游戏是因共同风险而诞生的，但并不是每个集体游戏都能推动社会进步乃至引领人类文明。在集体游戏中，既有可能发生文明衰落倒退，也有可能发生文明的繁荣进步。这两种可能性是始终存在的。

二十多年前，我在达特茅斯学院当访问学者。有一天，我去旁听了一个天主教大主教的演讲。他说，当今世界上真正的"宗教"是互联网。我当时就感觉他似乎有一种"无可奈何花落去"的惆怅。天主教在当今世界的影响远不如1 500年前了。如果我把他说的宗教一词改成集体游戏，我发现他说的话仍然成立，而且表达得更好了：当今世界最主流的集体游戏是互联网。

在人类早期的蒙昧时代，天主教组织的集体游戏对人类的进步也曾经起过推动作用。游戏要起作用，前提条件当然是要大家都要信教，也就是要大家都来玩游戏才行。在互联网时代，如果我们每个人都学会使用互联网这个新技能，人类相互之间就能够展开一个新的集体游戏，而且这个新游戏能够极大地提升我们社会运行的效率。这是任何宗教都做不到的。

互联网带来的集体游戏当然是人类文明的进步。但是，并不是所有的集体游戏都能够提升人类文明。在另外一些极端的集体游戏中，人类文明是可能退步的——而且这个风险随时随地存在。

达尔文在《人类的由来及性选择》中指出,性选择是物种进化的重要推动力量。在人类社会,往往是由女性来选择她们喜欢的配偶成为终身伴侣。这种选择在漫长的进化史中积累并逐步形成了今天的社会形态,并通过塑造男性之间的竞争,从而形成全社会遵奉的审美、品行、美德和优势。

在一个包含性选择机制的集体游戏中,女性选择聪明男性。他们有幽默感,有自由精神,活泼好动,积极向上。他们能够给女性带来更多刺激,促进其分泌更多能够修复免疫系统的激素,从而使女性更健康。与此同时,男性选择健康女性,一代又一代的健康女性获得了交配权,从而使得下一代女性更健康;女性选择聪明男性,一代又一代聪明男性获得了交配权,从而使得下一代男性更聪明。这种"双向性选择"机制会推动社会进入良性循环,从而提升人类文明。

一个"好的"集体游戏就会通过这种机制筛选出更优秀的男性,使其得到女性青睐。他们的后代会遗传他们的优点,从而进一步提升全社会的文明程度。

而一个"坏的"集体游戏则走向了另外的一个极端。人类社会始终存在着一种"反动"的力量。我说的反动,不是政治学意义上的反动,而是人类学意义上违反性选择进化路径的力量。这种反动力量很会包装自己:它看起来很保守,很虔诚,很传统,很庄严,很符合某些所谓的"教义",看起来似乎是维持社会传统价值观念的中坚力量。其实,它们不是。它们绑架了集体游戏的秩序,滥用了"传统价值观念"来为自己正名。这种反动势力往往是由一群落后男性组成的,他们本该在性选择中被淘汰,失去生育后代的机会。但是,他们联合起来了,形成了秩序。他们试图否定原来的游戏规则，推翻他们本已输掉的比赛结果。

来看我们当今世界吧！全球各地都有歧视妇女、残害妇女、买卖妇女和其他针对妇女的暴行。2021年初，美国最高法院推翻了执行了近50年的"韦德法案"，从而允许某些州议会自行立法，使堕胎在当地变成非法行为。这立即引起了美国妇女的强烈愤怒和剧烈抗议。她们完全有理由将最高法院的这一决定视作一个人类文明的巨大倒退。因为这个决定约束了女性的选择权，使其可能沦为性犯罪的受害者。约束女性自由不仅限制了性选择进化机制发挥作用，还使得女性在当前的生活失去了部分自由，使得她们的未来缺少了灵活性。这使得她们今天就生活在更高的风险中，也会使得她们的时间变得更短。

2023年2月4日，新华社报道了印度警方在东北部阿萨姆邦发起为期两周的"打击童婚行动"，涉及童婚案4 074起、约8 000名犯罪嫌疑人，逮捕了2 169人。有些被迫成婚的未成年少女年龄低至12岁。印度阿萨姆邦的首席部长说，有近1/8的女性在18岁前生育，这成为当地婴儿死亡率和孕产妇死亡率较高的原因之一。另外，根据联合国的推算，印度有大约2.23亿女性在未成年时结婚。联合国儿童基金会在2020年公布的报告显示，印度每年有近150万"儿童新娘"。

很多年之前，我从新闻里看到中亚某国女童的悲惨遭遇。当地女童为了能够上学，往往要偷偷摸摸地逃跑。如果被抓住，结局会极为悲惨，她们往往被施以酷刑，而施刑者往往就是她们的父兄。这并不是因为她们的父兄丧失了人性，而是因为统治当地人民的是一种落后的力量，他们依靠在人民心中制造恐惧来维持统治。

中非和西亚有些地方被极端的宗教激进主义者们控制了。他们规定当地妇女必须戴头巾出门。如果有妇女头巾戴得不规范,就有可能被所谓的"道德警察"殴打致死。

还有些地方,当地的公职人员充当保护伞,任由地痞流氓在酒足饭饱之后,趁着酒兴,肆意侮辱、践踏和殴打邻桌的女青年。

这些都是落后分子和失败者联合起来组织集体游戏并导致人类文明整体退步的典型。

一个群体中,只要有 1/3 的雄性个体联合起来,它们就能发起集体游戏,并同时决定整个群体的秩序、规则、文化、风俗、审美、情趣和习惯。这个结论有些突兀,却符合人类的理解和认知。最直接的证据来自一位灵长类动物学家的野外观察报告。他在印度研究那些栖身于寺庙的猴群与当地人之间互动关系。他发现有一个猴群特别凶猛、残暴和嚣张。它们不仅对邻近猴群实施偷袭,杀死它们的幼猴,还攻击给它们投喂食物的人类。有一次,它们主动袭击了当地农产品市场,抢夺了其中一个摊位的"食物",其实是毒鼠药。结果,这群秉性顽劣的猴子中有 1/3 的年轻雄猴中毒死了。也许应验了中国的一句俗语"多行不义必自毙吧"。打那以后,这个猴群"性情大变",变得温和且容易相处了。因此,动物学家的结论是,一个群体中,如果有 1/3 的年轻雄猴能够形成一致行动的默契,它们就能制定群体秩序,并影响群体的行为。

不幸的是,在人类社会中,有些本该在集体游戏中被淘汰的男性联合起来了。他们组成了联盟,制定了规则,发起了有利于他们自己的新游戏。他们声称自己虔诚、保守和传统。其实,这些都是借口和说辞。其目的是把他们的对手,即原来性选择游戏中的胜利者,说成是放荡、肮脏和堕落的。这些新游戏的主宰者们并不虔诚,他们只是为了赢得更多的交配机会,以便自己产生更多的血缘后代。

为此,他们一定要遏制女性的权利,不能让女性拥有自主的选择权,不让女性得到教育和发展的机会。他们要把女性的社会地位降低,成为他们的从属。他们从根本上遏制了女性对配偶的选择权,在根本上违背了达尔文的进化论。因为在女性拥有选择权的集体游戏中,他们会成为失败者(回忆一下:雌性黑猩猩喜欢加入活泼好动积极向上的雄性群体)。

这些极端势力构建的秩序根本不保守,根本不传统,根本不虔诚。他们就是一群团结起来的失败者,他们成为新集体游戏的组织者、规则的制定者、秩序的执行者、自身利益的维护者。他们需要制造恐怖来迫使人民一起参加他们的游戏。这样,他们才能奴役人民、糟蹋妇女,自己过着花天酒地的生活。他们不仅仅是反对女性,他们根本就是反人类。

如果他们不团结的话,他们的个体,根本就没有机会获得更高的社会地位,根本就无法获得女性的青睐。他们一定要团结起来,像一个准军事组织,看起来极为教条,步调一致、服从指挥,遵奉着他们所谓的宗教激进主义的法律。

在这样的集体游戏里,人类社会就不会进步,而且人人自危,大家都要投靠这个准军事组织,以便获得安全,个体根本就不再考虑进步和发展。那些聪明又能干、有为且有趣的艺术家、科学家和企业家,无法在社会里获得更高的地位,获得更多的财富,获得更多女性的青睐。

性选择这种进化力量在这个集体游戏里消失了。

遏制个体进步的集体游戏,往往也限制了共同进步。一个社会的年轻人如果不追求自由和发展,社会就不会进步。没有了技术进步,原有的问题和矛盾就会累积起来而突然爆发。我们称之为变革或者解放的那种力量并不会突然发生,而是在慢慢蓄积能量。糟糕的是,妇女成为这个漫长过程的牺牲品。

<u>伟大的文明都是用创造机会的方法来获得更多时间的,而不是用遏制人性的方法来消除风险的。</u>因此,我们千万不要在发展的过程中<u>宣传一种糟糕的说教,让人们错误地以为个体自由和集体安全是相互对立的。</u>

我经常讲,反复讲:<u>个体自由</u>不是法律条文里的规定,不是圣主明君的恩赐,不是赚好钱以后的躺平,不是亲戚朋友的羡慕,不是大手大脚花钱的任性,<u>而是成为一个更好自己的内在冲动</u>。有这种冲动,人才能体会到自由的滋味。为了实现该目标,热爱自由的人自愿联合起来组成的集体游戏能够推动人类进步。集体进步和个体自由是一体两面的,我们追求自由就是追求进步。这应该是任何物种与生俱来的内在力量和天然使命。

如果一个社会上,愚昧得落后、自尊得易怒的年轻人组成了秩序,他们普遍开始追求所谓的保守观念和传统美德,开始限制人的自由,那么,情况就逆转了。这种集体游戏将导致文明衰落。这些人追求的是在一个封闭社会里更高的地位和相对于苦难阶层更大的安全。他们不再敢冒险尝试新事物,探索新边界,好奇新事物了。于是,社会就开始封闭,国家就闭关锁国,妇女就沦为商品和祭品。

母猩猩的选择和达尔文的遗著都提醒了我们：要始终追求开放、进步、自由和发展，要联合起来抵制那些所谓"保守和传统"（其实是"倒退和落后"）的东西。我们要团结起来，时刻保持警惕，追求进步并捍卫自由。一旦我们退缩了，女性就会沦为牺牲品，社会就变得守旧，国家就变得封闭，人民就变得胆怯，文明就会倒退。

一旦性选择机制消失，社会失去了"竞争—筛选—进步"的良性循环。这些地方占统治地位的将都是一群由"落后男性"组成的执政同盟。在正常的性选择机制下，这些男性是不会获得交配权的。因为女性不喜欢他们。但是，他们人数众多且能够联合起来，这就形成了一个足以制订秩序的执政同盟。所以，他们会压制比他们聪明的男性，会压迫女性，他们的目的从来不是捍卫什么纯洁的教义，他们只是以宗教的名义来实现统治，使得自己获得交配权。所以，女性地位低下的地区，既缺乏"正向选择机制"，又由落后分子领导。这些地区一般文明水平就倒退，经济就落后。当然，当地人肯定不这么认为。他们会说经济落后的原因是外部异教徒对他们的围剿、封锁和制裁导致的。因此，他们其实需要一个贴着"异教徒"标签的外部敌人，以便他们可以有体面且合理的借口对国内的女性和能干男性实施残暴的统治。

为了强化他们的统治，他们会想方设法让人充满恐惧。社会上到处是相互告密和举报的人。人们追求安全，是因为他们本能地感觉自己生活的环境不安全。人们生活在"近期时间"里，应对现实的风险，他们首要考虑的问题是安全。只有生活在"远期时间"里的人，才能想到自由，才能去想方设法搞科技进步，去发明创造，去改善生活。因为安全对他不是顾虑,他需要开阔自己的自由空间,他会想方设法去研发更新的科学技术以实现更大的自由。

只有人们感觉安全,才会追求自由。只要他们追求自由,科技进步就会诞生一个接一个炫目的成果。但是,一个独裁专制政府是不能容忍人民追求自由的。独裁专制政府最简单的办法就是制造恐怖,和打压某一个特定的弱势群体,对妇女实施残酷的刑罚等等。这些都能够在社会上制造恐怖气氛,从而使得广大的人民处于惊恐之中。他们发现自己身处不安全的状态中,就会放弃追求自由的权利,转而全力确保自己的安全。他们就会相互揭发、举报和监视自己的邻居、朋友和同事。社会上人人自危,大家不能团结起来对抗法西斯政权。每个人都追求孤立的安全,他们每天每夜都在身心紧张、眼耳提防和口头效忠之中度过。防止人民团结,防止人民追求自由,这就是法西斯政权维持恐怖统治的方法。

我真不愿意在这里把法西斯统治说成是一个集体游戏。因为我不想玷污了集体游戏这个词。读者一定会理解并支持我的决定。

游戏的切换

最早启发我考虑游戏切换问题的是一位体制内的老同志。他退休以后还常来单位。但是,大家发现他简直变了一个人。他以前说话谨小慎微,而如今我们发现他变了,简直像一个爱满嘴跑火车的"网约车司机"。一开始,我以为他退休以后还在为有关部门发挥余热,故意抛出一些听起来很"热门"的话,以便试探年轻人的反应。后来,我发现那些牢骚和抱怨确实是他的肺腑之言。我想，从体制内退休，对他来说，就意味着退出了原来的集体游戏。他的一切喜怒哀乐、荣辱进退、价值标准都要重塑了，他可能参加了一个新的社会游戏。

其实类似的情况在发达国家也很常见。20多年前，我在美国发现老年人不受重视和尊敬，这很可能是因为他们已经脱离社会主流游戏了。美国是一个年轻人主导的集体游戏。老年人在美国的境遇当然也算不上悲凉，但确实激起了我对他们的同情心。

另外一个例子来自加拿大UBC大学的社会学家麦克·诺顿（Michael Norton）。他研究了多个彩票大奖得主的命运之后发现：突然获得一大堆钱之后，人反而会变得"反社会"。他们变得不幸福的原因是因为他们被自己原有的社会抵触了。真正有钱的阶层不接纳这个幸运的暴发户。他自己又千方百计想要脱离原来的社会阶层。归根结底，钱是集体游戏中使用的工具。你没有钱的时候，还能和底层社会的伙伴一起玩游戏。等到你突然变得有钱以后，你就被原来的游戏排除出去了。

这个研究启发了我，不能脱离集体游戏去研究钱和资产。钱和资产、胜利和欢乐、努力和艰辛，这一组一组的概念都是在集体游戏中发生的。

我想起了普列汉诺夫的命运。他是恩格斯的学生和列宁的老师。他去世之后很多年，苏联官方对他的评价经历了几次大的颠覆性变化。像他这样去世以后经历"三起三落"的政治人物是很少见的。苏联解体以后，俄罗斯人民在民族主义立场上又一次重新评价了他，称赞他"代表了一个民族的良知"。这说明他去世以后，俄国经历了多次集体游戏的切换。

许多历史人物死后很多年,后世对他们的评价一直在变,而且每次变化都声称这是最终的评价,是历史的进步。结果呢,过了不久,人类对历史人物又有了新评价,并将其称为人类对历史的新认识。

以前,我赞成维特根斯坦说,"理解的概念是流动的"。现在,我感觉他说得还不彻底,应该是"游戏是经常切换的"。因此,游戏中使用的玩具、说辞、球员、明星、英雄人物、规则、技巧、观众情绪、赞助商和记分牌都会切换。

海獭曾广泛分布在北太平洋的沿海水域。18世纪和19世纪,皮毛商人大肆猎杀它们。到20世纪初,加州海獭的数量曾一度只剩2 000只。尽管后来的动物保护工作在一定程度上提高了海獭的数量,但仍有不少原海獭栖息地没能完全恢复正常。

进入21世纪以后,人们突然意识到了海獭对气候变化的重要性。为了维持高代谢率,海獭必须不断进食。它们最喜欢吃海胆和螃蟹。海胆的主要食物是海藻,而螃蟹喜欢捕食的生物可以促进海草的生长;海藻和海草则是地球生态中重要的碳汇之一,可以通过光合作用吸收二氧化碳、释放氧气、促进甲烷减排。当海獭从生态系统中消失时,海胆、螃蟹的数量就会激增,海胆会将浅海的海藻森林吃成一片贫瘠的海底荒漠,螃蟹则会减少有利于海草生长的生物数量。结果就是,海藻和海草赖以生存的栖息地丧失,海洋的固碳能力降低。

在2012年的一项针对海獭促进二氧化碳储存潜力的研究中,通过比较有海獭和没有海獭的地区的海藻生长速度和密度,研究团队发现,和没有海獭的对照组相比,有海獭的区域(面积大致相当于一个哥斯达黎加)可以存储 440 万吨至 870 万吨二氧化碳。这比 100 万辆乘用车 1 年的碳排放量还要多。如果海獭的数量在它们的历史栖息地范围内继续回升,这些地区的碳储存能力也将持续增加。特别值得一提的是,这种来自海獭的碳储存能力是可以量化成经济效益的:2012 年一项量化海獭"碳价值"的论文估计,北太平洋研究区域内存在的海獭具有高达 4.08 亿美元的碳价值。

200 年前,海獭是时装皮草生意的原材料;现在,它们是应对气候变化的急先锋。它们在两个不同的集体游戏中出现了,它们的价值和命运因人类切换游戏而变得不同了。

如果自己能够主动切换游戏,则这还是比较好的情况。有时原有的游戏玩不下去了,全社会在被动切换游戏时,会遇到重重阻力,因为原有游戏的既得利益者不愿意放弃他们本来的社会地位。全社会如果没有共同行动的愿景或者按规则办事的默契,就容易陷入停滞和内耗。

20 世纪 70 年代以拉美国家为代表的"中等收入陷阱"就是最好的例子。在世界上许多发展中国家的经济发展史上,都有"游戏切换"失败的痕迹可循。

集体游戏的产生是为了应对共同风险。风险不会一成不变,它总是以意想不到的新方式出现。所以,集体游戏也需要经常切换,以应对新出现的风险。但是,集体游戏的全体成员抛弃一个旧游戏,开始一个新游戏,这是一件很必要但又很困难的事情。这需要全体成员意识到:旧的风险已经克服或自行消失,新的风险正在降临或者酝酿之中。基于对新风险的认识,他们需要默契一致地采取行动,切换到新游戏模式。有时候,切换新游戏最大的障碍是旧游戏的组织者为保住既得利益而千方百计阻挠游戏的切换。

早期人类部落面临的最大风险就是物资和食物的匮乏。因此,部落就会推崇节衣缩食、省吃俭用和互帮互助。拥有这样美德的部落才能成功应对物资匮乏的风险。到了工业化时代,人类(部落)面临的风险变了。设备闲置、投资空耗、债务无法偿还的风险远远大于物资匮乏的风险。这时候,消费主义就兴起了。让机器满负荷生产才能克服风险,否则产品没有销路,偿还债务的前景就没有着落。

我曾经在《估值原理》中向投资人建议,不要关注资产价格的涨跌,而要关心人们正在玩什么游戏。资产价格的涨跌体现的是集体游戏中不同人群社会地位的升降。我下海去做房产中介以后,经常遇到外地的客户问我这样的问题:"上海的房子这么贵,动不动要上千万元,谁买得起啊?"带客看房的经验告诉我,这么高的房价其实是一种筛选机制,只有那些愿意借一大笔按揭贷款并奋斗 30 年还清贷款的人,才能在上海买房子。这样一来,上海就吸引到了高素质的人才:他们聪明而且踏实肯干,愿意加班,不会反抗老板的无理要求,因为他们要保住自己对按揭贷款的还款能力。他们生活在当下,他们生活在近期的时间里,那里包含的风险大于机会。他们完全意识到房贷断供的风险就是脱离上海的主流社会集体游戏回到老家去的风险。因为他们有不安全感,所以他们才会努力工作去寻求安全。他们每天都面临着下个月按揭贷款缴款的压力,那种压迫感会使得他们在工作中委曲求全、逆来顺受,甚至俯首帖耳,他们是真正的"吃草挤奶"的"老黄牛"。当越来越多的人加入他们的队伍的时候,企业的利润就提升了,更多财富就被创造出来了,整个社会的运行效率就提高了,集体游戏就成功运转了。

在还完按揭贷款之前,这些人不会退出集体游戏。个体不脱离集体,游戏就可以维持更长时间,直到新的更大的风险出现,使得原来的游戏无法应对,或者内部矛盾爆发,原有的游戏无法维持下去,人们才考虑切换游戏。从历史上看,没有哪个部落能够用一种集体游戏来防范他们遭遇到的全部风险。所以,切换游戏是必要的。

游戏切换不是一件容易的事情,甚至比组织一场新游戏更难。原因在于,原来游戏的组织者已经成为整个社会的既得利益者,他们对于新游戏是很抵触的。有时候,集体游戏的组织者已经演变成了游戏最大的既得利益者。他们需要向参与游戏的人群大声宣传:"你们真的太幸福了。""你们就偷着乐吧。""幸亏你们参加了我组织的棒球联赛。""那些参加其他联赛的人现在可惨了,他们家破人亡,妻离子散,水深火热,人无完人,死无全尸。"为了防止大家通过其他信息渠道得知篮球联赛的盛况,组织者一定要想办法阻止某些特定信息的传播,封锁信息源,以便大家继续参加他们组织的棒球联赛游戏。

只要你带着"维持集体游戏"这个观点去翻看历史,就会找到许多证据。你在找到这些证据的同时,也可能会同时拥有看待历史的新视角。

我读过爱德华·吉本写的《罗马帝国衰亡史》。他提到古罗马的贵族们过着花天酒地和夜夜笙歌的奢靡生活。他们这样做的目的不仅仅是为了个人享受,而是为了消耗掉罗马帝国在海外领地上剩余的财富,使得从迦太基到利迪亚等被征服的领地上的人民从早忙到晚,每年辛辛苦苦地干活,但没有任何积蓄,这样也就没有了密谋推翻罗马帝国统治的物质基础了。顶层贵族的奢靡生活是为了让底层人民终身劳作,这样就可以有效地维持罗马帝国的集体游戏,从而防范了被颠覆的风险。

我在想,历史上其他类似的例子是否也有同样的动机?慈禧太后就曾经下达过"宁予友邦,不予家奴"的荒唐命令。她宁可拿金玉珠宝去孝敬那些根本不屑于此的"洋大人",也不愿意用柴米油盐来改善自己臣民的生活。她和她背后的统治阶级的集体游戏有两个风险:一是洋人发难,二是民众作乱。但是,她选择孝敬洋人,压迫人民。这看起来荒唐的命令其实是统治阶级防范自身被颠覆风险的措施。

人类学家发现印第安部落之间定期举行"夸富宴"。这个场景很像是部落酋长之间相互比拼实力的一场"炫富斗狠"的大型演出。酋长当着众人的面,尤其是对方部落酋长的面,把自己部落里面的食物、器皿和各种珍珠贝壳装饰品怒气冲冲地砸毁。双方一定要当场比出胜负。胜负一决,高下立判,双方又重归于好。这个"夸富宴"游戏里面恐怕有两重风险防范措施:一是把自己部落的多余物资消耗掉,明年开始,部落里的人民又要辛辛苦苦忙一年,根本无暇顾及其他事情(比如推翻酋长)。这样一来,本部落酋长的地位就稳固了。二是让敌对部落打消入侵的念头。双方都明白,各自部落里值钱的东西都已经在上一次夸富宴中消耗掉了,再去进攻对方部落抢不到多余的粮食。这样一来,各个部落的边界就安宁了。

除此之外,古代的酋长们还会想出各种办法,把部落成员的力量消耗在一个宏伟的工程上,让人相信这是一项崇高的事业,值得人们付出毕生心血并且一代又一代地前赴后继为之奋斗。我猜想,古埃及法老并不需要庞大的金字塔。但是,他确实需要使得庞大的金字塔型的社会结构按照对他有利的方式继续运转下去。他特别需要广大底层人民老老实实地干活,没有任何一丝一毫的多余的精力。试想一下,如果尼罗河两岸的农业生产连年丰收,人口大幅度增长,那就会出现富裕的新阶层。他们会试图改变古埃及原有的政治格局,介入原有的政治生态,追求自己的政治地位。这就对法老及其背后的势力构成了威胁。为此,法老及其背后势力让新增加的人口到工地上建造金字塔,仅保留足够糊口的劳动力继续从事农业生产,产出的粮食刚好足够养活农民和修建金字塔的奴隶。这样一来,谁也没有剩余物资,谁也无法组织过剩人口形成一股新军事力量,即切换到新的集体游戏,原有的政治格局(法老们组织的集体游戏)因此得到了维持。剥削和压迫都是为了维持集体游戏的固有利益格局和激励机制。

还有一个类似的比喻,那就是经济学家们常说的"摩天楼的魔咒"。研究经济周期的学者发现,地标性摩天楼落成的那一年往往是金融危机爆发的年份。越来越高的摩天楼也好,越来越大的金字塔也罢,表面上看,是这些建筑造得越来越宏伟,其实是维持原有集体游戏需要付出的代价越来越高。原有游戏内部积累和酝酿的风险越来越多,要按照老办法维持游戏就要造更高的大楼,借更多的钱,铺开更大的规模,才能带给人们信心。这就说明经济周期已经运行到了繁荣的尾声阶段了。老的集体游戏的运行成本已经很高,维持不下去了。

那个需要你拼命维持的游戏,恰恰说明了它自身已经有瓦解衰败的内在原因。真正符合人的利益的游戏,自然而然就会有人加入,并不需要用宏大的工程来吸引人的眼睛,震撼人的感觉,使人放弃思考,让人们以为这个游戏仍然很健康,而且会继续运转自如。一般到了需要用重大形象工程来安抚人心的时候,原有游戏的运行机制已经千疮百孔了。

及时地切换游戏是很重要的。这其中有两个重要原因:一是外部风险改变需要新的集体游戏来应对;二是原有集体游戏运行机制的内部效率下降。

第二次世界大战爆发以后,在英国内阁推动下,议会出台了具有标志性意义的《国内保密法规》,对民众的自由进行了大规模的限制(包括授予政府在没有证据的情况下对民用线路进行监听)。此后,英国政府还对重要工业生产部门进行了国有化和政府托管,限制了工会组织罢工的权利。这就是典型的游戏切换,以应对新的外部风险。如果把英国经济从第二次世界大战开始的国有化进程看成一个集体游戏,那么,到了20世纪80年代撒切尔夫人担任首相时,这个从1940年开始的游戏已经玩不下去了。

她的传记《权力与魅力》中记载了当时的情况:各个行业的劳动生产率都在下降,而各行业的工会都在抱怨工资待遇低,要求政府增加工资,通货膨胀如同长期无法治愈的顽疾,消耗掉英镑仅剩的一点儿信誉和购买力。前任工党的卡拉汉政府为了解决这些问题,创造了更多的政府部门和行政流程,结果使得政府开支进一步扩大而通货膨胀彻底失控了。

撒切尔夫人声称解决问题的方法只有一个:"恢复常识。"如果每个人都对自己的工作成果不负责任,都在抱怨别人干得更少而挣得更多,那么,英国将继续在"低效率－高通胀－自己不负责－指责别人"的恶性螺旋中不断走向更高的通胀。

她的经济政策后来被称为保守主义新政。当时,曾经有300多位英国的经济学家联名在《泰晤士报》上批评她的政策,声称撒切尔夫人的政策违背了经济学原理。后来的事实证明了撒切尔夫人是对的,经济学家们错了。不用替经济学家们的脸面担心,他们会很顺利地切换到新的教科书,声称自己早就支持撒切尔夫人的市场化改革。如果没有快速变脸这一手绝活儿的话,一个人根本当不了经济学家。

当然,切换集体游戏是要付出代价的。这位有着"铁娘子"称号的女首相饱受争议、批评、嘲讽乃至谩骂。她顶住了各地罢工的压力和反对党的诘难。英国经济在市场化改革中艰难推进,终于渐渐有了起色。

一个社会如果能够顺利切换游戏,说明它的运行机制是健康且有韧性的。这其中包括了多种因素:政治家的眼光和定力,人民的理解和支持,全社会的参与、共识和默契——当然还需要经济学家的沉默和闭嘴。

英国在20世纪80年代的经济调整是主动切换集体游戏并取得成功的罕见案例。绝大多数情况下,游戏切换都是被迫进行的,并不是由政治家主动发起进行的。被迫切换集体游戏的常见形式就是金融危机或者经济衰退。

无论是巴菲特还是索罗斯,都曾经劝谕普通投资人:"<u>不要在舞会上流连忘返,晚了就走不掉了。</u>""<u>不要等着跳最后一支舞曲,走得晚就得留下来收拾桌子。</u>"说白了,就是不要等到游戏切换的时刻再离开股市,真到了那个时候,容易出现投资人踩踏的惨状。游戏切换时,老游戏用的工具(某些行业的股票)会被抛弃,再也不会起来了。人们玩新游戏,会有新行业和新科技股票。

经济危机到来之前,央行往往连续加息。这当然不是提醒大家舞会就要结束的钟声,而是增加了原有集体游戏运行的阻力。如果一个经济体的效率低下,物价飞涨,民众怨声载道,那么,央行加息将使得原有集体游戏的运行成本进一步增加,从而促进大家尽快形成共识,改变游戏规则,调整利益关系,相互妥协并默契协同地切换到效率更高的新游戏。

我们会看到,每次金融危机以后,上一次经济繁荣时期的股票都继续躺平或者稍有反弹;真正引领指数重返新高的股票往往是上一轮经济繁荣时期闻所未闻的公司。而且投资人会发现,新牛市的主力完全不同了,他们的交易策略、选股标准、涨幅和行业都和上一次牛市不同了。出现这种情况,说明游戏切换成功了,代价就是一场金融危机。人们只有陷入危机才容易妥协。当他们事事顺心时,往往趾高气扬,不能放弃一点儿既得利益。

人类社会越是文明程度高,切换集体游戏的阻力就越小。因为由文明程度高的人组成的经济体里,人们有勇气意识到老游戏的问题,有眼光发现新风险,有共识来做出适当的自我牺牲以便向新游戏模式切换,有能力来学习新技能以适应新游戏,有协作的默契来切换游戏。

与之相反,在文明程度比较低的社会,切换集体游戏是一件很困难的事情。而且,你会发现,老游戏中的参与方,没有一个人或一个团体有勇气站出来以"驾驶员"或"领航员"的身份来推动变革。经济模式的固化和利益格局的固化使得切换集体游戏的阻力巨大无比。老游戏的组织者往往雇用了许多"文工团"和"宣传员",反复宣扬老游戏的好处、稳定的好处,并威胁大家一旦切换到新模式的游戏中去,就会陷入水深火热的痛苦中去。

在有些国家,宗教也成为维持原有集体游戏的宣传工具。这些国家的宗教往往宣扬被动适从的人生态度,主张放弃抗争,把一切糟糕的现状看成是命运的安排,信众对现状只要全盘接受即可,千万不要抗争。这一切都使得旧有的游戏模式和利益格局得以延续。

一般来说,人都有惰性,利益格局都有惯性,政客们都有投机性。于是,谁也不想撕破脸皮去得罪别人,谁也不愿意放弃自己的切身利益,谁都不敢冒险说真话以防止自己在下一场选举中流失选票。绝大多数情况下,人们都是被动经历经济周期以实现游戏切换的。因此,越是韧性强的社会,越容易用小规模、小幅度和小步快跑的方式切换集体游戏。越是看起来稳定的社会,往往越具备强大的维持原有游戏利益格局的力量,整个社会在游戏切换时往往越要经历剧烈的震荡。

从历史上看,有许多曾经辉煌的文明因固守原有集体游戏不能切换到新游戏模式以适应新风险,最终走向了经济的衰退、科技的落后和社会的封闭。

在固化的集体游戏中,人们不思进取,不追求人性的提升,不考虑人的进步和发展。封闭社会的个体往往沉迷于所谓传统的风俗习惯。其实,那不是我们现在理解的传统文化,不是中世纪欧洲的封建势力,也不是我们现代社会的保守思维,而是一种不思进取的失败者联合体。人们躲在贴着"封建""保守"和"传统"标签的外壳之中,不敢向外张望。那些落后的势力就像一张网,把人们罩住了。大家就此苟且偷生,得过且过,小富即安,彼此炫耀,羡慕虚荣,照顾面子,维系关系并维持游戏。

利益集团会阻止游戏切换。那些阻止全社会切换到新游戏模式的人会被授予更高的社会地位。利益集团的宣传工具会称赞并颂扬这些人"捍卫了传统美德"。什么是既得利益集团?就是在老游戏中受益的管理者,他们会鼓吹风险依然存在,老游戏应该继续维持。他们阻止人们掌握新信息、了解新情况、看到新世界,他们害怕切换到新游戏,声称这将使国家一下子暴露在巨大的风险之中。我国古代封建王朝持续的时间特别长,历代封建王朝都阻止人民和外部世界接触,这是因为他们害怕自己的利益格局发生变化。

十多年前,我还在体制内工作。组织上派我去基层挂职担任发改委副主任。我有些得意扬扬,感觉自己能够在基层发现一堆问题,然后动脑筋,搞一个聪明的方案就能解决这些问题,从而报答党和人民的培养。我当时真的是这么想的。

这样想的结果就是,我真的发现了一堆问题。

其中最重要的问题,在我看来,是地方政府对于融资平台的隐性担保问题。当时,我写了一个很长的请示报告,列举了种种潜在的风险。其中有很重要的一条理由,我认为(当时是2011年)我国广义货币 M2 已经是我国经济总量 GDP 的 2 倍了,接近于主要经济体的上限了(到 2023 年我写作这本书的时候,这个比例已经接近 3 倍了)。我建议应该未雨绸缪,采取果断措施,从基层开始提前动手遏制并扭转这个趋势。

我的报告看起来也许是善意的，但肯定是不合时宜的。毕竟维特根斯坦说过："一个得不到执行的命令，不能称其为一个命令。"在基层，没有人有动机去做去杠杆这种事情。这被认为是吃力不讨好的事，应该是央行和监管机构的事情。而且谁带头去杠杆，就有可能把一些有前途的项目"赶到"兄弟省市去了。

我还记得某领导在收到我的报告以后，把我叫到他的办公室。他耐着性子和我拉了半天的家常。然后，他突然欠身前探，意味深长地问我："洛华，你知道吗？马克思主义在基层的表现形式是哪四个字？"我不假思索地回答："实事求是。"他面无表情地摇摇头。我又略带迟疑并试探性地回答："那么……是群众路线？"他苦笑地侧过脸去，伸手在茶几那头的烟缸掐灭了烟头，然后转过头来看着我的眼睛，语重心长地说："招商引资。"

游戏的维持

任何一个集体游戏都要包含以下三种机制才能维持下去：一是吸引大家积极参与的激励机制；二是防止大家退出的惩罚机制；三是督促大家服从规则的监督机制。

首先，我来说说吸引大家参与集体游戏的激励机制。

大家都听过"大炮一响，黄金万两"这句老话。这句话甚至写入了金融学教材里，说什么黄金有避险功能。我从来没有遇到有人质疑过这个判断。没有人问过我，为什么战争时期黄金价格会涨？为什么到了和平时期，经济繁荣了以后，通货膨胀起来了，黄金又涨？无论战争还是和平，无论大炮响不响，黄金都会涨。黄金到底是避险游戏的工具，还是抗通胀游戏的工具？这是否说明我们根本就没有搞清楚黄金究竟属于哪个游戏？

值得注意的是，在战争时期，那些没有参战国家的黄金也在上涨；到了和平时期，房产往往在对抗通胀的游戏中跑赢黄金。因此，我有理由相信，经济学家们对于黄金归属的游戏类型还没有搞清楚。

中国古代有好几个贤明君王贬低黄金的价值。汉景帝曾经说金银珠宝，"饥不可食，寒不可衣"。巴菲特也对黄金持回避的态度。他说，如果火星人在观察地球的话，他们一定会大吃一惊：一群地球人千辛万苦把黄金从地下挖出来，然后交给另外一群地球人，他们又小心翼翼地把黄金运到另外一个地方埋起来（地下金库）。

汉景帝认为黄金在他组织的集体游戏中没有用。巴菲特认为地球人在用黄金玩一个"无用功"游戏。在我看来，黄金之所以有价值，是因为人类还需要玩"工业化"游戏。开采、冶炼、提纯、锻打和铸造等制造业所必需的生产工艺仍然有价值——尤其是在战争和通胀时期。

如果黄金有很高的价值，那么就相当于提供了一个估值激励机制。投资人可以用"融券做空"黄金的方法，抛出黄金，获得现金，然后去开发一套更高效的"开采、冶炼和提纯"的工艺，这样他就能够用更便宜的办法，从地下获得相同数量的黄金，偿还他的负债（平掉黄金空头）之后，还能有利可图。这就在无形之中，鼓励了大家去研发与"开采、冶炼、提纯、锻打和铸造"相关的新工艺。这些新工艺不仅可以用于黄金的生产，还能降低包括其他贵金属的生产成本。这些新技术和新工艺稍加改造以后，可用于铜、铁、铝、锌和锡等金属的生产。这样一来，全社会玩的"制造业游戏"就有了更便宜的基础原材料。集体游戏就有了正面激励和正向反馈，从而能够维持游戏的运转。

黄金的价值越高，就越能够鼓励大家去改进制造业相关的基础工艺。"大炮一响，黄金万两"的意思也就清楚了：战争时期对冶金工业的需求是很高的，一旦开战，黄金价格就上涨，这体现了战争游戏对冶金工业的需求。冶金工业从业人员的社会地位往往在战争时期得到提高。这和黄金价格上涨原因相同：在集体游戏的某个阶段，这些人的作用变得很重要了。

比特币的情况也与之类似。长期以来，各大央行雇佣的经济学家一直在对比特币口诛笔伐。我对此从来未置可否。但是，我建议大家研究一下比特币与其他应用的共用技术。20多年前，互联网时代刚刚兴起的时候，硅谷生产的主要是被称为中央处理器的CPU。这种芯片和当时的技术架构、社会需求和集体游戏是一体的。现在，随着人工智能时代的到来，需要硅谷提供全新的技术架构和生态系统。这其中包括硬件需要的GPU（图形处理芯片）和软件需要的并行算法。这两者在个人电脑占主导地位的互联网时代完全提供不了。

于是，上帝说："让世界有光吧！"——比特币横空出世了，而且价格一路飙涨。各路资金蜂拥而至，大家都来投资搭建基于"GPU＋并行算法"的软硬件架构用于"挖矿"比特币，然后出售获利。费雪·布莱克说过："只有当标的物的价格足够高时，做空它的回报才足够吸引人。"

请读者设想一个虚拟的交易策略：做空比特币，你先借一枚比特币抛出，得到资金以后，你想方设法去改进GPU的性能，优化并行计算的算法,降低整个架构的功耗。于是,一大批新工艺制造的 GPU 芯片将推向市场。最终,用于搭建人工智能环境的软硬件基础设施都变得便宜且唾手可得,这样应用人工智能的门槛就降低了。

于是,2023 年 1 月(即比特币疯狂上涨的第 8 个年头),微软公司支持的 Open AI 公司开发出一款名为 ChatGPT 的在线人工智能聊天平台。它是迄今为止最令人震惊的人工智能应用。在比特币挖矿热潮推动下,性能更好、功耗更低的 GPU 芯片(后来还有 FPGA 和 ASIC 等硬件)帮助 ChatGPT 完成了这些人工智能的计算任务。据瑞银集团的分析师 Timothy Arcuri 估计,ChatGPT 平台至少使用了 1 万颗英伟达公司[①]生产的高端 GPU 来搭建人工智能模型。另有投资分析师形象地指出,ChatGPT 开启了一场算力"军备竞赛"。

<u>高价的黄金促进了工业化进程;高价的比特币推动了人工智能时代的到来</u>。每枚 6 万美元的比特币价格高到无法理解,你用经济学的供求关系和金融学的随机波动都解释不了这么高的价格。我们只能在集体游戏的框架里,理解比特币。如果不是它疯狂上涨的话,就不会吸引那么多人才和资金投入挖矿比特币的行当。如果没有挖矿行当的话,对 GPU 的投资就不会那么多,GPU 芯片的价格也就不会下降那么快,并行计算的性能就不会提升那么多。如果 GPU 芯片和并行计算没有取得突飞猛进的进展的话,人工智能时代就不会那么快到来。

集体游戏会提供激励机制去鼓励大家参与,去做有利于游戏本身

---

① 英伟达公司(NVIDIA)是 GPU 市场的主导者,其高端 GPU 占据了人工智能市场绝大部分份额。ChatGPT 之前,AlphaGo、GPT-3 等明星 AI 产品都在英伟达的硬件上运行。

的事情,那些做出贡献的参与者会得到奖励。

其次,我来说说防止大家退出游戏的机制。

我在《市场本质》一书中指出,人越是独立于部落和酋长,他就越接近于自由。但是,一个自由人并不是森林里的孤狼,他会同时加入许多松散的组织和圈子,而不仅仅归属于一个部落并听命于一个酋长。个体加入不同的组织和圈子就相当于他在同时参与多个集体游戏。一个人越是独立于部落,越是追求自由,他就越有可能加入多个集体游戏。

对于这样的个体,集体游戏组织者就要想方设法取悦他、讨好他、挽留他,想方设法让他继续参加集体游戏。我经常收到信用卡公司的电话,硬要给我一堆毫无用处的优惠以换取我不要注销信用卡的决定。我还经常收到母校校友会的电子邮件,唤起我怀旧的心情以鼓励我尽可能多地向母校捐款做贡献。甚至我卸载掉电脑上不常用的软件时,开发商还会邀我做一个问卷调查,以便今后改进用户界面。失去游戏用户就意味着集体游戏的可持续性风险增加了。这对于游戏中剩余的其他玩家来说,是不利的。因此,他们会阻止你退出。

对于那些被单一的一个部落、一个单位、一个集体、一个游戏锁定的人来说,他们没有太多选择。退出集体游戏是风险很高的事情。在计划经济体内,一个人一旦脱离了单位,成为没有单位的人,他的处境和社会地位就会急剧下降。在街坊邻居和亲戚朋友眼中,他就沦为社会闲杂人员,而且很可能是犯过错误的人。

我曾经在上海大学担任过学院的副院长。组织部门还专门告知我,他们将"参照行政副处级"对我进行管理。打那以后,我去完全不相关的部门办事,他们都要按一定规格接待我,好像是照顾我的面子。有一次,我到一家招聘我们学生的国有企业拜访,他们就要派相应级别的人招待我,而且对我很客气,没有居高临下的雇主的架势——"大家都是体制内的同志,相互都要留有余地。"我当时感觉受宠若惊,因为解决毕业生就业这件事情上,是我有求于他,他完全没有必要"屈尊"见我。我现在回想起来,那些国有企业对我客客气气的根本原因,是因为他们需要表现出"维持游戏秩序"的态度。他们并不是对我个人客气,而是对这个体制的尊重。跨部门、跨行业的行政级别之间相互客气就是表明自己遵守游戏规则,这也是向游戏组织者表达忠诚的一种方式。

体制之外的社会没有了"级别体系",但是有"面子体系"。关于面子的社会学研究极多,我就不重复引用了(因为我不试图把这本书变成学术作品)。在我看来,鼓励大家爱面子其实是防止大家退出现有集体游戏的有效手段。

只有当别人认可你的时候,你的面子才有价值,你才能凭借面子去刷脸办事走捷径。别人认可你的面子,说明他认可集体游戏中使用的代币筹码。表面上是他讲义气,实际上是他遵守游戏规则。你之所以有面子,是因为你过去帮过他,或者你成功地让他以为你今后会帮助他。这种预期就像是游戏中的代币一样,能够帮助你们双方玩游戏。一个社会鼓励大家讲面子,其实是鼓励大家继续维持当前的集体游戏。如果大家都对关系网进行了大量的感情投资,你当然不希望这个关系网被废除,你当然不希望发生剧烈的社会动荡以至于你在关系网中的联系人失去帮助你的能力。一旦发生大的社会动荡,原有集体游戏结束，你原来对关系网的投资，以及原来积攒起来的面子，都会瞬间打了水漂。因此，鼓励大家爱面子其实就是动员一切力量维护集体游戏，使之尽可能地持续下去。那些不爱面子的社会往往已经崩溃，这就是孔子悲叹的"礼崩乐坏"的社会。人们都不在乎面子和表面礼仪了，那里原有的社会游戏结束，原有的社会结构解体，原有的利益格局重构。

面子不是人的社会化基因，也不是从天而降的。它像是防止大家退出集体游戏的"沉没成本"。爱面子的社会有维持原有游戏继续进行下去的强大内在动力。

在爱面子的社会，往往只有一个统一的集体游戏。由于大家都自觉维护它，因此，游戏不容易结束。所以，我认为爱面子是一种维持现有社会秩序的内在动力。在另外的社会形态中，面子可能没有什么用处，人们根本就不依赖关系网，办事也不认面子。这种社会形态里，人与人都很独立。而且我认为，个体保持独立的方式就是同时参加多个集体游戏：一个人可能同时是硅谷某科技公司的员工、圣公会教派的信徒、极端环保组织的成员、电气工程师协会的注册会员和小熊队的棒球迷。没有任何一个游戏的组织者能够控制他的行为和思想。他完全是独立的人，自愿参与这些游戏，退出其中任何一个游戏并不是一件可怕的事情，并不会导致他社会地位的沦丧。这种社会形态也可以很稳定，因为同时展开的多种集体游戏不可能同时崩溃。各种集体游戏各自单独发起、演进和落幕。全社会就像是一个分散化的投资组合一样，不会出现大起大落。

最后，我来讲讲游戏中的监督机制。

集体游戏需要监督机制,防止因个体懈怠而导致集体游戏失败。

汉娜·阿让特曾经说过,好管闲事的现象无处不在,这可以追溯到劳动分工的时候。如果我们都在相互隔离的情况下,我们的选择对别人就没有影响和意义①。持进化论观点的学者进一步指出,早期人类进化赋予那些关注其他人事务的个体一种优势。这些个体可以相互观察和照应。当遇到生死存亡的重大风险时,他们可以进行成功的合作。因此,他们留下的后代更多,从而使得今天的人类思想仍然偏向于好管闲事②。风言风语、小道消息、闲言碎语、家长里短、揭发丑闻、曝光隐私和其他舆论监督一起,仍然在我们今天的社会中发挥作用。一旦人们开始加入集体游戏,他们就随时会用口口相传的舆论,灵活地组成一种低烈度的监督机制。

人们隔三岔五就会在媒体上看到有关英国王室的丑闻报导。有些可能是真的,有些可能是假的,绝大多数丑闻可能是小报的编辑根据捕风捉影的小道消息和侦探片的逻辑自己搭建起来的故事。毫不夸张地说,王室没有出钱,却养活了一批小报记者。

那些四处嗅探丑闻的小报在无形之中和无意之间,用无心之举促进集体游戏中的人们走上积极向上、文明体面和人性进步的道路,而不要自甘堕落去过不知羞耻的生活。王室和小报不仅是共生的,而且是共同作用于维持英国社会的集体游戏:鼓励人保持尊严,体面地生活,追求崇高的目标。

---

① 参阅 Hannah Arendt 著《人类环境》第二部分,University of Chicago Press,1958 年版。
② 参阅 Jerome H. Barkow, Leda Cosmides 和 John Tooby 合著的《适应的思想:进化的心理学与文明的产生》第 1—3 章、第 8 章,Oxford University Press,1992 年版。

我曾经思考过这样一个看似自相矛盾的问题：从各方面来看，英国民众对王室明显地怀有亲切的好感和崇高的敬意，那为什么他们还那么爱看王室的丑闻呢？我觉得这里面有两个关键词：丑闻和王室。

对王室丑闻的揭发、渲染和报道其实是对社会公众的一种提醒：你如果品行不端正，就会被小报晾晒在社会公众面前，并蒙受羞辱。重要的不是对王室丑闻隔岸观火或者落井下石，而是让公众意识到英国社会有天然的监督机制。因此，普通人每次看到王室丑闻都会提醒自己：要小心谨慎，要循规蹈矩，要举止检点，要从善如流。

然后我就又有了一个看似自相矛盾的问题：从"狮心查理"开始算起，英国王室的丑闻还少吗？你读过的英国历史越多，就越想把前面的那个问号改成感叹号。那为什么英国人民仍然供养乃至遵奉一代又一代的王室成员呢？答案仍然是集体游戏中监督机制的需要。

请您对比思考一下：在古代印度的种姓制度下，贱民是没有人关心他的生死的，更无人在意他的行为是否端庄——没有道德约束他，没有小报监督他。只有当一个人有社会地位的时候，他才有被晾晒、嘲讽、羞辱和监督的价值。"就连王子的婚外情都不被公众放过，我这个平民犯同样的错误时，就更不会有人原谅我了。"公众有这样的潜意识之后，他们才能自觉约束自己的行为举止。大家都按照更高标准要求自己以后，全社会的集体游戏就是高水平和高效率的游戏。所以，让一个人拥有社会地位，恰恰是让他有了被监督、被嘲讽、被晾晒和被取笑的价值，让他有了自我约束的意识，让他有了提示自己时刻努力向上的闹钟。这就是魏文侯说的"名义以执恭，非为矜己也"——给一个人荣誉地位，是为了让他恭恭敬敬地做人，而不是让他趾高气扬。

从这个意义上讲,保护财产权就是维护社会监督机制。让人有财产就是让人有地位。人的社会地位,就是他在集体游戏中的位置。这个位置会促使他进行自我约束。"无恒产者无恒心。"这句话说的意思是,那些没有社会地位的人也就不会自我约束、自我提高。一旦大家都躺平了,集体游戏就瓦解,文明社会就倒退。

孟德斯鸠说过,"哪里有商业,哪里就有美德"。其实,结合他在《论法的精神》中的相关论述,我觉得他的意思其实是指:有机会的地方才有美德。劝年轻人从善的最好方法是给他提升自己社会地位的机会。这位被我戏称为"外国孟子"的哲学家还说过,"财产权是道德之神"。我觉得他的这句话放在集体游戏里面就更容易理解了。财产就是游戏中使用的那个"球",道德就是游戏所推崇的"技能"。一个人一旦开始玩游戏,他就会按照游戏规则去追求财产,他就会按照游戏规则去遵奉美德。

如果财产权得不到保护的话,就相当于没有小报监督的王室。这个地方要么王室经常被推翻,要么人民根本就没有进步的愿望。确立王室的崇高性,确认财产权的不可剥夺性,其实就是给集体游戏注入了一批"自己积极向上又可供大众监督"的玩家。这是集体游戏不可缺少的。

我就这个问题和许多社会学或人类学系的老师沟通过。我发现,他们对金融学的理解很机械。他们眼中的多头和空头就是赌场上押大小,股市中博的就是涨跌。其实,金融学讲的空头是激励机制,多头是流动性。标的物价格很高,做空它的才可能有高回报。做空其实就是提供一种机制去鼓励大家用更便宜的方法复制出相同的标的物,这个过程就是刺激科技进步的过程。多头其实给市场注入了流动性,就像是社会的洪流。空头不断揭露王室的丑闻,提醒大家约束自己的行为举止;多头不断认可王室的崇高地位,以便鼓励大家努力提高自己的社会地位。多头和空头共同鼓励大家参与主流游戏并维护这个游戏。

我之所以得到这样的印象,是因为我读过的那几本(为数不多的)社会学书籍里面,好多都有关于对人的监督的内容。他们在谈论监督机制的时候,不怎么考虑对物权的保护。其实,拥有资产是鼓励大家在主流游戏中努力提升自己的激励机制,拥有地位是鼓励大家自我约束。因此,保护产权就是保护集体游戏。

游戏的监督机制,不仅要防止人退出游戏,还要防止人在游戏中懈怠。下面这些内容是社会学家们对社会性懈怠现象的观察。

大约一个世纪以前,法国工程师林戈曼发现,选手们在参加集体拔河比赛中付出的努力仅相当于个人单独拔河比赛中出力的一半。这表明,与"人多力量大"的普遍观念恰恰相反,实际上,选手们在群体任务中的努力程度反而比较小。有人认为这是因为集体拔河比赛中,选手们并不是直线用力,因而导致他们在单方向上形成的合力小于个体出力的总和。于是,英厄姆领导的一个来自马萨诸塞州大学的研究小组设计了一个巧妙的实验。他们让选手待在木板隔间中拔河,让他们以为自己在和其他人一起努力拔河,并要求选手每次都要拼尽全力。结果,他们发现:如果选手知道是自己一个人在拉,那么,他用的力气比他以为后面还有其他 2~5

人和自己一起拉时多出了18%。

其他研究者们也注意到了这个"社会懈怠"(social loafing)现象：6个人一起尽力叫喊或者鼓掌所产生的音量还不如一个人单独叫喊或者鼓掌发出音量的3倍。重复英厄姆方法之后，研究者们发现，如果啦啦队员以为自己正和其他5个人一起叫喊或者鼓掌，他发出的声音比他以为自己单独发出声音时要少1/3。

有趣的是，参与实验的志愿者们并不认为自己懈怠：他们认为两种情况下自己付出的努力是一样的。所有人都认为集体内有懈怠行为，但没有一个人承认自己制造了懈怠。

政治学学者斯维尼(Sweeney)对社会懈怠的政策性含义很感兴趣。他在得克萨斯大学做了一项实验。当学生们得知要对自己的表现进行单独评价时（以输出的电量计算出力水平），他们蹬踏固定自行车时更用力。而在双人或者3人固定自行车上，他们就会受到"搭便车"的诱惑。

……

所以，规律就是：个体一旦感受到他人观察，个体的评价顾忌就会有所增强，这样他就会更加努力。这就是社会助长作用。而当个体消失在人群中，个体的评价顾忌就会减少，社会懈怠就会发生。[1]

激励小组成员的一种策略是使其个体成绩具有可识别性。当个体成绩和行为可以被单独评价时，人们会付出更大

---

[1] 摘自[美]戴维·迈尔斯：《社会心理学》第11版，人民邮电出版社2016年版，第270页。

努力：大学游泳队的接力赛上，如果有人监控每个队员并报出他们各自的成绩，那么，整个游泳队的速度会有所提高。

用指标去监督人，这个办法并不是最好的。人自己能够对自己负责，去激励自己提升成绩。在集体游戏中，让人自己努力向上，比找人监督他们更好。

游戏的结束

20世纪30—40年代，甘地领导了印度的独立运动。这场运动具有"非暴力、不合作"的特征。这就是一种集体退出、脱离并结束原有集体游戏的做法。他的目的就是让英国殖民者组织的集体游戏因参与者人数不足而玩不下去。

甘地确实是一个拥有崇高品格的人。他吃糠咽菜，自己动手纺纱织布，身披一块白布，折下一根树枝做拐杖，赤着脚徒步行走在印度各地。他这样简朴的品行不仅是一种美德，也同时向印度社会传递了结束游戏的号召：

一是我对生活的要求很低，我几乎没有物质需求，我不依靠英国的工业生产也能活下去，而且活得很自在、很高尚。我甘地没有你（英国殖民者）也行，而你没有我不行——我具备了脱离游戏的生存能力。

二是反对英国殖民统治不仅仅是富人、大祭司、先知或高种姓人们的事情。任何过着像我这样俭朴生活的穷人都可以且应该参加这场运动——我们一起默契地联合起来，脱离英国人的殖民统治，他们组织的游戏就结束了。

当参加"不合作"运动的印度人越来越多的时候，相当于越来越多的运动员退赛，越来越多的观众退票，作为"印度联赛组织者"的英国殖民者就玩不下去了——旧的集体游戏结束。

在第二次世界大战以后，印度社会的主要风险已经不是安全的问题了。印度也好，其他各殖民地人民也好，人们发现在战后新的国际秩序中，主权国家的安全已经有了保障。人们不再生活在风险里了。印度人民的关切已经变成了如何发展的问题。而英国统治阶层固守着那一套大英帝国对殖民地的管理方法，维持一个老旧的集体游戏，已经不能应对当地人民的主要关切了。这就需要改变原有的集体游戏，大英帝国的瓦解不是因为她国力的衰落，而是因为世界人民组成了新秩序，成立了新国际组织，共同捍卫安全。安全已然不是问题，不再构成风险，殖民地人民就需要抛弃旧秩序，寻求更大的发展空间。

集体游戏的结束往往来自集体内部的原因：一是游戏模式的僵化；二是利益格局的固化。前者使得集体游戏无法对新问题、新情况和新风险及时做出反应和调整；后者使得原有集体游戏的运行效率越来越低，维持游戏的成本越来越高。

我觉得应该用唯物史观来看待集体游戏的结束。我们不要幻想着事先设计一个完美的集体游戏以便一劳永逸地解决人类今后遇到的全部问题——这个念头和"永动机"又有什么区别？硬生生地按照教条、路线和思想把人组织起来玩集体游戏，反而违背人的天性。在有些情况下，结束集体游戏转而鼓励个体培养责任心，反而比调动他们在集体游戏中的积极性更有效。

苏联集体农场里的农民们今天耕作这片土地，明天耕作另外一片，他们对任何一片土地都没有特定的归属感和责任心。苏联允许农民自己保留很小一块土地。调查发现，虽然农民的私人土地只占全部耕地面积的 1%，但其产出却占全苏联农场产出的 27%。在匈牙利，农民的私有土地占农业总耕地面积的 13%，但产量却占了总产量的 1/3[①]。

如果一个国家、一个社会、一个集体、一个部落乃至一个单位，它的集体游戏维持不下去，不外乎两个原因：风险上升和机遇减少。

如果集体游戏的组织者不提倡效率的改善，就迟早会遇到游戏运行的成本过高问题。到那个时候，政府开支巨大，财政连年赤字，社会福利入不敷出，人口老龄化，物价上涨得不到控制，工资已经一涨再涨，但劳动者日常生活的开支仍然捉襟见肘。法国大革命之前的社会就有这种迹象：行将就木的行政机构勉强维持着游戏。

> 大臣已经萌发出一种愿望，要洞察所有事务，亲自在巴黎处理一切。随着时代的前进和政府的完善，这种愿望日益强烈。到 18 世纪末，在任何边远省份建立一个慈善工场，都要由总监亲自监督其开支、制定规章、选定地址。创办乞丐收容所也必须告知总监所收乞丐的姓名以及进出的准确时间。早在 18 世纪中期（1733 年）达尔让松先生就写道："委托给大臣们的细务漫无边际。没有他们，什么事也办不了，只有通过他们，事情才能办成；如果他们的知识与他们庞大的权力有距离，他们便被迫将一切交给办事员办理，这些人便成了真正掌权的人。"

[①] 摘自［美］戴维·迈尔斯：《社会心理学》第 11 版，人民邮电出版社 2016 年版，第 272 页。

总监要求接到的不仅是对有关事务的报告,而且还要有关个人的详细情况的报告。总督则致函总督代理,将报告中所提供的情报逐字逐句地重复一遍,仿佛是他亲自了解的确切情况。

为了做到身在巴黎而能领导一切,洞悉一切,必须发明上千种审查手段。书面文件已经十分庞大,行政程序慢得惊人,我从未发现一个教区重建钟楼或修理本堂神父住所的要求能在少于1年内获得批准,通常需要两年或3年才能获准。

御前会议在一份判决(1773年3月29日)中承认:"行政手续无限期地拖延误事,只能不断激起最正当的怨言,然而手续又是绝对必需的。"

我原以为对统计的嗜好是我们今天的政府官员所特有的,但是我错了。旧制度末期,人们经常将印好的小型报表寄送总督,报表由总督代理和教区理事填写。总监要求呈递报告,详述土地特性、耕作、产品种类与产量、牲畜头数、工业和居民习俗[1]。

即便外部环境的风险没有发生变化,法国大革命之前的集体游戏也是玩不下去的,所以只能结束了。

据华尔街分析,2023年美国联邦政府发行的国债已逾30万亿美元。这说明了美国政府运转起来需要巨大的开支,才能维持美国社会的集体游戏。国家机器的运转,就同工厂的机器设备一样,如果效率

---

[1] 摘自托克维尔著:《旧制度与大革命》,冯棠译,商务印书馆2012年版,第103—112页。

得不到提高,就要被淘汰。除非工厂能够优化组织结构,减员增效,降低能耗,以更高的效率来应对外部竞争。老游戏需要用高成本来维持,它的风险也就越来越大。游戏随时可能结束。

从这个视角来看,每次金融危机都是结束一种老游戏,每次经济复苏都是开始一款新游戏。每次经济周期的繁荣都不一样,龙头行业都不相同。一定有不同行业、不同类型的人在不同的经济繁荣中取代了前一次繁荣时期的胜利者,成为幸运儿。如果每次危机结束以后还是以前那些行业复苏没有新的领头羊,那么,原有游戏中的玩家只要在危机时借足够高的杠杆去买时间,他就能扛过去。等到复苏时,他除还本付息外还能有所收获。如此,人类社会就不会在一场危机之后切换到新游戏中。这要么说明文明社会还没有遇到新风险,要么说明文明社会未能找到新游戏来克服新风险——后者更可怕。

到了集体游戏的后期,不仅运营这个游戏的成本巨大无比,而且这个游戏也不能产生新机遇了。对于游戏的参与者来说,就意味着集体游戏不能给他们提供更多时间了。<u>个体参与集体游戏的根本动机是获得更多的时间</u>。否则的话,单独进化的生物反而比社会化进化的生物更有优势。如果集体游戏不能提供参与者更多的时间,那么,个体就没有动机继续参与集体游戏了。我从第一章开始就给读者灌输这个理念:时间是短期时间(风险大于机遇)和长期时间(机遇大于风险)的组合。因此,集体游戏给人更多的时间,无非两个办法:要么给人更多机会,要么帮助人降低风险。

缺乏机遇的集体游戏会有哪些特征呢?我想了很久没有答案,直到我读到有关"内卷"的报道。这才恍然大悟,那种"只缘身在此山中"

的感觉突然降临了。

"内卷"是一个新名词,为了多年以后的读者还能理解这个词,我得解释一下。内卷就是用毫无道理的评比、考试和标准来挑选人。假想一下:报名应聘中国石化公司加油站清洁工岗位(国企编制)的年轻人很多,而且都很优秀,公司无法取舍。他们就用内卷的办法来决定哪些人被录取:排名前十位的名牌大学的化学系硕士,年龄在30岁以下,赤脚万米跑45分钟以内,并且能够讲流利的德语(加油站在山东德州)。这样一来,合格的人就不多了,也就能够实现招聘过程的公平。这种看似公平,但实际上毫无道理的评选就是内卷。内卷是集体游戏失败的前奏,出现内卷说明集体游戏已经不能给参与者提供足够多的发展机遇了。内卷的目的不是选择优秀的人才,而是让失败者心服口服,让他们接受失败(埋怨自己没有学德语),承认自己不是人才。失败者们心服口服,就不会用过激的言行破坏现有集体游戏的秩序。如果应聘者人数众多而岗位空缺很少,那么,绝大多数应聘者注定将成为失败者。因此,<u>一定要有一种机制防止人数众多的失败者成为社会不安定因素</u>。这种机制就是各种奇葩内卷的由来。

内卷是集体游戏的组织者为应对"机遇匮乏"而采取的一种措施。目的是让得不到发展机遇的个体埋怨自己的无能,而忽视了真实原因——集体游戏的无效。

我建议读者思考一下"内卷"的反例:那些创造经济繁荣的地方往往孕育着蓬勃的生机和广阔的发展机遇。我写到本章的时候,新闻里铺天盖地报道微软公司支持的一家人工智能公司 Open AI 发明的 Chat GPT 通过了明尼苏达法学院的入学考试,以及宾夕法尼亚大学商学院的考试。它平时和普通人在线聊天,自己能够学习知识,并分析各种模拟的场景,自己搭建一个完整的逻辑体系——而且这个体系符合人类社会的语言习惯。照此发展下去,Chat GPT 也许最终会取代老师、律师、会计师和部分医生的岗位。这当然是好事情,它解放了更多的人。但这对于某些即将退休又无法学习新技能的人来说,也可能是坏事情。当技术进步导致你失去工作的时候,你会反对它吗?你会联合大家一起反对吗?你们的反对最终将阻止技术进步吗?

问题的答案仍然落在时间——不,是在你对时间的看法上。如果你认为自己很强大、很能干、适应性很强,你就生活在远期的时间里,你对未来的看法就会更多地着眼于机遇和发展。如果你现在的工作被 Chat GPT 人工智能机器取代了,你仍然会乐于去寻找新工作,学习新技能,变成一个更强大的人,然后尝试新生活。

如果你生活在近期的时间里,你会认为自己很无辜、很可怜、很委屈、很弱小、很害怕改变。你觉得自己老了,所剩时间不多了,而且别人在欺负你,你被不公平地对待了,你那么多年为社会的贡献被遗忘了。你对未来的看法更多着眼于当前社会的不公平和下个月要支付的账单。如果你现在的工作被 Chat GPT 人工智能机器取代了,你害怕去寻找新工作,不愿意去学习新技能,你感觉自己的尊严、荣耀、生活现状和历史记忆都被人工智能毁了。你痛苦极了,极力鼓动其他陷入类似困境的伙伴们一起去参议院讨要"说法"。

好了,现在皮球到了参议院了。那帮政客会怎么决策呢?问题的答案仍然落在时间——不,落在参议员们对时间的看法上。如果他们声称自己坚持以规则为基础的价值观,那么,说明他们生活在远期时间里，他们乐观地相信，长期来看，科技进步是推动全社会提高效率的好事情。如果他们声称自己同情弱者并坚决站在失业的选民一边，那么说明他们自己也是弱者，他们生活在近期时间里，他们感觉到更多的风险在迫近，他们担心自己的选票，他们对眼前即将发生的破坏社会稳定的事件而感到忧心忡忡。

在金融学系的人眼里，参议院里面根本就没有共和党和民主党，下议院也不分左派和右派，那其实是短期债券和远期期权的组合，分别代表了近期时间（风险）和远期时间（机遇）的组合。

英国下议院的工党自称左派，整天操心此时此刻的社会公平问题。他们关心的是迫在眉睫的风险：工人罢工和群众示威带来的经济损失和社会动荡。保守党或者以前的自由党则自称右派。他们整天操心如何确保未来发展的机遇：一定要废除高税收、高福利和严格的市场监管；要千方百计地防止投资者信心下降；要对未来的科技、设备、人力资源和基础设施进行全面投资；要使下一代年轻人有更多发展空间。下议院不断发生首相更迭的情况，其实是整个社会对"未来时间所包含的风险和机遇"的判断在左右摇摆。

我曾经在《估值原理》中指出，金融危机看似资产价格暴跌，其实是人们原来玩的集体游戏玩不下去了。于是，人们开始抛弃原来集体游戏所使用的"比赛用球"。金融危机就相当于原先的集体游戏结束了，游戏使用的代币就自然而然不值钱了。金融危机过后，上流社会人口减少，贫富差距缩小，有些国家就会重新开始玩原来的游戏。这些国家的历史就像古希腊人说的那样：只有轮回而没有进步。但是，有的国家在经历金融危机以后，会找到新游戏，摸索新规则，发起新风尚,提倡新美德,建立新秩序。他们不断地更新游戏规则,变换游戏内容和"比赛用球"(新的资产类别开始上涨)。新游戏就是历史的进步。

现在问题来了。为什么有的国家在金融危机(上一次集体游戏的结束)之后发起新游戏,而有的国家则重新洗牌玩老游戏?那些选择新游戏的人们,他们为什么选择某个特定的游戏?后来为什么又抛弃了它?人们依据什么原则来发起新游戏?这就是笔者后面要回答的问题:

<u>人对时间的认知使得人们自发形成了集体游戏,然后形成了维持游戏规则(社会秩序)的组织机构。人们参与集体游戏的目的是管理这段时间内的共同风险,或者创造公平机遇。</u>

在短期的时间内,人们要防范现实世界中"不安全"的风险;在远期的时间内,人们要防范未来世界中发展受限制的"不自由"风险。两种不同的风险对应着不同的集体游戏模式。

一般来说,强者向往未来,他们崇尚自由;弱者珍惜现在,他们追求安全。集体游戏的组织者为了防止大家脱离游戏而导致游戏结束,就要对这两者灌输不同的思想:

一是强者组成的集体游戏,社会舆论会有意识地淡化现实世界的风险。

二是弱者组成的集体游戏,社会舆论会有意识地渲染现实世界的风险。

只要人们感到不害怕了,他们就变成了"强者",他们就开始玩追求自由的集体游戏;只要人们感到害怕和恐惧了,他们就变成了"弱者",他们就开始玩维持稳定的集体游戏。

强者追求独立,他们老是想着要摆脱原来的部落,想要加入新的集体,玩新的游戏,认识更多新朋友,学习更多新技能,享受新的乐趣。他们同时加入多个集体游戏,这样一来,他们就越独立于其中任何一个游戏集体,不用听命于任何一个大酋长、大祭祀、大公爵和大主教。因此,爱冒险和爱独立其实是强者特征的"统一整体的分别反映"。

<u>只有自由没有安全的地方,叫丛林</u>;只有安全没有自由的地方,叫<u>监狱。人类社会有各种形态,都分布在丛林和监狱之间</u>。如果一个社会的人们强调自由,他们就往往不怎么注重现实世界的、近期时间的和自己身边的安全,你经常会听到他们国家发生无缘无故的枪击案,死了一大堆无辜的人。结果呢?这些国家根本就不禁枪,就连控枪问题都要吵闹一番。他们最担心的事情是未来没有自由,而不是现实的身边没有安全。他们自己认为自己都很强大、很强壮,根本不在乎这些风险。[1]

与此同时,如果一个社会的人强调安全,则他们往往不怎么自由,政府对民众的监管和控制是全方位且很严格的。在这样的社会里,个体往往敏感(也可以说是聪明或者高智商)地意识到潜在的风险并提前做出反应和安排。

我过去一直将自由和安全视做一对矛盾。我现在觉得这两者其实根本不矛盾,因为<u>不自由是远期时间所包含的特有风险,不安全是</u>

---

[1] 对于这个问题,灵长类动物学家们有不同的解释。通过观察猕猴群,他们发现那些强大的雄猴往往不太在意周围的风吹草动,意识不到潜在的危险,这其实是因为它们的智商偏低。那些敏感的猴子往往智商偏高,更容易感知周围的风险,更积极地采取防范措施。

近期时间包含的风险。就像我不能说星期一和星期五之间有矛盾一样,我不能说自由和安全是矛盾的。因为我不可能同时生活在星期一和星期五。

我把集体游戏分成两类,这两类游戏方式对应了两种不同的社会形态、秩序、道德、风尚、审美、教条和说辞。我简单(但不粗暴地)给这两种游戏模式(及其对应的社会形态)分别起了外号——"人上人"和"天外天"。

如果你喜欢冒险,你就有可能见到更多的风景,也有可能遇到更多的风险;如果你处处小心,稳健行事,你就一路安全有保障,但你也看不到什么新奇的东西。

请设想一个场景,你即将出发去旅行,面临两个选择:

一是你带上一个手机,里面有各种应对野外生存和意外情况的应用程序(App)——我称之为"天外天"模式。

二是你带上一个手机,里面有七大姑八大姨给你的应急联系人名单和电话,你可以在任何情况下打电话给当地的熟人求助——我称之为"人上人"模式。

在没有智能手机 App 的时代,我在演讲时就这样描写这两个场景:你愿意带着一把功能非常齐全、非常复杂的瑞士军刀去旅行,还是出发前先和一路上可能遇到的熟人打个招呼?遇到意外情况,瑞士军刀和关系网都可以帮助你。哪一个才能让你出发的时候感觉更踏实呢?这就是"去看'天外天',还是去做'人上人'"的选择。你出发时,就已经做了决定,去加入哪个集体游戏。

你选定自己参加的游戏模式之后,集体游戏的终局就已经注定,个体的努力未必改变得了自己的命运。于是,我终于在思想上拥抱了《浮士德》里的这句唱词:"In the beginning was the deed"(一切在最初就已经决定)。

"人上人"模式

弱者寻求安全。为此,他们形成一个相互帮助的紧密集体,使得风险在空间上(集体内部)平均分配。

鼓励个体安分守己,提倡服从命令,反对好奇心驱动的探索精神,防止个体冒险给集体带来额外风险。

为防止强大个体脱离集体游戏,必须用剥夺富人财富的办法来建立遏制贫富差距的机制。

其特点就是服从命令,互帮互助,相互监督,保护弱者,省吃俭用,放弃远方机会,回避身边风险。

集体确保在游戏的任何时候,生存概率在个体之间都是平均分布的。代价是个体福利的长期损失。这个游戏看起来像"劫富济贫",实际上是重新分配生存风险,使得富人、穷人、强者和弱者时时刻刻都承担同样的风险。因此,越是弱小的个体,越是容易被淘汰的个体,越是预期自己将遭遇重大风险的个体,越会积极加入这个集体游戏,以便让其他人替自己分担风险。

还记得无情的灭霸和深情的命运女神吗?

还记得大自然的进化铁律是"只筛选,不培养"吗?

你有没有发现筛选和培养恰恰对应着灭霸和命运女神?Bingo!别担心,这是我打的响指——案子破了,问题搞清楚了。

请和我一起回顾时间的两个维度。

一是面对灭霸。

对于一窝在阿拉斯加河流里的鲑鱼卵来说,它们的时间就是生存概率——等着灭霸打响指,然后随机淘汰50%的同伴。这个场景其实像极了陷入财务危机的企业债券(俗称垃圾债)。你已经不需要研究什么基本面和宏观面了,这个公司的违约率已经是50%的概率事件了。看起来,你持有了一张潜在涨幅高达100%的债券。其实,这是一张变成废纸的概率高达50%的垃圾债。

二是面对命运女神。

对于一个古希腊神话传说中半人半神的战士来说,他/她无需考虑生存的概率问题:对面的命运女神会不停地给出机会,时间是无限的。就像电影《指环王》里面的精灵国一样,仙女们生活在永恒之中,她们有的是时间,但生活一成不变。

现实世界介于灭霸和命运女神之间。为此,人类社会设计出两种集体游戏:一种是面对灭霸的,主要是寻求安全的生存,用降低风险的方法获得更多的时间;另一种是面对命运女神的,主要是寻求自由的发展,用增加机会的方法来获得更多的时间。在两种游戏场景中,我们都不能躺平,都得靠个体努力和集体合作才能获得更多的时间。

模式形成的原因

当人们面对的是灭霸(或者接近于灭霸)的风险时,他们会选择一种特殊的游戏模式,这个模式被我戏称为"人上人"游戏模式①。

设想你所在的集体正面临灭霸的筛选,你本能的愿望是什么?活下去。你最低的诉求是什么?拥有平均概率的生存机会。或者说,你希望自己至少不能比别人差,不能比别人更不幸。只要你不比别人差,你就还有希望。

你判断上述诉求是否实现的标准是什么?你会看看周围的人是否还活着,是否过得比你好。他们是你的参照物,他们就是你的时钟。你为什么会变成这样?因为你意识到以下的情况:

一是自己处于不安全的境地;

二是自己没有可作为的空间;

三是关键是扛过现在的困难,以后的事情以后再考虑;

---

① 我想过"反灭霸游戏"和"三文鱼产卵游戏"这些名字都不好听,不容易记忆和传播,随后选择了"人上人"这个名字,但仍然不满意,读者有什么好的建议请在购书网站上给我留言,以便我今后修订时改进。

四是未来是否美好对此刻的你来说,根本不重要;

五是周围人的情况和你差不多;

六是整个集体所拥有的资源和机会有限;

七是别人活得更好就意味着他们占据了集体中更多的资源和机会,相应地,你的资源和机会就会减少并处于不安全的境地;

八是集体很难或者无法创造新机会和新资源;

九是个体相互监督以确保资源和机会在集体内平均分配;

十是只有上升一个等级,那里有更少的人和更多的资源,你才能获得更多的安全、更大的生存概率和更多的发展机遇。

生活在这样的集体中,你获得安全的可靠途径就是随大流,成为集体的一分子,达到该群体的平均值。为此,你需要经常监督周围的人,看看他们的情况怎么样,你还需要经常拿别人的情况和自己对比一下,看看自己是否吃亏了,或者落后了。

这个场景像不像一窝阿拉斯加河流里的鲑鱼卵?这里有若干特征需要总结提炼:一是被动接受筛选。鱼卵要面对天上的鸟类、河里的甲壳类动物以及大自然安排的其他筛选。二是个体弱小且无差异。单个的鱼卵是很弱小的,它没有抗争的能力,没有努力的空间,没有改变命运的能力。它只能匍匐着乞求旁观者的同情、捕食者的失误和上天的仁慈。三是总体生存率低。这一窝鱼卵中只有极少数个体能够幸运地活到性成熟,再次来同一条河流产卵。四是集体存活率不变的前提下,跑赢同类是生存的关键。"别人的成功就是你的失败。"如果同类活下来了,那就意味着剩下的鱼卵的生存率会急剧降低。你有更大概率从一枚鱼卵变成一份鸟食。五是奉行公平的准则。由于整个集体所拥有的生存和发展的机会非常稀少,而且无法通过集体游戏来为大家创造出新的机会,只能通过集体游戏来"公平"地淘汰不幸的同伴。

这种集体游戏看似具有公平性。但我仔细想过,这其实不是公平,不是地位的平等,不是机会的均等,不是分配的公平,而是一种风险共担机制:有坑一起跳,有事一起扛,要死一起死。确保每个个体都面对同样的随机性事件的筛选(灭霸)。

只要我周围的鱼卵和我遭受同样的命运,我就至少没有输,我就还有机会。只要是大家一起遭遇不幸事件,那么,无论生存概率多么小,我都仍然拥有一线生机。但是,我千万不能让其他人跑到我前头去。那样一来,我就肯定完了。

这种集体游戏有一个风险:失败者很容易成为叛徒,他会把敌人引进来,牺牲掉其他幸存的个体,使得自己的命运恢复了"公平"。其实,他的真实动机是迫不及待地想把无辜而幸运的同伴拉下水。

在这种集体游戏中,没有人保证你的最低需求。游戏不确保个体的生存,只确保大家都平均地承受同样水平的厄运。因此,这种游戏有两个漏洞:

第一,当你实在无法过下去的时候,出卖集体利益至少能够防止别人比你过得更好。这相当于每个人都有核按钮来重启集体游戏。因此,这里往往看不到颠覆性的创新,因为这个集体不需要新机会。这里倒是经常可以看到颠覆性归零。游戏中的个体一旦发现自己的生存机会趋向于零,他就会重启整个游戏来实现他个体的公平。

第二,这个游戏只提供公平,不保证改善。这个游戏缺乏鼓励个体实现进步和发展的机制。为了所谓的公平，人们宁可接受倒退和破坏。在这个集体游戏中，富豪和胜利者们经常受到嘲讽、监督和剥夺。他们会被集体以崇高的名义清算。届时，普通人会围观且欢呼。一个富豪被剥夺财富意味着其他人生存概率的大幅度提升。

我在生活中遇到过这样的例子。

我当过房产中介。虽然没有开发商愿意委托我卖他们新建成的房子，但是我还是经常去联系他们。我见过两次售楼处被业主围堵的事件。无非是开发商资金紧张或者房市阶段性疲弱，导致开发商新推出的二期楼盘降价促销。于是，一期的业主们就会集体围住开发商的售楼处。有一次，他们甚至还发生了肢体冲突事件。一期的老业主们特别愤怒。他们要讨说法，要公平。其实，从合同法的角度来说，开发商没有违约，业主们可以说是"有点儿"无理取闹了。我和那几个情绪不激动但也参与围堵的业主们聊过几句。他们不在意开发商赚钱了，他们知道从土地收储、平整、挂牌到开发商入场建设，这一路上有许多人赚了许多钱。但他们不在意，也不记恨这些赚了大钱的人。他们知道那些大老板和自己不是同一个集体游戏的玩家。他们不能接受的是，和他们一样的一群人（一般来说，都是需要全家一起"凑首付、背按揭"的工薪阶层）相比他们占据更多的优势。他们感到愤怒和紧张：自己周围的人比自己占了更多的便宜，从而有更多优势，有更多机会且活得更好。他们不能让周围近在咫尺的人跑得比自己快——那样的话，他们自己的风险就大了。要让同一个集体内的人和他们承担同样的风险，这样就能够给他们带来安全感，而他们将这种安全感称为"公平"。

我的车堵在路上的时候,经常遇到旁边车道的司机要加塞进来。我每次都会全神贯注地、灵活且协调地控制着油门和刹车,紧紧跟住前面的车,防止旁边车道的车插队进来。如果他成功地插到我前面去的时候,我就会失望、沮丧和愤怒。后来,我回想了自己在国外开车的情景:我很少遇到加塞插队的司机,一旦遇到,我总是宽容地放行。为什么我会这样?为什么一回到国内,我就变成了一个脾气暴躁的坏司机?会不会是因为我的潜意识里认识到,我在玩两个完全不同的集体游戏?只要身边的人,离我近的人,和我相似的人超越了我,我就会莫名其妙地觉得不安全,觉得自己沦为了失败者,仿佛我的生存概率大大降低了。

我参加国企改革工作时,调研过很多国企。我发现"外来和尚好念经"的现象是普遍存在的。老国企单位里已经形成了圈子,谁也不服谁,谁也不让谁。大家相互都知根知底,而且几乎同一年进厂子的,能力、贡献和资历都差不多。结果呢,国企体制内的提拔机会是很少的。由于谁也不服谁,于是,怎么安排都摆不平。从一群"同质者"中提拔任何一个同志,都会给这个团队带来不稳定因素。于是,领导们商量下来,决定从系统外调一个同志来这个单位主持工作。这样一来,大家反而心平气和地接受这个新领导了。

我小时候见过多次这样的场景(我成年以后很少遇到这种情况了):一大群人默默地围观一场车祸现场。他们几乎不说话,相互之间也不认识,新来的人会向站在前面的人打听事情的经过。人群中会有一个能说会道的人把事情的来龙去脉说得清清楚楚。他对事件的描述就成为大家口口相传的版本。奇怪的是,这群人就是站着围观,他们既不去救助受伤者,也不参与警察的调查处理。我一直有一种猜测:他们是在进行一场自我心理治疗。看见自己身边的人遭遇不幸,就仿佛是获得了某种安全感。感觉自己还是幸运儿,提醒自己今天的幸福生活来之不易,值得好好珍惜。这些猜测很有可能经不起社会学家们的推敲,但确实是我的"大胆猜测":一个群体中的某个个体遭遇不幸就意味着剩余个体遭遇不幸事件的概率大大降低了,这对幸存者们来说,不啻是一个天大的好消息,仿佛是一道恩惠降临在了自己的身上。

还有一个现象也是我小时候常见,而改革开放以后则慢慢消失的。姑娘们相互夸赞对方的新衣服时,会收到截然不同的反馈。在20世纪七八十年代,如果一个女同志穿一件新衣服去单位,她会收到伙伴们嘲讽挖苦式的赞美(酸酸的)。她会害羞地笑着低下头,说"这其实是旧衣服改的"。这当然是一句假话,但她的动机更值得琢磨。改革开放以后,这种情况就少见了,姑娘们穿新衣服时会收到礼节性程序化的赞美(淡淡的)。她会坦然地说:"谢谢,我也很喜欢这件衣服。"很明显,姑娘们不再担心受到嫉妒和排斥了。我们的社会进步了。恭维另外一个姑娘长得美或者穿得漂亮,不意味着你抬高了她的身份并降低了自己的地位。

经济市场化以后,人和人之间相互独立的意识增强了。大家不再有一种"同属一个集体"的单位意识了。可能是出于同样的原因,中国刚刚改革开放时,留学生们出国都普遍害羞,因为他们有"单位意识",以为自己时时刻刻被无数双眼睛在评价,而且这种评价会影响到祖国的声誉。其实,外国人根本不在乎你是谁,在说什么,想什么,他们基本上就只是在乎自己,各顾各的,各人过自己的日子。

这种集体游戏的重要参照物就是周围"同质化的人"。就像鱼卵一样,它的时钟(时间的参照物)是身边的其他鱼卵,尤其是和自己相邻的鱼卵的命运。你只要比旁边的鱼卵更幸运,你就更安全,就有活路。归根结底,在这个游戏模式中,个体经常感觉不安全。

这是因为:一是周围的个体太多了;二是集体内的机会和资源太少了。

机会的稀少会刺激人的赌性。我发现越是穷的地方,人们越是喜欢赌一把、博一记,期望一举改变自己的命运。这当然很不理智,但是,这是不是因为这个地方的机会太少了呢?人如果乐观看待自己未来,相信未来很多机会在等他,他会枕戈待旦,相信自己明天还有伟大的使命。他不太可能在今夜走向赌场,拿自己的余生去赌一把。

如果一个地方长期在玩"人上人"的游戏,为维持这个游戏,一般会限制人的发展空间,让人感觉没有机会,这样他们才会安心参与这个集体游戏。

早期的农业社会经常面临"五月困境"。先年储存的粟米都已经耗尽,第二年的庄稼还是青苗。如果榆树提前开花,有榆钱和面还可以对付一下熬过去,到5月就有槐树花可以吃了。这样,农业部落的人们就顺利度过了青黄不接的时节。但是,也有时候他们会遇到糟糕的年份,那就需要他们结成一个互助救济机制。

同一个村的各家各户之间或多或少有沾亲带故的血缘纽带关系。这使得他们更容易下决心做出自我牺牲,拿出家里的余粮去救济困难的亲友。由于存在Y染色体漂移现象,绝大多数农村定居点最终会演变成仅有一个 Y 染色体的自然村落——也就是他们所有人都有一个共同的男性祖先。李家庄、王家店和张家村就是这种漂移现象的体现。

这种亲缘关系使得救助关系得以维持。与此同时,我也有理由相信,救助未必是完全自愿的。因为部落、村落和群体中有自发的,针对富农的"清零"机制。在青黄不接的季节里,"均贫富"不仅仅是解决公平问题的口号,更是解决生存问题的行动。

遇到荒年,谁家有余粮却不拿出来平均分配给乡里乡亲,他家就自动成为"有罪"的人。大家不会说他们不肯拿粮食出来,而是会批评乃至审判他们的其他"罪行",如道德沦丧、品行卑劣等。<u>这些审判并不是为了捍卫道德,而是为了使接下来掠夺余粮的行动变得合情合理,符合天意人伦。因此,道德往往在这里变成了"说法"。捍卫道德的行动往往是捍卫生存行动的借口。</u>

早期农业社会形成这种集体游戏能够有效克服荒年的风险。我们不该对此指手画脚。如果我们的祖先没有发起组织这样有效的集体游戏,就没有今天的我们。

这样的集体游戏看起来充满温暖,其实,这种分享食物的机制包含着对富人的合法掠夺。那个在你遇到困难时给你帮助的人,也可能就是夺走你家余粮的人。所以,这样的地方不能保护个人财产。如果保护个人财产了,就意味着余粮可以不拿出来共享,原有的荒年互助机制就会瓦解。那样的话,所有人就陷入了巨大的风险:下一个困难的年景将遭遇死亡。

由于这个集体游戏经常把部落内能人家里的余粮"归零",所以,部落内也不容易诞生能人。即便有聪明人,他也不会搞发明创造,不会去探索新知识,不会去运用新技术提高粮食产量。聪明人明白,一旦自己富裕了,就会被打回原形。但如果乡亲们不剥夺他的财富,就意味着集体陷入风险:下次荒年没有余粮可分了。由于不停地打压能人,这里不容易出现进步,历史就在这里反反复复地轮回:既没有科学的进步,也没有人的进步。

我的好朋友汉斯·瓦格纳曾经在中国工作了近10年,他是一家保险公司的总精算师。他曾经困惑不解地向我坦诚(其实更像是向我告解或者抱怨):你们中国人不爱买保险。他的公司必须把保险产品包装成理财产品才能卖出去。这对于他的风险控制措施产生了巨大的压力。精算师的责任是把公司承担的风险转变成线性的风险,以便于公司用调节资本金的办法来应对风险。但是,他们公司卖的产品不仅是保单,还是理财产品。这就给他的工作带来了额外的压力。他问我,你们为什么不能单独考虑自己的风险?为什么不能单独买一份保单呢?为什么不另外去投资房产或者股票呢?为什么非要把保单和理财产品合并起来,使保单看起来像是投资品?我无言以对,但我感觉他的头疼厘清了我的思路。出于礼貌,我皱着眉头,假装陪他一起头疼了一会儿。

汉斯所在的保险公司长期服务于海外市场。他们所熟悉的外国客户和我们本土消费者玩的是不同的集体游戏。我在《市场本质》一书中指出,人与人相互独立的地方,人际关系比较冷漠,那里的人对自己的决策负责,自己承担后果,不向亲戚朋友寻求帮助,也没有热心的七大姑八大姨来关心或介入你的私生活。

与此相反,在那些人与人之间相互团结,人际关系比较热络的地方,人们往往维系着广泛的互助关系。所谓的"关系网",其实类似于一个互助保险机制。一个人一旦加入了充满亲情温情的关系网,有了七大姑八大姨和兄弟情谊以后,他平时往往会收到"有事情就说一声啊""别藏着掖着""一定要叫我啊""放心吧,有我呢"等等诸如此类的豪言壮语。他一定感觉自己已经获得了某种程度的安全。这个集体游戏的风俗习惯和思维方式往往是市场化的保险机构所不能理解的。当大家都期待社会、家庭、亲友、邻里、国家、政府,尤其是单位,对你负责、为你买单、替你着想的时候,你其实已经加入了某种特殊的保险组织——保单就是印在彼此脑海中的深情厚谊。

即便没有建立关系网,他也可能有单位。在我们熟悉的国营单位里,总有一个充满温情的"组织",你在任何时候遇到任何困难,都可以去找组织请求帮助。组织或多或少会给你一些帮助,即便他们没有给你直接的帮助,他们也会想办法减轻你一部分工作负担:"小 X 最近家里有困难,组织上要照顾他。"除了单位里的组织以外,我们平时在生活中可能还构建了许多类似的互助关系网:同学会、老乡会、哥儿们和亲戚朋友。

这些关系网或者单位组织在某种程度上鼓励、提倡至少是默认了"平均主义"。在能够吃到"大锅饭"的地方,你是不会太担心自己的风险的。你至少不会过得比别人差。因为你一旦比别人差太多,太可怜了,周围的人就会质疑这个"体制"是否还能给我们提供安全保障。为了打消大家的质疑,体制的管理者会多多少少给你一些帮助。他们帮助你的目的是防止其他人"心寒":这么可怜的人都得不到帮助,我以后如果遇到了困难就更不可能得到帮助了。如果大家都这样想,集体游戏就会瓦解。所以,为了继续维持这个体制,必须要对最困难、最可怜的人给予最公开、最透明的帮助。在这种环境下,人们出了事情就特别希望"卖惨",希望更多的人看到自己的惨状,以此来"倒逼"体制的管理者及时帮助自己。在某些地方,这是个体的一种极其有效的风险防范机制。这个集体游戏中的救助机制本意是帮助"不幸的人"。糟糕的是,许多"懒惰的人"和"无能的人"明白了游戏的机制以后,就千方百计地把自己打扮成"无辜的人",进而伪装成"不幸的人",从而获得免费的救助。这类集体游戏运行到后期,往往养活了一大堆"看似无辜但不幸的人"。整个集体游戏的效率就被这些"实则无能且懒惰的人"拖累了。

维持游戏的机制

维持一个游戏模式,需要说辞、组织、秩序和规则。关键是要让大家都相信这些说法是真的,从而在实际生活中予以遵从和奉行。<u>人们捍卫自己利益的自觉行动会巩固集体游戏的秩序</u>。

20世纪30年代,凯瑟琳·赫本出演了声援中国人民抗日战争的电影《龙种》,她饰演一位中国农村的老大娘。剧中,赫本有这样一段台词:"洋人真可怜,他们没有筷子,也就没有办法吃汤圆。"我觉得这句话对我极有启发。洋人不仅没有筷子,他们的菜单里也确实没有汤圆。他们的风俗习惯、文化传统和艺术作品里面更没有"花好月圆,千里婵娟"的美好憧憬。

习惯是个体在参与集体游戏的过程中习得的惯性；风俗则是围绕着集体游戏的规则而建立起来的说辞，使大家在游戏中形成共识和默契。因此，要维持集体游戏的运转，就必须要建立配套的机制。这个机制包括了规章制度和风俗习惯。

第一，建立同质化的群体并维持群体的同质化。人在和自己相似的人一起生活时，才感到安全。人们容易在思想上趋同，形成一致舆论，采取一致行动。"千篇一律"和"千人一面"并不是枯燥乏味的单调重复，而是平平淡淡的踏实可靠。当我看到大街上其他人和我一样穿着蓝色工装裤，骑着28寸黑色白鸽牌自行车去同一个工厂上班时，我感到踏实和安全。我还在集体中，我还没有被迫单独面对灭霸的响指和荒年。我也没有被其他同伴抛弃，被大自然淘汰或者被组织处分。周围的人和我一样，他们是我的时钟，我也是他们的时钟。他们告诉我：我很安全。别忘了，形成这个集体游戏的根本动机就是解决近期时间的风险：个体因资源匮乏而感受到迫在眉睫的生存危机。

第二，确定"余粮"具有公共属性。个别人的"冒富"是对其他人的"冒犯"。这个游戏之所以能够帮助暂时陷入困境的同伴，全赖集体有对余粮进行处置的天然权力。<u>让弱小的个体时时刻刻感觉到自己面临着平均的生存机遇，他们就感到安全。</u>为此，要让强大的个体感觉到自己时时刻刻面临着"被平均"的生存威胁，这样他们就感到危险，并学会了服从。

第三，鼓励监督与揭发。这个集体游戏中的个体彼此都知根知底，相互都不独立。人人处于相互监督、相互依存并相互帮助的状态之中，群体内部几乎没有隐私。在这种游戏模式中，保护隐私并不是保护所有人,而是在保护强者。隐私使得富人有可能在不被察觉的情况下,悄悄在家里的地窖里储备额外的粮食。当绝大多数穷亲戚饿死的时候,富农一家却可以独自度过荒年。因此,游戏的组织者会鼓励、纵容甚至煽动窥探隐私,相互揭发和举报,防止有私下储备粮食的行动,破坏荒年互助机制。

读者可结合自己的生活经验来思考:经济越是发达的地方,人们对隐私保护的意识就越强;经济越是落后的地方,人们越是没有隐私意识,越是充满亲情地相互串门,家长里短地唠嗑。如果谁家有什么事情了,那么,全村人会很快知道。

第四,实施有罪推定。在全社会形成有罪推定的文化氛围就是建立一种监督机制。每个人都在监督周围的人,也都有责任向周围的人证明自己的清白无辜。只有证明自己清白了,才能被集体所接纳,并获得安全保障。这就相当于早期人类部落里,每个人都需要向酋长或者其他证人表明他没有在家里私藏余粮,他已经诚实地将自己家里的余粮全部贡献出来了。那些没有主动证明自己清白并向酋长表明忠诚的人,很快就吸引了众人怀疑的目光:他一定是心虚了,他很可能私藏了余粮,他是在破坏集体生存的机会。我猜测,有罪推定源起于早期农业社会部落里余粮共享的风险防范机制。

第五,坚持法不责众。孟德斯鸠说过:"人群自发形成的秩序中,天然包含着他们的正义。"很显然,他认为这世界上根本就没有脱离人的正义。那些法律条文一旦脱离了人的风俗习惯,都是得不到执行的文本而已。

在集体游戏中,法不责众的原理是什么呢?法律不能为了条文的规定而违背集体游戏中的初衷。形成一个均质化、同质化和平均化的群体,是整个集体游戏的关键。当你和一大群人在一起,且保持高度一致的时候,你就获得了该集体的平均生存概率。对于加入游戏的弱者来说,这就意味着安全感。对于加入游戏的强者来说,只要他主动交出余粮或者做出其他勇敢的自我牺牲,他也能和周围的人一样获得安全感。

要让每个人觉得,只要他的言行举止和周围的人保持一致,他就安全了。因此,不能去惩罚大多数人,那样就破坏了集体游戏的基础——集体安全。

最高统治者、大祭司和大酋长有时候会制造一些崇高的借口(这个借口往往包括"神圣"和"我们"这些词),严厉地惩罚一些人的微小过失。其实,这些人并没有任何过失。他们只是特别优秀,特别能干,特别出类拔萃。因此,需要用莫须有的罪名去惩罚他们。这样一来,就可以在大多数人心中建立恐惧:看,打猎时那么能干的人,对部落的功劳那么大的人,姑娘们那么喜欢的人,都被酋长惩罚了,我还不如他们呢,我要更加谨小慎微地夹紧尾巴做人。为了回避这种恐惧感,大家就想方设法和周围的人保持一致。长此以往,人就丧失了主观能动性和好奇心。

法不责众还会带来一个糟糕的后果。一旦有人开始做某些"恶劣但不违法的行为",人们就开始模仿他。如果你不效法他的行径,你自己的生存概率就会下降,其他人的福祉就排到你的前面去了。为了防止自己变成"吃亏的老实人",于是,大家都争先恐后去做那些损害公共利益的行为。那些秉持高尚人格、践行崇高道德标准的人,就被耻笑为迂腐的傻瓜。用不了多久,这个群体的整体道德水平就会下降。

第六,制造恐惧。部落酋长会想方设法地让大家始终处于荒年的忧虑之中,让大家生活在近期的时间里,对眼前的事情感到担忧。不然的话,这个集体游戏就会逐步松懈和瓦解。古代用活人献祭神的仪式,其实是用牺牲一部分人的方法,让绝大多数人增强自己的忍耐力。眼看着自己的邻居或者亲戚被大祭司用于献祭,部落里剩下的大部分人就能够进一步忍饥挨饿,就不再对干旱的天气产生抱怨,就不再对大祭司的不洁或者大酋长的不忠产生怀疑,转而采取了忍受煎熬的办法:"天哪,我还是幸运的""算了,忍一忍就过去了""好吧,自己想办法克服困难吧""慢慢熬日子吧"。

20世纪30年代,希特勒对犹太人采取了惨无人道的灭绝行动。这就在他统治下的纳粹德国建立了恐怖氛围。善良的普通德国人民时时刻刻生活在恐惧之中。让德国人民就生活在当下,疲于应付各种检查、监督、审核和效忠仪式,他们就不会向往自由和远方,他们就无暇渴望个体更大的发展,对德国社会以外的遥远世界失去了同情心和好奇心。

集体游戏的组织者会逐步形成既得利益集团。他们要继续执政,就必须让人民相信外部敌人仍然存在,而且敌人正在步步紧逼,越来越强大。为此,他们不惜掩盖真相,扼杀新闻自由,捏造事实,煽动民族对立,制造极端易怒的社会情绪。这一切都是为了维护这些部落酋长们自己的利益。为了实现这一目标,他们一定要垄断舆论阵地和宣传渠道。

人为什么抽烟上瘾?因为抽烟能够缓解我们的焦虑情绪。但香烟在缓解当前焦虑的同时,也制造了将来更大的焦虑。于是,我们会抽更多的烟来克服更大的焦虑。为了让德国人民渴望安全,就要让他们感受恐惧。"希特勒"们用更大的恐惧来制造焦虑,让德国人民在缓解当前的焦虑情绪之后,稍稍获得片刻的安全和慰藉。然后,德国人民又陷入新的恐惧和焦虑的循环之中。

久而久之,德国社会就形成了某种秩序,也同时形成了维护这个秩序的权力机构,形成了因这个秩序而受益的利益阶层。代表利益阶层的统治者们就会主动渲染外部风险。即便外部敌人没有入侵的打算(事实证明,当时的美、苏、英、法等国均无入侵德国的计划),德国人民也被告知重大入侵战争已经迫在眉睫。这样做的目的是消除那些反对现行秩序、反对既得利益集团的国内势力。当时的德国社会非常热衷于玩"抓特务、找叛徒"的游戏,俗称"盖世太保"的秘密警察就应运而生了。

有时候,周边实在没有入侵的强敌可以渲染,就渲染来自外国的传染病即将爆发式入侵。统治者鼓励国内民众敌视外国,从而维持国内的现有秩序和利益格局。

设想一下:有一群关系密切、相互攀比、嫉妒、监督和揭发的人,他们生活在当下,对新事物没有探索精神,也不太想对未来建立远见卓识。他们很热衷于关注自己周围的状况。统治者就是要让人民生活在相互监督的恐惧之中。这样一来,人们就会放弃远大理想,转而寻找安全。对于这些地方的人民来说,时间意味着这样一种组合:"迫在眉睫的风险很高"和"长远发展的机会很少"。于是,人们只关注当下的自身安全,而不太关注自身的未来发展。

第七，制造、维持并崇尚贫困。富人未必被剥夺财产，但可能经常陷入各种麻烦。而且富人不能指望法律保护自己，这里的法律保护弱者，而立法者声称这就是正义。其实他们保护的是陷入贫困的同质化的人，而且这群人占社会的大多数，构成了集体游戏的主要参与者。

由于物质资源匮乏是发起这场集体游戏的前提条件之一，因此，集体游戏的组织者会提倡省吃俭用来应对物资匮乏。在农业社会，节俭度日确实是应对荒年的好办法。大家习惯于生活在最低生活保障水平上，习惯了过紧日子，就能够有效应对物资匮乏的风险。

一个集体怎么才能让大家节俭度日呢？答案是维持低水平的平均主义。平均主义与其说是在"收入和福利分配"上的平均，不如说它主要是把大多数人都摁到"仅够维持最低生活"的水平上进行配给，这样才能让大多数人学会省吃俭用、量入为出和勤俭节约，因为个体只有学会这些才能活下去。如果人们都进入了"集体富裕"，而不是"集体贫困"的状态，那么，人们很快就会开始追求自由，而不是继续寻求安全。这样一来，原来的集体游戏就很难维持下去了。

在一个集体贫困的团体里，即便有人发生了意外不幸事件，大家对他的救助也很容易。因为他对生活的最低要求本来就很低。所以，大多数情况下，奉行平均主义并互助救济的集体，最终都没有发展成集体富裕，而是陷入集体贫困——那是一个维持游戏成本最低的均衡解。

第八，养成互助习俗。村里人一起互帮互助，一起收割庄稼，一起打谷收储，一起编篾织席，一起渔舟晚唱，一起在歌声中默契地问候和回答。人们在共同合作的劳动中培养了感情，形成了情感的纽带，使得他们在分享余粮、互助互济并为此做出自我牺牲的时候,既不会感到痛苦,也不会犹豫不决。

如果有人要发明一台高效联合收割机,自己一个人开着机器到地里去收割玉米,不需要其他人的帮忙,那么周围的村民会怎么想?他们会感觉自己被背叛和抛弃了。他们会嗅到风险的气味:这个能人以后不需要我们了,他以后也不会帮助我们了。他拥有了新的能力,能够脱离集体独自度过荒年了。如果一个一个的能人都像他那样脱离集体游戏,那么,游戏中剩下的个体就处于危险之中。

科技进步解放了个体,但破坏了集体互助保险机制。科技进步使得能干的人有更大可能独自活过荒年,但使得剩下的大多数人在荒年面临更大的风险(最能干的人家里余粮最多,而他脱离了集体游戏,不参与互助机制)因此,集体游戏一定要保留一种压制技术进步、压制人的主动性的力量。这种压制力量并不是要打击那些发明技术进步的能人,而是防止他脱离集体游戏。

试图探索新鲜事物的行为会在集体游戏中得到遏制,互帮互助的自我牺牲精神会在集体游戏中得到赞美。

第九,"被动"地形成了等级。古罗马历史学家塔西佗在谈到古埃及的奴隶们创造出来的辉煌历史遗迹时,说过这样一句话:"先有了怕死的奴才,再有了享乐的贵族。"

古埃及的法老和贵族们既是奴隶主,又是农业社会的集体游戏的组织者。他们想要形成一个同质化的集体来玩这个"荒年互助"的游戏,最简单的方法是让大家都处于贫困状态。集体贫困是维持这个集体游戏的最好方法。要让绝大多数人习惯于贫困,这样他们就习惯于时刻被剥削,任何积蓄的粮食和财物会随时被掠夺、被拿走、被没收、被平均。这样一来,他们就容易形成一个同质化的互助机制。所以,这个游戏要玩下去,就一定要有奴隶主来剥夺他们。

这个集体游戏需要极小的一部分人成为"人上人",成为奴隶主,他们手里拿着鞭子去迫使绝大多数人忍受"苦中苦"——解决了物资匮乏和荒年不济的集体风险。这个集体游戏可能还有大祭司和大主教的参与,建立一种全社会普遍接受的说教(其实是胡扯):鼓励大家今生受苦,以便来世享受福报。这些说教的目的即在于此。

第十,法老的神化。古埃及法老是神的化身。这个神待在金字塔型社会的顶部,就像是一个万能的神带领着一群贫穷的人。法老被说成是无比强大的,是天启、天赐与天定的。大祭司、大酋长、大首领和其他奴隶主们会加入一场讴歌法老的大合唱,把法老说成是无与伦比的存在,具有无比强大的法力。总之,集体游戏的组织者们会宣扬、讴歌并神化法老。一旦法老的法力得不到应验(水旱灾害降临),就把责任推给无辜的人,说是他们的德行不够,或者品行不端,玷污了法老的法力。凡人是不可能变成法老的——你努力也没有用。个人努力的方向不是成为神那样的人,而是成为和周围大多数人相似、相近乃至相同的同质化的人——变成服从命令的奴隶[①]。

建造金字塔需要大多数人省吃俭用勤奋工作,建造金字塔的人同时建造了金字塔型的等级社会。看得见的金字塔和看不见的金字塔

---

① 16世纪中叶,马丁·路德鼓励人们努力提升自己,而不是盲目服从于主教。因此,列宁肯定了他倡导的宗教改革对于推动欧洲的思想解放和后来的工业革命具有积极的历史意义。

(等级社会)一定是同时完工的。奴隶们能够在工地上协作,但他们相互之间不会团结起来反抗奴隶主和法老制度。这个游戏使他们能在安全的温饱线上"共患难",但不能在追求发展的路上"同富贵"。

我国古代小说《西游记》里面常说,某某神仙是经历了多灾多难的磨砺之后,才成仙过上好日子的。比如,唐僧取经遭受了九九八十一难,而玉皇大帝遭遇的劫难有一万七千五十次,每次劫难都要经历几千几万年。这些神话的目的就是让老百姓放弃抗争,死心塌地忍受眼前的苦日子。

这个游戏一定要让大多数人终其一生待在社会底层,省吃俭用、忍饥挨饿并无怨无悔地度过一生。为此,一定要让他们相信自己天生就卑贱。由此,集体游戏的组织者把自己变成了贵族。他们宣称自己天生高贵,生来就是神的使者。这个游戏的分工就是大多数人在吃"苦中苦",极少数人则成为"人上人",由此制造出了贵族和仪轨。法老和贵族的诞生,使得奴隶们所遭受的一切苦难都有了看似符合逻辑的解释,或者根本就是一个"神圣的借口"。

单独消灭奴隶主的斗争不会成功。只消灭奴隶主,只不过是给奴隶们换了一批新主人。一定要同时消灭奴隶,这才真正推翻了奴隶制度。古往今来,历代王朝频繁更替。如果《苏美尔王表》记载属实的话,人类文明的绝大多数时间(最近 7 000 年中的前 5 000 年)都处于奴隶制时代。由此可见,奴隶制度占据人类社会历史的时间跨度是很大的,甚至比封建制度都要长几千年。

为什么一茬一茬的奴隶起义之后,结果却是"富贵轮流坐"的结局呢?因为这个集体游戏没有瓦解,只是游戏的组织者换了一茬又一茬,广大劳动人民依然处于无尽的苦难之中。只要广大奴隶仍然是向往着平均主义的安全,他们就容易接受某种程度的奴役,以便获取安全感。因此,要从根本上消除奴隶制度及其后续的影响,就要从思想上鼓励人们去追求自由,寻求发展,在解放生产力的同时也就解放了自身。

从这个意义上讲,《共产党宣言》提出"一个无产者只有解放了全人类,才能最终解放他自己",确实是人类有史以来最豪迈、也最透彻的论断,包含着伟大的智慧和勇敢的呐喊。

要打破这个"人上人"的集体游戏,就要停止制造恐惧,杜绝揭发和监督,鼓励人的发展,允许人追求自由,用科技进步来实现物资的极大丰富,从而在源头上打破"用平均主义应对荒年不济风险"的游戏机制。

从这个意义上讲,我更好地理解了邓小平同志说的"发展是硬道理"。这句话不仅是讲了发展经济的重要性,更是为实现马克思和恩格斯在《宣言》中提出的"解放全人类"的宏伟目标指出了一条现实可行的路线图。邓小平理论不愧是当代的马克思主义,是对马克思主义的继承和发展。

个体应对的策略

我认识的散户投资人在炒股时有一些共同特征:他们热衷于打听消息,经常调仓换股,喜欢短线操作。巴菲特则相反,他很少出手,长期拿着股票不动,并宣称"无所事事应该成为价值投资者的基本素质"。巴菲特从不去找华尔街的投资银行家们搭讪。他安心地待在偏远的家乡奥马哈市,他还反过来抱怨华尔街的消息"太多了"。

我过去总是批评散户的快进快出,推崇巴菲特的长期持股策略。现在,我觉得应该在时间游戏的框架内做一个自我批评。不是散户不会炒股,也不是散户没能理解价值投资的"内功心法",而是散户和巴菲特生活在两个完全不同的时间里。对于散户来说,每天困扰他的问题是:你想跑赢隔壁的阿三吗?你想赢得美女同事的青睐吗?你想还清这个月按揭吗?你想尽快筹措首付款吗?老婆过生日买什么礼物?下一波裁员会轮到你吗?老家父母的身体还好吗?这样的一个散户投资人,他时刻关注眼前的世界,生活在近期的时间里,粘连在周围人的关系中。

<u>时间对于散户来说,包含更多的近期风险和更少的远期机会。</u>

如果你生活在这样的环境里,你会感受到周围更多的风险,你感受不到"诗和远方"。你当然就容易对风险有更高的敏感度和警惕性。市场稍有风吹草动,你就要马上采取行动:要么止损,要么止盈。总之要快跑,防止市场波动带来的风险危及自己对前面那一大堆问题做出体面的回答。

巴菲特则生活在完全不同的时间里。他对眼前世界里的风险不太敏感。他生活在"诗意的远方"。他可以承受短期出现较大的损失。

他专门说过这样的两句话:

"如果你不打算持有这只股票10年,你就不要持有它10分钟。"

"你买股票的时候必须做好准备,股价会下跌50%,甚至更多。能够适应这种波动,你才能够入市。如果你不能从心理上承受这么大幅度的下跌,那么,你根本就不应该投资股票。"

我现在认为,炒股没有什么技巧和秘籍可言,也不用去研究基本面和打听消息。你要把你自己,至少是把你的一部分钱,从"眼前的苟且"中脱离出来,放到"诗意的远方"去。让这部分钱生活在"更多的机会"里,你才会有机会从股市赚更多的钱。

由此,笔者给投资人提供这样一个视角和框架:先从社会学的角度去解析时间;然后从时间的角度去理解金融现象。有时候,并不是散户本身不愿意长期践行价值投资的理念,而是散户本人已经参与了"人上人"的集体游戏。他陷入了这样一个困境:他面对着两个截然不同的集体游戏。他只有对眼前的风险保持足够的敏感度,才能从容应对现实生活中的集体游戏;而他对风险的敏感性又会使得他在股市变成一个短线交易客,从而在价值投资这场集体游戏中失败。

现代社会里面其实没有纯粹的"人上人"游戏模式,也没有纯粹的"天外天"游戏模式。正如我在《市场本质》一书中指出:自由社会有等级,等级社会有自由。如果一个团队、一个地方、一个单位乃至一个社会比较讲"感情",那么,这里的人们玩的集体游戏就比较偏向于"人上人"模式;如果他们比较讲"规则",那么,这里的人们在玩的集体游戏就比较偏向于"天外天"模式。

下面我们继续分析"人上人"游戏模式中个体的游戏攻略。

那些讲感情的地方,其实是人们自发形成了互助保险机制。这里的人们往往追求更多的安全(这是因为无论他们有多安全,他们总是感觉自己还不够安全,这样他们才会留在"人上人"游戏模式中)。在"人上人"游戏模式中,人们尽可能多地讲感情,不讲规则或法律。这样做的目的是让人感觉自己亏欠了集体的恩惠,从而不能下决心离开这个集体。对个体讲感情,有时甚至是"破例"讲感情,这就是为了控制人。集体中的每一个人都被感情这根绳索紧紧拴在一起。

在这个集体游戏中,你会想方设法成为一个无害的好人、无用的热心人或者无辜的老实人。集体很需要你这样的人,即便你违反了某些规则,集体仍然会避免处分你。因为处分你,只会让大多数人"心寒",如果最老实和最苦命的人都得不到原谅,我们普通人怎么可能在荒年得到救济呢?一旦大家都这么想,就会从根本上动摇乃至拆散这个"穷人互助"的集体游戏。在这里,正义不会按照法律文本的形式得到伸张,人心才是最大的正义——"每个人的心里都有一杆秤"。因此,对于普通人来说,成为"无害的好人、无用的热心人或者无辜的老实人"就是在"人上人"游戏中的基本生存策略。你会因此而获得安全保障,获得集体救助,获得这个集体的平均生存概率。

在确保自己获得了平均生存概率之后,人们还会想方设法提升自己的生活质量。于是,在"人上人"的游戏模式里,普通人想方设法去对权威、上级、能人、大神或者其他强者讲感情,以便建立友谊的纽带。这些向上攀附的感情一旦确立了,就相当于购买了一堆认沽期权(看跌):当你遇到困难和风险的时候,可以去兑现这些期权带给你的便利,你会得到特权的保护,他们会帮你摆脱风险。这就相当于把有问题的风险资产抛售给了那些帮助你的人。

我曾经在国企担任一定的职务。我发现一个奇怪的现象:我的同事们都很喜欢在生活上帮助我——尽管他们相互之间并不互助。我后来参加国企改革试点工作的时候,去蹲点调研其他国企时,也发现了这个现象。员工们甚至抢着给领导端茶、倒水、拎包、提行李、挂衣服或者取快递。他们喜欢为领导做一些小事情。不,其实是任何小事情。他们很热衷于加深、加热和加强自己和领导之间的个人友情。这明显是一种工作关系以外的情谊。我不认为这是一种超越同志关系的友情,这是一种和同志关系平行的互动关系。

对于普通员工来说,建立与领导的友谊就相当于买了一份保险。如果遇到国企优化流程时的裁员,或者需要派人去其他艰苦岗位时,领导往往不好意思对那些曾经帮自己做过事情的人下手。这就是他们平时用"小恩小惠"从领导手里购买的认沽期权。发生危险不利情况时,他们会行使这份认沽期权,给自己带来保护,就像投资人会在大盘下跌时行使认沽期权一样,按照事先约定的价格出售自己的股票,从而避免了财富的损失。

一个人拥有了更多的认沽期权,他就能够防范更多的风险,当其他人遭遇平均风险时,他每次都能全身而退,成为笑到最后的幸运儿,或者就是众人口中那种熬到最后的"人上人"。

普通人在想方设法购买认沽期权。权威、上级和游戏的组织者们则在售出认沽期权。我一直在想,为什么他们会出售期权呢?答案是显而易见的,因为这样做对维持游戏有利。整个"人上人"游戏需要大家讲感情,而不需要大家讲规则。

讲感情就是开辟捷径。让别人替自己做一些小事情,往往能够让对方以为自己会讲感情;进而让对方误以为今后可以到这里来走捷径。于是,对方心里就有了侥幸心理,以为自己已经留好了一条后路。这样一来,普通人在平时工作中就不太会团结起来反对领导。因为他以为自己有捷径,而别人没有,和其他人联合起来反对领导反而对自己不利,相当于自毁长城。这就是领导维持集体游戏的技巧之一。

当然,感情对领导来说,其实很像是某种用面子实施的"绑架"。领导也确实需要有选择地在某些事情上讲感情,以便建立一个具有"人情味"的团体。一个人,无论他担任过什么领导,只要他背上了"不讲情面,不重情义"的坏名声,他就会在集体游戏中被"晾晒",并受到鄙视和批判。他就会声誉受损,他就寸步难行,他就可能变成孤家寡人。他今后再也难以领导任何一群人去实现任何目标了。

领导收到了各种来自下面的"孝敬"以后,他们会精巧地管理人们的预期:巧妙地做几件事情,让别人以为他们很强大,很神通,很灵验,很有人情味,也很肯帮忙。这种声誉一旦建立起来,他就建立了一套对自己有利的"朝贡体系"。他会吸引更多的人来他这里交保费,向他购买一份相当于认沽期权的保单。

这就是曾经令人类学家马塞尔·莫斯(他舅舅是比他更有名的人类学家埃米尔·涂尔干)大感惊奇的"礼物逆向流动现象"。莫斯发现,在东亚地区的某些部落里,礼物是从穷困的社会底层向富裕的上流社会汇集,而且这些礼物的性质不是税收、田租和税赋。在世界的其他地区,尤其是中世纪的欧洲,礼物是正向流动的:贵族派发礼物给其属地上的穷人。贵族通过自愿发放这些额外的恩赐来赢得穷人的尊重和好感,以便在发生战争时,鼓励佃农自愿跟着领主去参战。我认为,莫斯的发现说明了东西方自古就有不同类型的集体游戏模式。

在"人上人"游戏模式中,上流社会的能人和权威们卖出一系列看涨期权,收到了保费(也就是莫斯发现的礼物"自下而上"的流动现象)。与此同时,向他们缴纳保费的普通人则感觉自己有了这层关系就多了一层依靠,多了一份安全保障。

一般来说,这些能人和权威们同时也是集体游戏的组织者。他们为了自己的利益要尽可能地维持这种类似"朝贡"的保费收入。所以,他们会想方设法地对没有向他们朝贡的人"设置障碍"。即便在法律上、规定中和文件里明确要去做的事情,他们也许会避重就轻或者见机行事,就是不能百分之百地落实。这就是中国古代常见的"虽令不从"的现象。

这样一来,本来老百姓们天然应该享有的权利就变成了一种需要向他们的领导"朝贡"之后才能享有的特权。个体要办事,要发展,要寻求机遇,都是一件难上加难的事情,需要在本来就困难的生活中再付出额外的成本和负担。这样一来,就把大多数人困在了贫困且同质化的社会底层,"人上人"的游戏模式就可以继续进行下去。

为什么要当"人上人"? 因为有更多的保险费(或者叫期权费)收入。怎么才能当"人上人"? 一定要走捷径。为什么要走捷径? 因为正常的通道根本就没有。这个游戏的特征就是任凭你怎么努力,绝大多数人还是在社会底层挣扎。前面没有光明,只有一排又一排和你一样等待的人群。怎么才能让大多数人老老实实安分守己地待在社会底层? 让他们相信还有人生活比他们更糟糕,让他们相信:只要自己不捣乱,老老实实,安分守己过日子,就不会比别人差;如果不老实,就会沦落到地狱般更糟糕的境地。

"人上人"游戏名义上提倡集体安全,其实只是用平均主义的方式来确保个体享有平均的生存概率。因此,这个游戏模式根本不强调个人发展，也无法创造出足够的机会去实现人的发展。为了让大多数人死心塌地留在游戏中，就要让他们自己掐灭谋求更大发展的念头，老老实实地服从，自觉和前后左右的人对齐，甘居中游并随波逐流。凡是不这样做的人，都会被消灭。

萨特的名言始终如警钟一般在我耳边鸣响：世界上根本就没有犹太人，是反犹主义者制造了"犹太人"。即便没有犹太人，他们也会创造出新的受害者，成为他们的替罪羊[①]。

历史上，部分欧洲国家的统治者们刻意把"犹太人"描绘成在生理上就与众不同的民族。他们把各种龌龊的缺点都"安装"在犹太人的形象上，然后就对犹太人动辄施以严厉惩罚。

有了这些线索的启发，我再去看看世界上有些落后的地方，确实存在着类似的现象。有些地方对妇女极为严苛，他们把妇女当成商品甚至是奴隶进行买卖；有些地方对同性恋人群极度敌视，对其施以酷刑或加以劳役。这些做法都相当于在"人上人"游戏模式中制造了"犹太人"，把一部分无辜的弱者像小蚂蚁一样动辄就用脚踩进地里，这样就能够在大多数普通人心里注入恐惧，让他们自动熄灭追求自由的念想，转而像奴隶一样服从鞭子的指挥，以便获得安全感。

人们只有感受到束缚，才会去寻求自由；人们只有感受到恐惧，才会去寻求安全。"安全"这个词在不同社会形态里的意义是不同的。在有些社会里，安全是让自己安心去追求自由的前提条件；在另外一

---

① 人类学家呼应了萨特的哲学洞见：我们今天的民族概念大多数情况下没有明显的基因差异，但有着巨大的文化差异。因此，所谓的"犹太人"和欧洲其他各民族之间的差异，其实是一个文化风俗问题，一个主观意识问题，一个社会认知问题，根本不是物种和基因的问题。

些社会里,安全是让自己免于被惩罚的状态。但后者的这种状态是不稳定的,没有人能够确定自己始终是安全的。只有让所有人时时刻刻都战战兢兢,才能让他们老老实实地待在社会底层,兢兢业业地工作一辈子。如此,"人上人"集体游戏才能玩下去。

在我成长的年代,有许多流行的观点(这些其实都是维持集体游戏的说辞)认为,个人应该无条件服从集体。个人的事情再大,也是小的;集体的事情再小,也是大的。这套说辞对我产生了巨大的影响,我学会了克制自己的想法,遏制自己任何与众不同的念头,学会了服从上级,模仿同侪并跟从主流。我这样做的结果,要么是获得了表扬,要么是免受了批评。其他人也和我一样,我们都默认自己利益和集体利益之间存在着天然的矛盾,而牺牲自己利益不仅是光荣的,而且还是我们天然的责任[①]。

如果你从集体游戏的角度来看待这个问题,你就会发现,那一切说辞都是带球突破,都是铺垫,临门一脚才是关键——安全感。当你克制自己的念头,做自我牺牲,并监督其他人也这样做的时候,一种安全感就降临了,它"对冲"掉了游戏组织者特地营造出来的恐惧感。因此,有些被宣扬为美德的行为,其实是特定游戏中必需的生存技能。

集中力量办大事,这是我们社会特有的制度优势。这一点毫无疑问,也毋庸置疑。对此,我们都很自信也为之自豪。我思考这个问题的角度是,为什么只有我们才能集中力量办大事?是否和我们大家都

[①] 王水雄老师告诉我,这个现象在人类社会很普遍。他特地推荐我读了美国社会学家第默尔·库兰的著作《偏好伪装的社会后果》(长春出版社 2005 年版),里面对这种现象有系统性的总结。我读了以后确实深受启发,在此一并致谢。

有集体主义的自我牺牲精神有关？从历史上看，在我们的社会里，大家勒紧裤腰带来集中力量办大事是可行的（比如，度过 20 世纪 60 年代的 3 年自然灾害）。但是，由央行开动印钞机来办大事就往往不行（比如，闯关 20 世纪 80 年代的价格改革）。

美国的情况和我们正好相反。他们在应对 2008 年金融危机时，为挽救金融机构而发行了 7 000 亿美元的特别国债，却没有引发大的社会动荡。

为什么有些政府印钞票反而能够办成大事？为什么在另外一些社会形态里，政府稍微一印钞票（尽管这些政府也声称自己要为老百姓办大事），物价就飞涨，民怨沸腾，民众抵触很强烈，政府寸步难行？

为什么美国人不太抱怨美联储印钞票来办大事呢？恐怕是因为他们生活的社会机会比较多，一旦你拥有多种人生选择，你就不太在意别人一时一事的成功。机会越多的地方，人民越是相互独立又彼此宽容；机会越是少的地方，人民越是紧密团结又相互监督。他们形成的"关系网"，既有相互帮助的目的，又有相互牵制的作用。这个"关系网"可防止某些人突然暴富以后，脱离集体游戏，造成互助机制的瓦解。

经济落后的"穷地方"看起来是物资贫乏，其实是机会匮乏。在这些地方，集体的贫穷不意味着安全，而是意味着根本就没有出人头地的发展机会。"人上人"游戏的组织者会宣传穷人站在道德高地上，暗示大家要获得安全，就得向穷人看齐。集体贫困本来不是人们加入这个游戏的目的，却成为维持游戏的手段，使得组织者只要用很少资源就能维持游戏运转，也就意味着他们自己能够拿走更多的物资财富。

在机会荒芜的土地上,你终老一生都没有什么机会改变自己的命运。你没有什么机会出人头地,脱颖而出。即便你再努力,也不能改变自己的命运,等待你的就是平均主义的内耗。

与此同时,平均主义社会还有一个"监督"机制,那里的人们相互之间不仅互帮互助,而且相互监督,防止有人出头冒富。要落实这种监督机制,就一定要有相互嫉妒的风气。设想我们都在一个巨大的苏联工厂里面工作,上级破天荒地拨给我们工厂一个参军提干或者上学进修的机会,而你身边的人拿到了这个机会。这不仅意味着他从此有了一个出人头地的机会,还意味着你的一生就此打住了,到头了,看不到希望和发展了。你从现在开始到退休就一直保持你现在这个样子。机会在这种社会里面就像沙漠里的雨露甘霖一般少见且珍贵。因此,你会拼命揭发他的问题,甚至捏造他的过错。你受不了这种伤害,你内心看起来充满了嫉妒。其实你内心充满的是绝望,提前知道了自己的人生已经到头的那种绝望。

这个提干或者进修的机会,就是上级扔下来的"金苹果",目的就是让底层人相互监督和相互揭发,这恰恰是游戏组织者最需要的东西。底层人相互提防、相互背弃、相互揭发——这不仅防止底层人结成一个反对他们的同盟,还将巩固既得利益集团现有的权力体系。因此,一定要让人们陷入物资和机会的双重匮乏。

相对来说,那些凭规则办事的地方,恰恰有更多的"机会"。当你遵守现有规则击败既得利益者的时候,你能够实现预定的商业利益。别人可以超越你,你也可以超越别人。对于一群强者来说,最好是凭规则办事。在这种环境中,你可以成为更好的自己。你不仅可以超越过去的自己,还可以超越现在的同侪。没有人能够剥夺你向上努力的机会,掠夺你经过自己努力取得的成果,褫夺你自己努力取得的社会地位。

一个充满机遇的社会往往不鄙视失败者,人们鄙视的是那些碌碌无为而不敢冒险的人。机会多的社会鼓励大家勇于尝试,鼓励大家积极进取,包容上一次失败就是鼓励下一次尝试。"机会很多"和"尝试机会的人也很多",这两者是统一整体,不可能单独成立。

一个机会匮乏的社会往往非常鄙视失败者,失败者被一种"耻感文化"所羞辱。这样做的目的是阻止其他人去尝试机会,鼓励大家放弃努力,放弃机会,安于贫困。"机会很少"和"尝试机会的人也很少",这两者也是一体的,缺一不可。

在"人上人"游戏中,一群弱者用服从和节俭来实现安全。而当一群强者默契一致地捍卫自己的发展机会时,这样的社会看起来就很崇尚自由,很遵守规则,很注重隐私,人和人之间很独立,个体很爱冒险。这就意味着,他们在玩"天外天"游戏。

"天外天"模式

形成一个相互成全的松散集体,使得强大个体的风险在时间上(个体努力的过程中)平均分配。鼓励个体积极探索,推崇冒险进取,提倡发明创造,个体冒险的过程反而给集体带来了安全。

为防止弱小个体拖累集体游戏,必须用给穷人创造机会的办法来建立遏制贫富差距的机制。

其特点就是遵守规则、尊重隐私、保护产权、相互成全,用承担身边风险的代价来获得更多远方机会。

个体以替其他个体承担部分风险为代价,将其自身在未来可能遭遇的致命风险,转化为时间上平均分配的非致命风险。集体确保该非致命风险在个体参与游戏的过程中是平均分布的。

2022年初,查理·芒格在接受 *Daily Journal* 杂志的采访时,说了这样一段话:

> 我从不和其他人比较我们之间财富的多寡。
>
> <u>我积累财富的动机不是炫耀,而是追求独立,让自己可以在生活和生意上做想做的事情。</u>
>
> 世界不是由贪婪和嫉妒驱动的,世界是由好奇心和前瞻性探索而驱动的。

我注意到他没有使用"财务自由"这个词。即便他使用了这个词,他这段话的重点词也应该是"自由",而不是"财物"或者"财务"。毫无疑问,芒格对自由和财富的理解和普通人不同。这个区别是最初的,也是根本的。

柏拉图在《理想国》中讲述了一个著名"洞穴比喻":

> 假定一些从小被绑着不能转身的囚犯面朝洞壁坐在一个山洞里。洞口有一堆火在洞壁上照出一些往来木偶的影子。这些囚徒一直以为影子是现实的事物,直到某个囚徒解脱了束缚,转身看到火光下的木偶,才知道以前看到的只是影子。
>
> 当他走出洞口,看到阳光照耀下的万事万物,才知道那些木偶也不是真正的事物本身,而是一种摹本。最后他看到了太阳,明白一切都是借着太阳的光才能看见的。

太阳才是最真实的东西。

最初的,也是根本的第一步是要有勇气或者好奇心去"走出洞穴"。这才是后面一切发展的关键。<u>满足好奇也好,追求自由也罢,试图探索并愿意为之冒险,这就是成为更好自己的内在冲动</u>。探索、好奇和害怕,会驱动人们刨根问底找到答案,这才消除了疑虑,打消了顾虑,克服了恐惧,满足了好奇。在这个探索过程中,人们获得了知识,积累了经验,并为后来的人创造了某种程度的经验——自由的体验。

托马斯·爱德华·劳伦斯上校被称为"阿拉伯的劳伦斯"。他曾经在第一次世界大战期间,单枪匹马地游说阿拉伯各部落联合起义,推翻奥斯曼土耳其帝国对阿拉伯人民的野蛮统治。他在自传《智慧的七柱》中说:

> 我连小提琴都不会拉,但我能把一个小村庄变成一座繁荣的都市。方法很简单,只要那里的人民尝过自由的滋味,就再也没有人能够奴役他们,没有人能够阻挡他们去创造奇迹了。

请想象世界上有这样一群人:无论他们已经多么自由了,仍然感到很拘束,仍然向往更大的自由。他们不仅会提升自己的能力去寻求个体自由,还会联合起来组成一种集体游戏,为个体创造出更多的发展空间。

我受到户外登山爱好者的启发,<u>把这类集体游戏命名为"天外天"游戏模式</u>。这个游戏模式是由这样一群人构成:他们整天想方设法去看"天外天"。他们出发时喜欢做好各种准备,简直就是"装备控"。他们带着一把多种功能的瑞士军刀出发去旅行,就像看好未来股市的投资人买入一系列认购(看涨)期权一样。

强者遇到困难和问题的时候,不会掏出亲戚朋友的通讯录或者拔下颈后三根毫毛求助于观音菩萨。他从不指望别人来替自己消灾避难。他独立地生活,不依赖任何人的荫蔽,不想领恩以后受制于人。自己动手解决问题是他天然的责任,也蕴含着无穷的乐趣——他不允许别人来分享他的乐趣。如果人们相信他们的生活充满了希望,未来有很多的发展机遇,那么,他们就会觉得周围的风险像蚊虫叮咬一样,讨厌但不致命。

模式形成的原因

当生存机遇和生活资源稀缺的时候,弱势群体有动机联合起来,阻止其他幸运的个体获得更多生存机会,从而确保群体内每个个体获得平均的生存概率——这就是面对灭霸筛选的"人上人"游戏的由来。

如果人们面对的不是灭霸,而是命运女神,情况会怎么样呢? 命运女神一往情深地给你时间和机会,你为什么不独享尊荣呢? 你还有什么动机参与集体游戏? 强势个体为什么联合起来组成另外一个集体游戏呢? 这个问题困扰我很久了。终于,一群物理学家对某一生物学现象的解读,帮我完善了这个逻辑链条。

2023 年 3 月,德国康斯坦茨大学(University of Konstanz)的物理学家克莱门斯·贝辛格(Clemens Bechinger)公布了他的研究成果:他用物理学方法验证了一个有 50 年历史的生物学假设。该假设认为,动物群落的形成是个体自私行为的结果。

贝辛格教授说:"令人惊讶的是,当个体出于纯粹的自私动机而采取行动时,这反而可以实现群体内的公平。"他在康斯坦茨大学的集体行为高级研究中心(CASCB)的团队在一项研究中证明了这一点。研究人员使用计算机模拟的方法来研究群居动物如何减少被捕食的风险。

该研究基于生物学家沃尔特·汉密尔顿(W. D. Hamilton)在1971年提出的想法,即群落中的个体寻求并争夺一种特殊位置,以牺牲邻居的安全为代价,使自己被天敌捕食的风险变得更小。汉密尔顿当年的研究结果发表在《理论生物学杂志》上。

许多动物之所以将自己组织成群,并不一定是群居性或社会行为的结果。常用的例子是海豹:它单独行动时,很容易成为虎鲸或鲨鱼的猎物;相反,待在一个海豹群体中则要安全得多,因为这样攻击的危险就会分散到许多个体中。

群体中心的位置往往是最安全的。因为那里的动物都挤在一个非常小的空间里,遭受攻击的目标更可能是邻居,而不是自己。相应地,在群体的边缘只有几个邻居,被捕食的风险就要大得多。因此,每只动物都试图进入中心那个令人垂涎的位置。

在人工智能增强计算的帮助下,克莱门斯·贝辛格和他的同事们发现个体会不断优化(改变)自己的位置,以保持自己和周围其他个体之间的距离尽可能小,这就减少了自己落到边缘而被攻击的风险。

参与该项目中的博士研究生洛伦兹·休特(Veit-Lorenz Heute)说:"因为这种策略增加了邻居的风险,所以它显然应该被认为是一种自私的动机。"正如生物学家汉密尔顿在1971年预测的那样,物理学家们证实了,起初分散的个体后来形成了一个密集的群落,这减少了它们与邻居的距离,从而降低了个体被攻击的风险。

他们的模拟结果还显示,在椋鸟群集体飞行并不停幻化出各种形态的时间段内,对所有个体来说,被天敌捕食的风险是完全相等的。很明显,当其他个体向中心这个令人垂涎的位置推进时,处于鸟群中心的成员无法长期捍卫自己的有利位置。由此,椋鸟群在飞行时,会随机幻化出千变万化的飞行队形。

参与这项研究的塞缪尔·蒙特(Samuel Monter)教授说:"这是群体内部高度动态互动的结果,它使个体不可能保持特定的最佳位置。另一个有趣的观察是,由于这种对最佳位置的长期竞争,该群体开始围绕着一个不断变化的中心旋转,类似于在许多动物群中观察到的情况。"

贝辛格教授总结道:"我们的研究表明,群体的形成不一定是由它们的群居行为造成的,也可以用个体完全自私的动机来解释,即以牺牲他人的利益来获得优势。我们的研究有助于理解生物系统中的集体行为。"①

这些物理学家的发现对我有一个巨大的启发:<u>寻求安全的自私行动在集体游戏中实现了风险的平均分布</u>。

命运女神给你的时间是未来的机会,她并不消除你现实的风险。因此,那些追求未来机会的人们,需要组成一个集体游戏来公平地分担现实的风险,使得个体承担的风险最小。有了这个机制之后,个体就可以放心地向往"天外天",实现更大的发展,追求自己的目标、利益和理想。

想象一群椋鸟,它们不停变化飞行的队形,看起来很美妙、很随机、很梦幻。这并不是它们的大型团体操演出。处于群体边缘的个体会不断地努力飞往对自己更有利也更安全的中心位置,这样就把原来的邻居暴露在风险更高的边缘位置。椋鸟在飞行队形中,最安全的位置当然是中心区域。但是,在边缘椋鸟的"自利"行为驱动下,队形在不断变化,中心位置也在不断变化,没有哪一个个体能够永久性或者长期性地待在最安全的地方。

个体椋鸟之间其实没有亲缘关系,没有感情纽带,没有历史交往。它们有各自的目标和算盘,它们独立筑巢、产卵并抚育后代,它们对于群体并无其他诉求,而且天空中任何一个飞行的椋鸟群都是临时发起的。这意味着,你今天的邻居明天不太可能还是你的飞行伙伴。你不用对它太好,不用指望它明天报答你的"恩惠"。

我们只能设计出一个接近于命运女神的游戏模式。我们不可能

---

① 摘自 2023 年 3 月 12 日出版的 *SciTech Daily*,原文标题为:*Physicists Confirm 50-Year-Old Hypothesis About Selfish Behavior*,作者 Clemens Bechinger。

把所有人都送到命运女神的世界里：在那里，所有人永无风险也永不进步。为此，我们得设计这样一个集体游戏：在实现公平分担风险的前提下，尽可能多地创造机会，让个体去追求自由的发展空间。在这个集体游戏中，个体并没有获得绝对的安全保障，但个体已经在游戏机制中实现了对风险的"最优管理"。

一是参加集体飞行比单独个体飞行更安全。

二是在集体飞行中，你无论怎么努力，也不可能变得绝对安全。

三是比你努力的人，会在某一阶段比你安全（主动取得有利位置）。

四是比你运气好的人，会在某一阶段比你安全（意外获得有利位置）。

五是没有人能够永远待在最安全的有利位置。

六是你努力以后未必能够来到群体中心的安全位置，因为整个飞行队形具有随机性。我们事先无法预测或确定个体努力的方向在不久的将来会是一个更安全的位置。

七是整个飞行过程中，个体被捕食的风险是平均分布的。

椋鸟群的集体飞行就是它们的集体游戏。它们之所以不断变化飞行队形，是因为个体在竞争更有利的位置。于是，鸟群不断幻化出各种匪夷所思的随机外形。鸟群中心的安全位置不断被颠覆，占据有利位置的椋鸟不断被取代。飞行外观的随机性既是它们实现个体生存公平性的机制，又是它们降低整体被捕食风险的方法。

如果人类组成了类似于椋鸟群的集体游戏，那么，我们就来到接近"命运女神"的地方了。<u>这个地方为了实现个体的更大自由而建立</u>

了集体管理风险的机制。我将其视为市场经济的雏形。这个集体游戏为个体参与者提供了公平分担风险的机制,以便于个体可以放心地去抓住机遇,追求自由,实现发展。

　　加入这个游戏就相当于你买了一张门票。然后,你就可以进游乐园尽情玩耍了。你可以一门心思去冒险,去追求自由了。当然,要冒险就得自己有更强的肌肉——打铁还得自身硬嘛!于是,你全力以赴培养你自己:拥有更多的技能、知识、肌肉和多功能的瑞士军刀。这些能力意味着你有了更多的选择权,你有了更多的空间可能性,有了更多把机会变成现实的能力。你不怎么在乎前后左右的人,你不在意他们的眼光,你只在乎你自己的感受。如果你体验到这一次的经历超过了上一次体内激素分泌带来的惊险刺激的快乐,你就赢得了更多的时间。你觉得,活得值了。

　　如果你被裁员了,不会"一哭、二闹、三上吊",不会翻出历史旧账,说你对公司贡献极大,说老领导当年说好要提拔我的,说其他人上班迟到次数比你多。你的个体能力越强,掌握的技能越多(一把功能极强的瑞士军刀),就越容易找到新工作,开辟新天地,适应新游戏。因此,你不怕裁员。你甚至根本就没有打算牺牲自己的个人兴趣以换取稳定的工作。叫你"996"上班,叫你每月筹(也许"愁"字可能在这里更合适)按揭还款,那简直是要了你的命。你生来自由,向往远方。你需要越来越远的新边疆、新未来和新可能。只有科技进步和亲历探索才能找到一条给你打开想象空间的新路径。

　　读者注意到了没有?椋鸟群不像猴群和狮群,并没有一个类似猴王或狮王的"椋鸟王"来领导它们。鸟群中心的位置是随机的,并不永久,也无法巩固。每个椋鸟都有机会占据中心位置。这个组织没有领导,椋鸟群更像是由个体的椋鸟自发组成了某种秩序。秩序一旦形成,每个个体都受益。

莫非我应该从这个角度来理解资本市场的随机性?金融危机总是突如其来且毫无征兆。资本市场的暴跌不仅把许多人几十年积累起来的财富洗劫一空,还把这些人的社会地位打回原形(相当于又被挤到椋鸟群的边缘)。与此同时,另外一批人的社会地位却提高了。没有人能够永远待在社会顶层(相当于鸟群中心)最安全的位置。大家都在努力,要么保住自己现有的地位,要么争取更有利的位置,但个体的成功具有随机性。

这个集体游戏的组织者其实是全体游戏参与者他们自己。由于游戏参与者是为了尽可能追求个体自由而参与游戏的,他们就有动机来尽可能减少游戏组织者对自己的约束。于是,就有了"小政府"的概念——或者说,"小政府"的理念适用于这种市场经济类型的集体游戏。

> 柯立芝的"最小主义"并不仅仅是(尽管肯定是)一种政治哲学的表达。作为一个繁荣的国家,有着在很大程度上自我调整的经济,并得到巨大的自然防御体系的保护,美国能够遵循索尔兹伯里勋爵的建议——当柯立芝还是个小伙子的时候,勋爵就统治着英国。索尔兹伯里勋爵说:"国家被水流裹挟着,轻松惬意地顺河而下,政府的功能,仅仅是在它有触岸危险的时候伸出桨橹。"这也是柯立芝的哲学,但它又不只是哲学,它还是一种心态,几乎是一种身体本能。

......

他的话,直来直去、简洁有力、富有启发、平淡无奇,而且通常是真话。对政府的限制,以及个人努力(这必然涉及不平等)对促进人类福祉的必要性,在20世纪还没有一个人比他定义得更优雅。他是这样说的:"政府不能缓解劳苦,正常人必须照顾自己,自治意味着自给。……最后,物权和人权是一码事。历史告诉我们,在任何一个文明的民族当中,都一定有一个受教育程度高的阶层,以及财富的大集合。巨额利润意味着巨额薪水。启示总是来自上方。"

他认为,判断政治的道德,不是根据它的目的,而是根据它的效果,这是根本之所在。因此,在他1925年的就职演说中,关键的句子是:"就其最实用的形式而言,市场经济就是理想主义。"①

一个类似于椋鸟群的"天外天"游戏并不需要维持秩序的"游戏组织者"。这就是柯立芝所倡导的"最小主义":<u>政府的功能,仅仅是在它有触岸危险的时候伸出桨橹</u>。

"天外天"模式的游戏和"人上人"模式的游戏的最大区别是:<u>前者是在个体(自私自利地)追求安全的行动中实现了对风险的公平分担</u>。这是一种强者自发实现并捍卫的秩序。<u>后者是在相互监督和揭发中实现了对基本生活资源和个体发展机遇的平均分配</u>。这是一种弱者服从组织者命令而产生的秩序。

---

① 选自英国历史学家保罗·约翰逊著:《美国人的故事》(中卷),秦传安译,中信出版集团2019年版,第434—440页。

人类的集体游戏不会完美复制椋鸟群的飞行。因此,在与之相似的集体游戏中,也会有游戏组织者。不过呢,在奉行"天外天"游戏的国家里,政府没有什么实权,其角色类似于"物业公司"。"人上人"游戏则不同,它需要有强大的游戏组织者来维持资源的平均分配。因为人们并不在乎自己获得的资源少了,他们在意的是周围的人获得的资源不能比自己多。因此,需要强大的力量来剥夺群体中强者的资源。

玩"天外天"游戏的人们往往很喜欢消费。他们甚至寅吃卯粮地消费。他们给人的感觉是,他们喜欢享乐,醉生梦死,纸醉金迷,周一到周五的工作完全是为了积攒周末狂欢所需的开支(和体能)。他们特别在意自己的生活质量和生活体验。这并不是因为他们太爱享受,也不是因为他们痛恨储蓄,而是因为他们不怎么操心眼前的风险,他们乐观地看待自己的未来。"天外天"游戏中的人们看起来像奉行"金钱万能"的消费主义者;实际上,他们是追求"自由万岁"的乐观主义者。

在"天外天"游戏的社会里,人们普遍喜欢钱。人们热衷于追求金钱。他们甚至喊出了"金钱万能"的口号。这个口号对人有明显的误导性,而且相当幼稚。我先在此做一些澄清,钱之所以在那些社会很好用,是因为钱能够把你带向更多的可能性。它能够实现你的愿望,带你体验更多的经历。

钱之所以能够做到这一点,那是因为:

一是这个社会遵守规则;

二是这个社会创造机会;

三是这个社会尊重产权。

事实上，并不是钱带着你去实现了人生机遇，而是默契一致地遵守规则并尊重产权的陌生人铺就了一条你个人努力向上的通道。

在另外一些社会里，存在着"有钱不敢花"和"有钱也没地方花"的情况。这是因为这样的社会缺乏自由。生活在这样的社会里，人人要构建自己的关系网，才能获得安全。在一个人人都没有发展空间和机遇的地方，你有钱也毫无用处。在一个集体贫困的"人上人"游戏中，人们很可能"视金钱如粪土"。那并不是因为那里的人们道德层次有多高，而是因为金钱确实没有什么用处，它买不到什么东西。钱在这里，既不能提升人的能力，也不能为人创造机会。在这种社会里，一个普通人根本无法花钱来提升自己的体验，增加自己的知识，拓展自己的视野，发展自己的事业。这个社会根本就没有给人留下发展空间。如果一个国家的飞机票很便宜，这说明什么呢？这并不说明你可以开心地旅行——这里可能落后得连一个标准的飞机场跑道都没有，以至于每次起飞和降落都是拿生命去冒险。

钱没有用的地方，并不是那里的人崇高，而是那个地方的机会匮乏。钱有用的地方，并不是那里的人道德沦丧了，而是那里的机会多。在机会多的地方，个体努力就有效果。

机会被创造出来以后，要去实现这些机会就不仅依靠个体努力，还要依靠集体对规则的共同维护。在"天外天"游戏中，我之所以能够取代中心的椋鸟获得了更有利的位置，是因为我努力。这说得对，也不完全对。你的获奖感言应该感谢一下你的邻居们，你应该好好地夸一夸它们：它们都是遵守规则的椋鸟。归根结底，当别人都讲规则的时候，你的努力才会有正面积极的效果，才能够提升你个人的福祉。

推崇个人努力奋斗的地方,一定有一个人人讲规则的秩序。这个秩序来自游戏参与者的普遍默契。

而在"人上人"游戏中,人人需要讲感情。当别人都讲感情的时候,你努力也没有太大用处,因为你被粘连在一张关系网中,你的命运被别人决定。在这种游戏形态中,提倡人人做自我牺牲,服从集体利益。这样的地方讲感情,并极度厌恶和反感个人英雄主义。你努力奋斗的话,不仅不会增加你个人的福祉,相反你的财富还会被平均掉。电影《教父3》里面,艾尔·帕西诺有一段经典台词:"当他们反复对你说'我们'这个词的时候,你一定要小心了。因为这说明他们已经想好了一个崇高的借口,准备把你牺牲掉。"

维持游戏的机制

鸟群边缘的椋鸟不是在做自我牺牲,也不会等待邻里互助和集体救援。待在边缘的椋鸟是在飞向自己的目标,它只不过和一大群有着相同目的地的同类一起迁徙,它向往着属于自己的新栖息地、食物和伴侣。它加入椋鸟群的目的是使得它在迁徙路上的这段时间里,被天敌捕食的风险平均化,因为"被捕食"是一个$(0,1)$离散分布的风险。该风险一旦发生,后面无论再发生什么好事情都和你没有关系了,时间对你已经毫无意义了。这就相当于一个公司破产之后,无论资本市场再有什么波澜壮阔的牛市行情,都和它没有关系了。

请设想一下:你在迁徙过程中需要单独飞行一个月(30天)。在其中的29天里,你被天敌捕食的风险是0%。但是,其中有一天,你要穿越危险地带,你在这一天被捕食的风险达到了 30%。这对于你来说是一个危险且不利的概率分布。如果你加入椋鸟群集体飞行的话,你连续 30 天每天被捕食的风险都是 1%。这就是一段安全之旅。因此,有必要让这个事关生死的风险在时间轴上平均分布,个体才能最大可能地活着到达新栖息地,从而享受自由。

从这个意义上讲,我们每个人在退休之前用养老金账户买指数基金就很类似于椋鸟的风险管理措施:我们最终都要到达新栖息地(开始过退休生活)。在那一天到来之前,我们要让账户出现巨大受损(单个上市公司破产)的风险——在我们退休前的这段时间里——平均分布。

我把椋鸟的群飞视作一种风险管理机制。基于这一机制建立起来的集体游戏被我戏称为"天外天"游戏。这种游戏在灭霸和命运女神之间更接近于命运女神。这个游戏里面的个体像椋鸟一样,不断追求飞往更高更远的天空。

维持这个游戏对于游戏组织者来说,要求并不高但是对于游戏中的个体来说,有极高的要求。不像在"人上人"游戏模式中,你只要"服从命令、追随大流"就可以万事大吉了。

我为"天外天"游戏总结了几条简单的游戏攻略:

一是鼓励个体强大。

个体越强大,他就越倾向于在生活和工作中自己动手解决问题,克服困难。他不觉得周围有很多风险。他没有"等、靠、要"的想法。他有主动性和积极性。他不会躺平不动,等待上级指示。他不会拼命打报告请求上级派人支援。自己对命运负责,自己动手解决的问题,自己承担行动的风险,这三者在"天外天"游戏中是统一的——争取变成更好的自己。

那些弱小个体往往缺乏主动性,既不想作为,也不敢担当。上级对某件事情给了"加快发展、全力推动和积极促进"的指示精神之后,他还会等具体的实施细则;等来了实施细则之后,他还要等试点单位落地;试点成功并总结经验之后,他又要等大范围推广的规范性文件及其配套措施;一切等齐了之后,换届通知又到了。于是,一切从头开始。他就可以什么也不干,这样就避免了承担任何后果和风险。

强大个体的特征就是自己对自己负责,他对时间的感受就包含着"更多机会"和"更少风险"。因此,他才会"枕戈待旦"和"只争朝夕"。其实,这并不是命运女神特别眷顾他。他生命里的这段时间并没有包含了比别人更多的机会。因为他认为自己足够强大,且无需"组织培养""群众支持"和"领导关心"就能够动手解决问题,所以,他对时间的看法体现了他的主观感受。他越强大,就越感觉时间里面包含的机会多,风险少;他就对未来充满了主动性、好奇心和探索心。他不仅没有"等、靠、要"的思想,还能抽空管个闲事去帮助别人。

二是鼓励乐观情绪。

我们当然都知道并不是所有的困难都能被克服。但是,这一事实无法阻挡前进路上的乐观主义者。因此,一定要让人充满乐观情绪,哪怕毫无道理的乐观也好,乐观情绪对于维持"天外天"游戏来说,有多重作用。首先,它把人置于这样一个主观世界里,让人相信自己所处的时间"包含更多的机遇(甚至是好运)和更少的危险"。人人生活在这个主观世界里,就能够维持集体游戏。其次,乐观情绪鼓励自己动手解决问题。他就不会去指望政府派人来解决他的问题。他也不会投票支持政府开征更多的税种和创设更多的机构来帮助穷人。里根总统曾经说过："英语里面最恐怖的9个字是：我是政府派来帮你的。"(I'm from the government and I'm here to help)一旦人对自己的生活忧心忡忡，他就开始构建一个万能的"小圈子"并渴望建立一个包罗万象的万能的"大政府"。编织这张大网的目的是让全体成员一起来替自己扛风险。

人一旦有了乐观情绪，他就容易容忍眼前的各种不适和不便。他向往着明天会更好，对今天身边的事情反而宽容对待了。如果我对未来很悲观，不相信自己会变得更好，我就会对周围的人很挑剔、很刻薄，因此必须提防。我要防止他们偷走我仅存的希望和机会。

三是提倡个人英雄主义。

"人上人"模式的英雄主义往往是基于集体主义的自我牺牲精神。"人上人"模式的英雄主义提倡服从大局，舍弃自己的私心杂念，投身集体的事业。20多年前，我在一家企业当会计。有一天晚上，一对同事夫妇不幸煤气中毒死在家里。我和同事去慰问女同事的父母。两位老人强忍悲痛对我说，"我们不怪煤气公司，也不怪热水器公司，煤气改天然气是政府号召的，我们应该支持。"他们的话深深地印刻在我心里，20多年来，我一直没有忘却。当时，有人猜测事故的主因是热水器的安全标准是基于煤气的，他们家改装天然气之后，可能出现燃烧不充分的情况，导致一氧化碳泄露。我们有多好的人民啊！两位老人就用那样默默地自我牺牲精神来支持政府的城市规划。他们俩一直是我心里的英雄！

"天外天"模式的英雄主义不太强调自我牺牲,而是推崇那种拯救世界的"个人英雄主义"。凡是看过好莱坞电影的观众(读者),都会感觉那些电影简直是同一个编剧写的一系列剧本:剧情基本一致,只是角色改了名字。那些电影里面几乎全是个人英雄主义,要么挺身而出为保护环境和化工厂斗智斗勇,要么消灭入侵地球的外星人,要么救出无辜的小狗。主角个个都像是金庸小说里"单掌劈四霸,一剑伏双魔"的人物。其实,说白了吧,"天外天"游戏需要鼓励大家挺身而出去管闲事,拔刀相助去保护弱者。这种英雄主义对于维持游戏秩序来说,很重要也很必要。毕竟,椋鸟群的秩序是自发维持的。

维系"天外天"游戏还需要群体成员的默契行动。如果出现了一个既得利益集团,长期占据椋鸟群中心最佳位置不动,那么,普通的椋鸟即便再努力也没有用了。全体椋鸟都会为此承担额外的风险。因此,需要椋鸟群默契一致地采取行动,捍卫"以规则为基础的秩序"。"天外天"游戏特别需要人人参与维持秩序,而不是人人服从秩序制定者指派的维持秩序的人。因此,这个模式的游戏特别需要大家抱打不平和爱管闲事,这样才能维持游戏秩序。

鼓励个人英雄主义还有一个副作用:鼓励个体变得强大和独立,不依靠政府救济就能够生活下来。人在不安全的时候,容易表现出自私行为,这是自我保护的本能。人在看到希望期待未来的时候,容易表现出利他主义行为,这是共情心的作用。这不是道德水平高低的问题,不是人口素质的问题,而是这些人生活在近期还是远期时间里的问题。因为"天外天"游戏鼓励人们生活在远期时间里,所以,那里的人们自我感觉很好,感觉自己很强大。人一旦感觉自己强大了以后,就容易出手管闲事。爱管闲事的特性如果经过正确引导,就会发展成助人为乐的利他主义。

四是好奇心驱动的探索行动。

有人说科学家身上最重要的素质是好奇心。但是,好奇心不是科学家独有的,类人猿就有好奇心。实验表明,当我们的近亲黑猩猩面对取得糖果的两种方式——一种是直接从桌子上拿走,另一种是破解一个复杂装置然后拿到糖果时,黑猩猩普遍喜欢后者,当然,你也可以说它们爱折腾。

那些热爱自由的人们,无论他们已经多么自由了,仍然感觉自己处处受限制,到处有约束。无论他们的政府对他们多么放手不管,他们仍然感觉政府对自己的生活管控太多,干预太多和限制太多。他就浑身不舒服,他们就爱折腾。

对了,爱折腾恰恰是关键。研究显示,在人类的 X 染色体上某一个激素的受体过长以后,导致人对不完美事物的容忍度降低。他就爱折腾,怎么也不满意,怎么也不舒服,就是不肯过平凡的日子,就是遏制不住要去探索研究和发现。从历史上看,绝大多数重大科技成就都不是灵光一闪的发现,而是反复试错、永不妥协,硬生生地将量变积累到质变的结果。科学家要在好奇心驱使下长期工作、研究、探索和尝试,才能累积一次科技进步。这个过程就需要永不满足现状的、特别爱折腾的人。他们推动了人类的科技进步。

其实,除了科学家以外,普通人也有好奇心。只不过在"人上人"模式的集体游戏中被遏制了:个体的好奇心和探索精神会给推崇稳定的集体带来意外的风险,因而会被集体意志遏制。

对于"天外天"游戏来说,鼓励人们产生好奇心很重要。人一旦被自己的好奇心所吸引,他就生活在"远期的时间"里,他就会相信未来有更多的希望和机遇。他就对现时现地的痛苦、掣肘和约束不那么敏感了。他宁可忍饥挨饿也会不断投入时间精力去研究未知的事情,以满足自己的好奇心。最终,他会取得巨大的科技成就,让人们感觉未来不可限量。他的所作所为给参与"天外天"游戏的其他人一下子打开了视野,激发了其他人的好奇心和对未来的向往。科学奇迹给当代人的想象力带来了无限的可能性,鼓励更多的人忽略短期的不便利,生活在远期的时间里,对未来充满期待和向往,这样就进一步巩固了集体游戏。科技进步让人们相信未来的时间里包含了更多的机会。在"天外天"游戏中,科技进步相当于命运女神给参与游戏的所有人提供了更多的时间。所以,科技进步对于维持这个集体游戏至关重要。

五是鼓励独立性。

我于2015年底辞职离开国企,下海创业。大概有1个月的时间,我坐立不安,食量大增,在焦虑情绪控制下睡眠质量极差。我回想起来,这可能是因为我缺乏独立性。一旦脱离了"组织""单位""集体"和"体制"之后,我总有一种莫名其妙的不安全感。后来我一直在想,应该怎么实现个体的独立性呢?答案之一就是让个体同时参与多个集体游戏,学会在不同游戏之间切换角色,因为个体更独立的社会也更宽容。

2022年11月,我和孩子一起在看阿根廷对法国的世界杯决赛转播。解说员介绍道:阿根廷队的队长梅西其实和法国队的主力射手姆巴佩同属巴黎圣日耳曼俱乐部队。世界杯比赛结束后的法甲新赛季里,他们俩将并肩作战。

那场比赛踢得很精彩(精彩到了我几乎想在"精彩"这个词前面使用"狠"而不是"很"来形容它)。两位球星根本就没有相互谦让的意思,各尽全力要置对方于"死地"。决赛结束之后,姆巴佩向媒体透露:"我刚和梅西聊过。我祝贺了他。世界杯是梅西一生的追求。同样,对我来说也是这样。不过,我失败了。但是,无论如何,你始终都需要让自己保持好的竞技状态。"

这条线索给了我极大的启发。我在想:如果他们俩都来自一个人情社会,相互知根知底,他们习惯相互照顾、相互迁就、相互监督和相互制约,他们会在决赛中全力以赴,踢出自己真实的水平,留给全世界观众一场难忘的比赛吗?恐怕不会。如果他们俩都来自"天外天"集体游戏的社会,那当然不成问题。这个集体游戏就有赖于大家全力争胜,才能维持下去。

问题的核心突然显现在我眼前:他们可以在俱乐部里轻松地、随意地、灵活地、因时因事地结成临时的同盟,历史恩怨和个人感情并不能限制他们追求更好自己的努力。同时,他们追求更好自己的努力,并不会伤害以前的盟友,他们完全相信,当今后情况发生变化时,对方仍然会成为他的盟友,而不会心存芥蒂。这里的文化对这种行为很认可,根本就不认为这是背叛和伤害;相反,人们视之为"选择自由"和"敬业精神"。

我不会因为俱乐部队友今天在为他的国家队效力时对我犯规,就在世界杯结束以后,回俱乐部报复他,发动大家批评他,说他恩将仇报,说他背信弃义,说他不讲情面。我完全理解他全力以赴为自己的国家队踢球时的举动。我因此完全有理由期待他在俱乐部踢球时,也会全力以赴地帮助我。我不会视其为忘恩负义的叛徒;相反,我庆幸自己收获了一个恪尽职守的伙伴。

如果他因为害怕我回俱乐部报复他,或者感恩于我过去在俱乐部时期对他的照顾,而没有在国家队的比赛中全力以赴地和我对着干,那么,我很可能收获了一个懦弱无能的包袱:他没有独立的人格,也不渴望选择的自由。他无法和我一起参与"天外天"游戏。

在"天外天"集体游戏里面,你就要扮演好自己的角色,恪尽职守、遵守规则、严守承诺,并全力以赴发挥自己的长处。这样一来,集体游戏才能运转起来,集体风险才能降低。

我找到了一个相反的例子。关羽为什么在华容道上放走了曹操?关羽和曹操以前就是一个"足球队"的,他当时就"身在曹营心在汉"。他千辛万苦地回到"汉队"以后,又念着"曹队"主教练和队友的旧情。我看这不是他个人品行操守的问题,也不是他性格优柔寡断的问题,而是他深陷于一个充满情谊的集体游戏之中。人能在那样的环境里做出什么伟大事业吗?好像没有什么可能性。那种环境,恰恰是防止你有所作为,而不是鼓励你奋发进取的。关羽的悲剧在于他没有独立性,他总是期待自己生活在别人的赞美之中,他害怕违背别人的愿望,害怕辜负别人对自己的期待。关羽生活在"人上人"游戏模式中,被一张一张重复的关系网痛苦地粘连着,难以自拔。

现在你恍然大悟了吗?人们在"人上人"游戏里,用七大姑八大姨来编制一张庞大的关系网,以便处理面对灭霸的风险。关羽深陷于这个游戏之中,兄弟情谊就是他的时间。他的时间都来自他的关系网内其他人对他"讲情义"(而不是"讲规则")。于是,一个充满人情味儿的社会讴歌了他几千年,夸赞他如何如何的"重情义"。在"人上人"游戏中,越是重情义就越能对抗灭霸式的风险,也就相当于产生了更多的时间。

历史上真实的关羽可能不是这样的一个人。但是,历朝历代的帝王将相想方设法把他的形象描绘成"忠"和"义"的典范。"忠"让人觉得自己欠了君王的恩情,"义"让人觉得自己欠了兄弟朋友的感情,两者都促使人做出自我牺牲,都防止人做出独立的决定。人一旦不独立于基于感情的关系网,规则对于他来说,就形同虚设。每个人都有可能像关羽一样,重情义而轻规则,把军令状(一份比合同还要严肃的承诺函)不当一回事儿,最终放走了曹操。

我国古人对此有过很好的总结:"慈不掌兵,义不掌柜。"打仗和做生意都需要基于现实情况来讲规则。人的行为举止和价值判断一定要符合自己在集体游戏中那个角色的人物设定。

六是保护产权。

"人上人"游戏需要个体的服从;"天外天"游戏有赖于个体的努力和主动性。只有在大家都努力争取个体自由与福祉的过程中,才能在集体中实现风险的公平分担。

<u>保护产权不是固化富人的经济地位,而是捍卫穷人努力向上的通道</u>。那些玩"天外天"游戏的国家,往往有很重的遗产税和物业税。我小时候看过一个老电影《糊涂窃贼》,讲的是一个小偷去英国一个古老贵族的城堡里偷东西。结果发现那个贵族居然早已是家徒四壁、一贫如洗了。继承城堡的新贵族因为无法缴纳遗产税,被迫申请破产了。

发达国家常听说有人炒股票发财,但很少听到有人炒房产发财的。你持有这些房产时,要缴物业税;你继承时,又要缴遗产税。你什么也没干的情况下,就已经欠了政府一大笔钱了。富裕的地位是很难继承并固化下来的——就像椋鸟群中心的位置是无法固定的。

<u>所谓的保护产权,其实保护的不是"与财产相关的地位",而是"获得财产的权利"</u>。你获得财产的能力、方法和渠道是受保护的,而且保护你的不是政府或者游戏的组织者,而是参与游戏的其他个体。他们用默契行动来捍卫游戏规则,使得每个个体都在规则的保护之下,而不依赖于某人的恩惠。

在椋鸟群中,当某只椋鸟努力向某个方向飞行并取得更有利位置时,会使得其他椋鸟处于相对不利的位置。但是,其他椋鸟不会攻击这只鸟,而是会接受这种基于个体努力而发生的位置更新,但是没有负责维持秩序的"椋鸟执法大队"将它打回原点。这就鼓励了所有椋鸟全力以赴去追求对自己有利的位置。当大家都这么做的时候,椋鸟群就能够为大家提供一个"公平负担风险"的机制——这恰恰是"天外天"游戏的初衷。

在"天外天"游戏里,保护产权并不意味着对财产的保护,而是保护个体对财产的追求。与此同时,遗产税等税种也使得上流社会的人不能因"拥有产权"而永久占据有利地位。这就从两个方面保持了个体上升通道的畅通。

七是提供基本生活保障。

人对未来不确定性的提防和恐惧是与生俱来的,风险也是客观存在的。因此,风险天然就有主客观两个方面的因素。

金融学里面有隐含波动率（implied volatility）和实际波动率（realized volatility）的区别。前者代表了投资人对未来风险的主观判断，后者代表了资产在市场上的实际波动。这两者画出的曲线，尽管亦步亦趋地相互跟随，却从来没有吻合过。

要吸引更多的人来参与"天外天"游戏，游戏的组织者就要想方设法打消人们现实生活中的顾虑。这个游戏需要人们降低对风险的敏感性。让人们生活在远期的时间，让人们主动追求对自己有利的机会，而不是故步自封、抱残守缺和按部就班。一定要鼓励大家放下思想包袱，主动参与集体游戏。

有些国家向国民提供高福利，倒不完全是为了政党争取选票，而是鼓励大家参与集体游戏。2023年3月，英国财政大臣杰里米·亨特在向议会介绍新财年预算时，宣布了一项总额40亿英镑的额外福利：向在家带孩子的妇女提供保育服务，她们可以把孩子放在免费的托儿所。据说这是为了鼓励妇女出来工作，缓解劳动力市场的紧张，有助于遏制通货膨胀。

尽管有些国家的社会福利政策有些走偏了，但是，这些国家建立社会保障体系的初衷是为了让人民生活在远期的时间里。其目的是免除大家对身边风险的担忧，让大家相信未来充满了机会，从而鼓励个体去追求自由，鼓励大家对未来保持乐观情绪。

八是高税收和反垄断。

在那些组织"天外天"游戏的国家，高福利是假象和借口，高税收才是真相。孟德斯鸠在《论法的精神》里面讲到：自由国家的人民所承担的税赋总是比专制国家的人民要重很多。孟德斯鸠认为这是他们为自由付出的代价。

我认为他说得不对。维持一个自发秩序是一件很难的事情。因为个体的人总有自私的动机来独占有利位置,总有自私的动机来破坏规则。这样一来,就需要维持一个很强大的监管机制,那样的话,又破坏了"天外天"游戏的初衷,使之向"人上人"模式转化。

要防止出现这种情况,就需要不断提升人的素质。个体的素质越高,越能意识到自己的安全系于集体游戏的顺利运转。他们会注重诚信,即便在没有人监督的情况下,也会按规矩办事。因为如果不这样做,那个热爱自由的集体游戏就玩不下去了,国家就会变成监狱。

高税收和反垄断都针对集体游戏中领先者,防止他们永久性占据中心有利位置,使得他们的领先地位变成暂时的。他们受到遏制之后,其他人取代他们的可能性就增加了,就会给集体游戏的其他参与者创造出更多的机会。对于个体的人和单独的公司来说,机会太多就毫无用处,不可能同时去探索实现这些机会。

机会向某些强势个体集中是一种浪费。这样一来,其他个体的机会就会减少,从而使得他们对未来的乐观预期降低,提醒他们更加关注短近时间所包含的身边风险,从而在根本上瓦解了"天外天"游戏。

为弱势群体创造机会,而不是提供补贴。这是"天外天"游戏的一个特点。这个集体游戏并不需要一大群感激涕零并俯首帖耳的服从者,而是需要积极向上、自强不息并遵守规则的奋斗者。

九是提倡保护弱者。

许多国家的文化中都有保护弱者的英雄传说。可以说,人类天然就有同情弱者的基因。保护弱者的行动虽然在口口相传的文化中是崇高的举动,但它其实是表面现象。人类学家为此讨论了很久。我的社会学老师王水雄教授还曾经用博弈论来解释这类现象。但是,我很清楚,保护和帮助弱者从生物学来说,对于施救者个人是没有好处的。因此,仅凭社会学无法解释他的动机。这恰好为我的集体游戏理论"粉墨登场"的时间提供了注脚。

在我看来,保护弱者的核心要义是维持现有的游戏秩序,防止正在进行中的集体游戏被当前的胜利者绑架和胁迫,修改集体游戏的规则,向其有利的方向发展。那样的话,"天外天"游戏就瓦解了,以后就再也没有人能够追求自由了。游戏中的个体会逐步被"收编"成为一个新的"胜者独占"游戏中的奴隶("胜者独占"其实也是"人上人"游戏的一种形式)。

为了防止这种情况发生,游戏中的个体需要有自觉的意识去帮助弱者,而不是进一步践踏弱者,把他们遭遇的不幸视作自己在游戏中的成功,从而把别人的伤疤当成奖章来炫耀自己的成功。

在一个集体游戏中,要么有一种普遍的默契去出手保护弱者并抑制强者,要么有一种普遍的风气去巴结强者并踩踏弱者,两者不会在同一个游戏中同时出现。尽管被文化风俗宣扬为崇高行动,但我仍然认为帮助弱者在"天外天"游戏中是表面现象。这种现象背后的动机是制约强者。通过帮助弱者,人们向强者(或者游戏中暂时的领先者)演示这样一个警示信号:我们不站在你这一边。我们不会因为你在游戏中暂时领先就向你俯首,我们会捍卫规则,把游戏继续玩下去。

只要按照规则继续把游戏玩下去,就没有人会是永远领先的。就像在椋鸟群里,不断会有新的椋鸟在新队形中取得中心位置。如果椋鸟群出现这样的机制:周围的椋鸟都向中心位置的鸟做出百鸟朝凤的姿态,那么,它们本来用以防范风险的游戏就瓦解了。它们的游戏就变成了"人上人"模式,鸟王和鸟奴也就同时在游戏中诞生了——莫非应该叫"鸟上鸟"游戏?

帮助弱者的目的是遏制强者,防止有人将领先优势和有利地位永久性地固定下来。这样一来,大家就会看到希望,感觉前面还有机会,从而鼓励大家继续努力奋斗。对于"天外天"游戏来说,重要的是始终保持人人努力奋斗的状态。只有这样,集体才获得了安全。

十是鼓励追求自由。

椋鸟群在飞行中随机地幻化出各种队形,是为了躲避天敌,降低集体风险——随机性带来了集体安全。要实现这种随机性,就要允许鸟群边缘飞行的个体按照自己的愿望去飞行,然后其他个体再按照"与之保持最近距离"的规则去适应这个新队形。把椋鸟群的随机性翻译到人类社会,就是允许社会的多样性——多样性是集体安全机制的一部分。

多样性不会按照文件要求和会议精神自动产生。多样性来自个体对自由的追求和集体对这种追求的包容。我一直强调:自由不是法律文件里面的权利,不是圣主明君恩赐的特权,不是爱干什么就干什么的任性,不是花钱的随意性,不是炫富带来的虚荣心,而是一种成为更好自己的内在动力。通俗地说,自由就是个体要"人人爱美",社会要"成人之美"。

鼓励大家追求自由就是鼓励大家变成更好的自己。他们对自己负责,他们自己把握命运。他们还要意识到,一定要默契地联合起来保障这种机制。追求自由的过程就是追求成为更好自己的过程,人在这个过程中,创造了新的时间。如此,集体游戏的目的就达到了。

任何人天然就有这种动力——否则我们不会进化得这么好,远远超过了我们在进化史的近亲。"天外天"游戏有赖于个体发挥各自的主观能动性,他们在追求个体自由的同时,实现社会的多样性,降低整体的风险。因此,全社会应该给个体创造更多发展的机会,机会越多越好,这样就能够鼓励大家乐观前进,追求自己的发展,实现人的自由。

当然,也有一些地方其实根本就没有能力、资源和经济实力来给人民创造足够的发展机会。这时候,国家的宣传机器就会开动起来,让大家相信自己机会很多。实在不行,宣传机器就会抹黑其他国家,毫无道理地捏造事实,说其他国家正在遏制个人自由,说那里的人民生存都很困难,到处是天灾人祸,每天都处在水深火热之中,根本就没有安全,更遑论什么发展机会。

维持"天外天"集体游戏需要不断给个体创造机会,或者让人相信自己有很多机会。有些人说什么科技进步只会诞生在自由的土地上。这句话,我一听就觉得像宣传口号。真相正好相反,自由的土地需要不断诞生科技进步才能维持集体游戏。

科技进步会打开无限的想象空间,让人以为自己以后的生活会更自由。科技进步带来无穷的可能性,原来被束缚在当前生活中的人们,可以实现更多过去闻所未闻和不敢想见的可能性。

自由的人们能够乐观看待未来,感觉未来还有很多的机遇,很值得期待并为之奋斗。他们因此能够容忍近期生活中身边事的某些不舒服的地方。它们视之为"pesky"(叮咬人的蚊虫)。一旦你心里向往星辰大海,身边的蚊虫叮咬就变得容易忍耐了。

那些不自由的人们生活在近期的时间里。他们只追求当下的安全,遇事能忍则忍,不敢也不能任由自己的好奇心去探索和冒险。那些生活在当下的人,总要担心各种账单,如按揭贷款。他们缺乏自由,未来的时间对他们来说是长年累月的还款压力,他们没有乐观积极的心态去满足自己的好奇心。

集体游戏应该让人生活在安全的状态下,不用担心自己被揭发,不用担心自己被商业银行催讨债务,这样人就对未来有了期待。如果他们眼睛里的时间包含了更多的机会和更少的风险(其实这只不过是他们的主观感受),那么他们就能乐观向往并积极追求未来,他们就会出发去探索未知世界。

追求自由的人们生活在自由的土地上。无论他们现在已经多么自由了,对未来的渴望仍然使得他们感觉现在自己倍受束缚。为此,他们就"被迫"不断创造科技进步的新奇迹,去打破束缚,去脱离地球引力,去破除约束自己的条条框框和物理障碍。他们要的是更多的自由。在这个过程中,他们成为更好的自己并创造了辉煌的文明。

个体应对的策略

在"天外天"游戏模式里,人总会遇到各种机会。如果游戏进入正循环的话,年轻人就越来越乐观积极,科技就越来越突飞猛进,普通人的机会也就越来越多,社会多样性也越来越丰富(椋鸟群的外形越来越随机,也越来越壮观)。

在这个游戏模式中,普通人应该购买一堆认购期权(看涨)。这些期权就像是未来的机会。当机会出现的时候,他就可以去兑现这些期权。看涨期权就像你出发去旅行时带上的多功能瑞士军刀,它代表了你的能力。普通人怎么在现实生活中购买到看涨期权呢?他一定要不停地锻炼、深造、进修和提升自己。这就是中国古人说的"技多不压身"和"活到老,学到老"。

除此之外,个体还要始终保持积极向上的努力劲头,不能得过且过,不能因循守旧,不能甘居中游,不能指望抄近道、走捷径和发横财。想发横财的人关键还是想尽快躺平退休。在这个游戏中,每个人都要不停努力,甚至终生奋斗,才能确保个人的自由和集体的安全。

我下海创业做大房鸭公司的时候,为了推广公司的业务,经常受邀去企业给白领员工们做些理财方面的讲座(报酬是允许我用10分钟时间介绍大房鸭的房产经纪业务)。我发现绝大多数听众之所以愿意辛苦地上班和冒险地投资,都是为了一个共同的目的:希望自己尽早实现财务自由。

财务自由是一个错误的词。构建它的人误解了自由这个词的初衷。一个人靠财务无法单独实现个体自由。自由需要集体行动来捍卫。所谓的我们在电视连续剧中看到的财务自由,往往是指一种优越又悠闲的社会等级。待在这个等级的人处于这样一种状态:他自己不用努力工作了,同时他还可以看着其他人玩命工作(而且最好是为他工作)。

我不知道这样的财务自由是一种什么样的自由?自由是一种可

资享受的生活吗？还是一种可资炫耀的特权？"天外天"游戏中有自由，但这种自由需要个体不停努力奋斗才能维持。爱自由的人同时也爱折腾，怎么都不满意，怎么都不悠闲，怎么都歇不下来，在争取自由的过程中才有自由。英伟达公司CEO黄仁勋说："我们的核心价值观就是去做世界上没人做过的事，这是我们的使命。"

"人上人"游戏中只谈安全而不谈自由。人们有可资炫耀的东西，这是一种等级社会特有的侥幸和特权，但绝对不是安全和自由。

"人上人"游戏需要制造一种人人自危的不安全气氛。人们在这种气氛下，才会去追求安全。在这种社会形态里，驱动人们努力奋斗的因素是追求安全感。如果我听到有人说，"我其他事情不关心，我只追求财务自由"，那么，我的第一反应是：他错误地使用了"自由"这个词，而且这种错误的用法简直是对自由这个词的亵渎。他真正想表达的意思是，他追求一种由财富带来的安全感，更准确地表达是"财务安全"。也有人说，他们追求的不是安全感，而是优越感。当你来到更高等级享受优越的生活条件时，你同时就拥有了更高的社会地位和更多的特权。

其实，在"人上人"游戏里面，资产并不能给你带来安全。维持这个游戏就一定要在全社会维持一种普遍贫困。拥有财产的人就天然具有身份不安全感。富人拥有的财产是临时的，稍微一不当心，他的财富就会被剥夺，他的社会地位就下降。最终，这里的人们会发现，这个社会其实没有什么东西是可靠的、安全的、不可逆转且一劳永逸的。他们的身份不安全感就增强了。于是，他们就会竭尽所能去追求安全。这种安全是相对的：当你发现低层级社会的人们生活更困难的时候,你有一种释然、一种慰藉,仿佛自己获得了安全。这其实是一种假象,你既不安全也不自由。你因为不在乎自由,所以来参加"人上人"游戏;你因为感觉不安全,所以会继续留下来玩游戏,以便打消焦虑感,追求安全感。

在"天外天"游戏中,人们追求自由。自由需要每天每夜去争取,自由也需要每时每刻去捍卫,自由还需要大家联合一致的默契行动才能得到保障。当这个社会上大多数人都不自由的时候,我是肯定既不安全,也不自由。当这个社会上大多数人在争取自由的时候,我肯定更容易获得自由。而且,在集体争取自由的过程中,人们一起公平地负担了这段时间里所包含的风险。这就反过来使所有热爱自由的人更安全。

我不会因为我待在大多数人的上层而单独获得自由。在一个玩"人上人"游戏的等级社会里,我甚至都不能确信我的财富的安全性,哪里谈什么财务自由?等级社会里的财富是没有保障的。富人的财产随时随地会在一个崇高的借口下被没收——这就是游戏中的基因决定的,这里面有天然的正义,有人民期待已久的公正。

在"天外天"游戏中,个体还应该注重消费,但目的不是去尽情享受生活,而是提升自己的体验、阅历和眼界。"消费"这个词被经济学家们错误地使用并被媒体错误地传播了。它被视作拉动经济的力量。消费还被环保主义者认为是虚度了自己的时间,浪费了地球的能源和资源,消耗了另外一部分人的劳动。

我反对从资源消耗和经济统计数据来看待消费,应该要从人的角度来看待消费:它满足了人,发展了人,提升了人。人在消费的过程中,不仅获得了享受,而且获得了进步。这些进步包括但不限于:人因为愿望得到满足而分泌多种激素,激活了免疫系统。这些激素被代谢之后,人就会产生新的好奇心,去寻求新的知识,去探索新的领域,去开辟新的天地。一味重复过去的消费模式已经无法满足他了,无法让他的免疫系统得到修复了,因此,人会不断提升自己的消费等级,这种提升就是刺激经济改善的根本力量:投资去做更好的品质、更远的旅行、更美的设计、更便利的服务和更刺激的体验,就能够获得更高的回报。

在"天外天"游戏里,人们爱冒险、爱消费和爱刺激。其主要的驱动因素就是人的好奇心。好奇心提醒了我回到本书开头的问题上来——时间到底是什么?这个问题在"天外天"游戏里可以演化成另外一个问题:你渴望的未来到底是什么样的?请独自走到浴室的镜子前问一问自己:你到底渴望成为"人上人"?还是向往探索"天外天"?这个问题的答案决定了时间对于你来说意味着什么。或者说,你打算怎么看待和使用自己的余生去追求更高等级,还是更大自由。这个问题的答案决定了对你来说时间到底是什么。

在"天外天"游戏里,人们特别推崇幽默感。幽默感不是一种口才或者制造玩笑的本领。拥有幽默感并不说明你的语言天赋高,只说明听众的激素受体很敏感。你的语言刺激他们的激素分泌,使得他们产生情绪波动,他们就被你逗乐了。

在"人上人"游戏中,人们特别推崇寡言少语带来的庄严感。人们要克制自己的情绪外露,防止自己的情绪波动带来对自己不利的影响。人与人之间要相互提防,处心积虑、谨小慎微并设身处地琢磨对方某一句话某一个眼神里到底有什么特殊的含义。人们在相互交往的过程中处处提防,也就不容易体会到幽默感带来的激素波动。

我觉得在"天外天"游戏中,最难实现的还是个体之间捍卫规则的默契。人人都追求自由,并联合起来一起捍卫自由。人不能单独获得自由,只有在自由的社会里,人才能享有自由。为此,人一定要自己掌握命运。自己对自己负责,风险和收益都是自己的。不要做无谓的自我牺牲,不要以为自我牺牲能够带来安全,你的安全和自由取决于你的强大,取决于其他强大的人和你一起捍卫规则。因此,在"天外天"游戏中千万不要跪在地上等圣主明君,自由和安全不是他给你的恩赐。

我特别钦佩伟大的革命导师恩格斯的一句话"自由人联合体"。恩格斯晚年时,有人问他,共产主义社会到底是什么样的?他回答说,进入共产主义社会之前,人类应该先形成"自由人联合体"。

我对"自由人联合体"的理解是:强大、进步、追求自由且愿意联合起来的人们。只要有了这样一群人,把伟大的共产主义理想交给他们,让他们去实现。至于共产主义社会到底有什么样的生产力水平,有什么样的生活水平,是什么样的文化风俗,恩格斯本人并不做具体的预测。如果他对此问题做出任何预测,反而会限制后来的人们建设共产主义社会时的想象力。因此,还是让"自由人联合体"放手去创造崭新的未来吧!

关键还是个体要自强并和其他强者联合起来组成秩序。其实,毛主席在他的诗词中多次表达了和恩格斯相似或者相同的理念。我抄录了其中的几句:"六亿神州尽舜尧""遍地英雄下夕烟"和"试看天下谁能敌"。毛主席号召我们每个人都成为舜尧,成为英雄,去当强者。这就是中国人民站起来的根本力量。在我看来,毛主席在天安门城楼上宣告"中国人民从此站起来了"和恩格斯晚年提倡的"自由人联合体"是一脉相承的马克思主义世界观。

为什么古希腊人认为历史就像扔骰子一样,是兴衰荣枯的反复轮回?那是因为人没有进步,社会就反复上演"劫富济贫"和"成王败寇"的游戏。同样的骰子,恺撒过卢比刚河时用过,杨子荣在威虎山也用过。两千多年来,这两个骰子仍然符合同样的随机波动规律,这就是历史轮回论的由来。如果人在不断地追求自由,让自己变得更好的同时,又能够默契联合起来捍卫规则和秩序,那么,集体游戏就形成正循环,人和历史就一起奔腾向前,就没有人的原地踏步和历史的反复轮回。

读者一定发现了,我的书里没有什么新理论。有人说我的书里有新视角。其实,按照维特根斯坦的观点,我没有发明新理论,而是给一大堆名词找到了新用法。尤其明显的是,我对"自由"这个词的使用方法与你习惯的使用方式不同。但我估计,读者并不会因此而感到别扭,反而会有一种通畅的感觉,就像开着自己的老爷车,来到了一片新地方,看到了新风景。

个体玩家与游戏组织者

弱者害怕风险,愿意加入"人上人"模式的集体游戏。

强者渴望自由,愿意加入"天外天"模式的集体游戏。

个体自主选择加入何种游戏模式。

游戏组织者具有天然的动机来维护集体游戏。

自由是渴望成为更好自己的内在动机。

集体游戏帮助个体管理风险,鼓励个体成为更强大的自己。

我曾经邀请哈尔滨商业大学的田立老师和我一起讨论本书的写作计划。我最初的写作计划是关于民间融资的田野调查报告,里面不一定有深奥的金融学原理,但肯定充满了与钱有关的爱恨情仇。田老师为此给我提供了好几个东北农村的真实案例。

其中一个是关于黑龙江某县城一家民营建筑公司的。这家公司的老板L某和当地政府关系密切,他经常承揽地方政府发包的公用事业和基础设施建设项目。历届政府都有工程给他做,他不仅获得了当地政府的合同,也获得了与之相应的社会地位和生活便利。

最新换届以后,县里来了新领导。L某一度很担心:历届县政府拖欠他的工程款已经有了3 000万元,他怕新官不理旧账。于是,他就想方设法去"接近"新领导(别误会,这里没有什么行贿受贿的案件线索。他的目的不是要新班子为前任拖欠他的工程款"买单",是要确认一下新班子对存量的工程款仍然"认账")。

……

田老师始终未能打听到他是怎么和新领导达成默契的。结果就是他不仅没有收回一分钱的工程款,还从新一届政府那里获得了一个新项目。这个新项目比他之前做的任何项目都要大,而且还需要他垫付一部分资金。新领导班子很高兴,觉得他很"懂事"。

撒切尔夫人曾经说:"绝大多数问题不是被政府解决了,而是自行消失了。"她的话似乎在东北小县城里也应验了。那些存量的应收款似乎不是问题了。之所以不是问题,是因为在当地已经没有人再提这个问题了。各方都表现得很乐观和积极,那3 000万元工程款不再困扰各方了。或者说,不再影响大家继续合作的心情了。

与此同时，L某从当地银行那里也得到了确认，他可以借新还旧，用于新项目的开支。他欠银行的债务也由此得到了展期。他为新项目开工而向银行申请的新贷款也得到了批准。他不再去找政府新班子讨要那笔工程款了。政府用欠新债的方法确认了对L某这个人的认可。在银行看来，这说明政府同时默认了那些存量的债务。因此，银行放心了，可以继续给L某发放新贷款了。

于是，当地的基础设施建设继续热火朝天地进行下去了。政府的应付款、L某的应收款和银行的资产负债表同步扩张了，且一如既往的安全而健康。没有必要撕破脸皮去清算历史债务，各方面都很高兴。

整个过程中，似乎没有人在乎债务规模、还款能力和到期日期。大家的关注点是：把"游戏"玩下去——至少在我的任内。新领导继续承认并拖欠存量工程款；银行继续展期L某的存量贷款并发放新贷款；L某继续认领政府的新工程项目并为之垫资；大家仍然认可L某在当地的社会地位。L某得以继续在当地"呼风唤雨"（我确认此处不是"吃喝嫖赌"的笔误），吸引众人艳羡的目光，过着滋润的日子。游戏还玩得下去，一切都没有必要改变。

我很喜欢老田给我提供的这个故事。它提醒了我：时间并不是银行贷款合同上约定的到期日期；时间也不是在任县领导班子的还款责任；时间更不是金融学教科书里的随机漫步。时间是各方玩家把游戏玩下去的默契和意愿，时间是游戏的持续性——在人与人的游戏互动中理解时间。

由此，我也理解了老话说的"债多不愁"的原因。你能借到那么多钱,背负那么多债务,说明你所在的集体游戏很需要你。你的债权人越是需要你,他们就越是迁就你,你的债务约束就越容易延期。那些债务对你来说,并不构成约束,也就不会十分痛苦。你的债务和他们的债权维持了同一个游戏的运转。你们彼此需要,谁也不能脱离游戏。只要各方都愿意把游戏玩下去,大家就有的是时间。

我们每个月还按揭贷款,我们每天加班,我们干得累死累活,我们依然乐此不疲。为什么会这样?因为我们身处游戏之中,我们心里对未来还有美好的念想。我们手里的房子还在升值。它进一步升值的前景让我们感觉自己付出的一切都是值得的。我们根本不会考虑抛出房产,持有现金。房价涨得越高,我们越是不想抛出。一旦抛出去,就意味着我们脱离了主流游戏,就意味着房价如果进一步上涨(从历史经验来看,大概率会继续上涨),我们的社会地位就会因持有现金(未持有房产)而下跌。"房价会继续上涨"和"县政府总有一天会结清工程款"这两个念想是一样的。只要我们脑子里有了这两个念想之后,我们就会继续努力工作,继续安心地玩游戏。

我们并不在意房价的涨跌,我们在意的是自己的相对社会地位。为什么我们这么在乎社会地位呢?因为在特定的集体游戏中,更高的社会地位意味着更高的生存概率。

丘吉尔说过:"Success is not final, failure is not fatal. It is the courage to continue that counts."其含义直译为:成功不是终局,失败并不致命,重要的是继续战斗下去的勇气——我很赞成他的话,重要的是把游戏玩下去,游戏过程中产生的输赢都是暂时的、可以忽略的,且不那么重要。

弱者靠关系

我很早就隐约感受到"时间远近"与"关系亲疏"之间存在着某种联系,但是,我又说不出来,这是一种什么关系。我只是模糊地感觉,亲友关系是我们管理时间风险的一种手段。后来,我在写作的过程中,把金融学里面的波动率曲面翻来覆去地想了很久,才找到了这两者之间的关系。

在相同的行权价格水平上,到期日越近的期权所隐含的波动率越高,到期日越远的期权所隐含的波动率越低。在相同的到期日期上,行权价格越低的期权(看涨)所隐含的波动率越高,行权价格越高的期权(看涨)所隐含的波动率越低。

<u>期权的行权价格在现实世界中就是一个人的能力。</u>

<u>期权的波动率在资本市场上就是一项资产的时间。</u>

想通了这两点之后,我突然感觉一道醍醐灌顶的光明智慧注入了我的脑门。我来具体解释一下我得到的这个灵感。

某公司股票现在每股价格10元,我拥有以每股1元的价格买入该股的权利。与此同时,别的投资人持有的期权行权价格在9元。这个情况说明:一是我扛住该股票价格波动风险的能力比别人强;二是我手里的期权所隐含的波动率比别人的期权高;三是我持有的时间比别的投资人多。

这三者是"三位一体"并"同义反复"地说明了时间概念。

对于能力强的人来说,风险越高,潜在回报也越大。如果你的能力不强,你就应该想方设法去提升自己的能力。设想你是一个发电厂的老板,别人的发电厂生产一度电要消耗 300 克煤炭,你研发一个新技术把煤耗降低到 275 克。这就相当于你拥有了一个行权价格是 275 克煤炭的电力看涨期权。更重要的是,别人手里的电力看涨期权的行权价格是 300 克。你扛住电价波动风险的能力就比他们强,你的时间就比他们多。他们倒闭了以后,你还能继续发电。

如果你不愿意提高自己的能力,或者你所在的集体游戏不提倡这种方法,你就只能编织一张庞大的关系网了。在关系网中,你用刷脸借时间的方法克服风险。

波动率的自然规律是:到期日越近,风险越高。这就逼着你去找亲戚朋友来"救急"。人类进化出七大姑八大姨就是应对这种风险的,亲戚朋友可以借给你钱,你就可以去买时间,暂渡难关。那些脱离集体的人,没有亲戚朋友来帮助他,他完全独立于社会,他的时间就会比其他人少。

得出这个结论以后,你就会发现,在相同能力的水平上,亲戚朋友越多,你的时间越多。如果一个地方的风俗习惯是喜欢交朋友、热衷走亲戚的话,你就会自然而然地走上这条"捷径",用亲戚朋友构建一个关系网来延长自己的时间。相应地,如果一个地方的风俗习惯是喜欢独来独往的话,你就会自然而然地走上另外一条"捷径",用提升自己能力的办法来延长自己的时间。

一个地方的人,如果亲戚朋友很多,亲密无间,相互救济,他们一定生活在近期的时间里,他们一定经常应付迫在眉睫的问题。他们无暇去思考应对更长远的问题。他们的自身能力有限,但是他们弥补能力缺陷的方法不是锻炼和进修,而是构建互助关系网。这里的人们就很可能在玩"人上人"游戏。

强者靠能力

10多年前,我教金融学的时候,只要讲到波动率概念,我就会拿电视连续剧《上海滩》的主题歌来举例。年轻的主人公(许文强)来到上海滩闯码头,渴望成为行侠仗义的英雄和无所不能的大亨。他站在老西门外码头,面对黄浦江,念念有词:"宁愿翻起百千浪,在我心中起伏高。"他为什么渴望掀起惊涛骇浪?他为什么不肯踏踏实实过日子?因为他不仅有野心,还有能力。他是一个厉害的狠角色,一个能人,一个强者。黄浦江的风浪越高,市面上的波动越大,上海滩的情况越复杂,各方势力冲突越激烈,他崭露头角、发挥长处并抓住机会的可能性就越大。

"波动"是一个中性词。它意味着资产价格既有向上的回报,也有向下的风险。对强者来说,他有更多的能力抓住向上的机会,有更多的实力扛住向下的风险。因此,波动对强者有利。

石油输出国组织集体面对世界石油市场的价格波动心怀鬼胎。沙特的产油成本最低,它能够扛住更大的油价波动,直到其他人出局为止。沙特拥有最低行权价格的石油看涨期权。假设石油的年化波动率是25%,而沙特因为开采成本低,可以扛住年化50%的波动率。这就相当于它比普通产油国多了1年的时间。只要石油价格波动率在50%以内,它可以确保自己坚持到明年,而其他产油国就未必了。

强者拥有更强的能力去克服未来的不确定性。他能够经历比别人更多的不确定性。这就相当于他手里的时间更多。

金融学已经发现了行权价更低的期权所隐含的波动率更高,但是,金融学未能在人类社会中解释这个现象。波动率是金融学用来衡量时间的一个指标。它是中性的,可以是风险,也可以是机会。当行权价格极低的时候,你拥有这个期权,就相当于你拥有了巨大的能力。此时此刻,波动越是剧烈,你越有可能赚更多的钱。而其他投资人则根本扛不住这么高的波动率,他们就早早出局了。这就像在弱肉强食的旧上海码头上,强者拥有了更大的能力和更多的时间。

当代金融学最大的问题(失误)就是把时间当成一个随机变量来处理。在我之前,已经有人注意到了这个问题。金融学的学者们试图给这个漏洞打上补丁,为此,他们引进了"时间密度"这个概念来表示时间本身的波动,使之区别于物理学中的时间。

我认为,时间在人类社会不是一个物理学概念。它不应该被视作随机变量来处理。我建议大家把时间放到人类的社会生活和进化史中去理解。时间是风险和机会的组合。它可以由风险来度量,也可以由机会来表达。

在"人上人"游戏中,时间是把一群人组织起来的黏合剂。能力不足的人们形成关系网来抱团取暖,克服风险,取得了更多的时间。

在"天外天"游戏中,时间是个体成为更强大自己的催化剂。独立性强的人会想方设法提升自己的能力去抓住机遇,从而获得更多的时间。

个体强弱决定游戏类型

如果个体弱小,他们就容易组成"人上人"游戏来互帮互助;如果个体强大,他们就容易组成"天外天"游戏来实现公平竞争。个体强弱决定了他们玩的游戏类型。

弱者组成的集体游戏往往特别注重提供安全。为此,他们要限制个体的自由。个体放弃了自由,打消了冒险念头,熄灭了好奇心和探索精神以后,他们构成的集体就有了更低的波动性。他们构成的社会就更稳定,能够给人提供更多的安全。安全,对于弱者来说,就是更低的风险。对于不能抵抗高风险的个体来说,降低了风险就是延长了生命,获得了更多时间。

强者组成的集体游戏往往特别注重实现自由。为此,他们要鼓励个体去承受更多的波动性。个体追求更大的自由,他们构成的集体就有了更多的可能性。他们构成的社会就更繁荣,能够给人提供更多的自由。自由,对于强者来说,就是更多的机会,更大的可能性。对于能抵抗高风险的个体来说,提供了机会就是延长了生命,获得了更多的时间。

人是自愿参加集体游戏的,一旦选定了游戏模式,后面的事情就由不得你了。个体只能想方设法适应自己所在的集体游戏。这就是集体进化的路径选择。

"人上人"游戏就像是一个典型的弱者互助游戏。要维持互助机制,就必须确保大家都是弱者,都很穷,都很懦弱,都很平均。这样一来,人们就都容易弯腰低头,听话服从。

在"人上人"游戏中,只要你老老实实做人,你遇到风险的时候,就会有人罩着你;罩不住的话,大家伙儿陪你一起扛。在"天外天"游戏中,只要你努力做好自己的事情,你就不会遇到重大的生死风险;万一遇到的话,也是平均风险,你得靠自己去扛。

时间是由机会和风险按照不同比例构成的。因此,两种集体游戏的特征就是要用不同的方法去管理好各自的风险。

"天外天"游戏需要大家都争当强者,需要大家相信未来的时间包含更大的机会和更小的风险,才能吸引大家参与游戏。"天外天"游戏应该鼓励强大个体的互助。因为相比个体自身努力而言,强者互助能够创造更多的机会,大家都获得了更多的时间,从而推动人类社会进步,形成一个相互成全的文明社会。

"人上人"游戏需要大家都争当弱者,需要大家相信未来的时间包含更大的风险和更少的机会,才能吸引大家参与游戏。

"人上人"游戏保证风险在每个人头上平均分摊。游戏的组成形式决定了它必须遏制个体的冒险念头。如果个体冒险成功了,则他给群体带来一个难以处理的富翁;如果他失败了,就给群体带来一个需要救济的乞丐。无论是"富翁"还是"乞丐",对于奉行平均主义的集体来说,都是麻烦。最好的个体是老老实实、平平淡淡、无欲无求、不声不响、无所作为但又顺从听令的人。

"天外天"游戏有点儿像(但还达不到)典型的强者互助。"天外天"游戏只保证风险对于个体来说,在其参与游戏的时间段内平均分布。但是,该游戏不能保证风险时时刻刻在全体成员之间平均分布。

而且,"天外天"游戏实现上述目标的方法是鼓励个体的独立行动。金融学认为如果一个资产包内的资产都两两不相关,那么,这个资产包的风险水平反而降低了。这个游戏鼓励个体去冒险,因为你为了自由去冒险,去承担额外的风险以后,其他个体反而就暂时得到安全了。这个游戏并不自动"劫富济贫",而是让富有的人无法永久性地牢固捍卫自己的有利位置。游戏中的个体通过自己的努力,就像椋鸟群一样,能够使得集体随时出现新的意想不到的飞行队形,原有队形中的有利位置可能在下一个瞬间就变成了新队形中的边缘位置。"天外天"游戏需要那些积极进取且遵守规则的个体。他们具有冒险意识和探索精神。这些品质对于维护这个游戏最有利。

我呼吁大家在集体游戏中——而不是在书本上——理解"自由"和"安全"等一系列概念。"天外天"游戏中的自由,是一种内在冲动,它促使个体去成为更好的自己并愿意为之承担风险。他们在承担更多风险的同时,其他人就暂时安全了。"人上人"游戏中的安全,是一种外部压力,它迫使个体为服从集体而心甘情愿地放弃成为更好自己的努力。他们做更多的自我牺牲和克制的时候,其他人就暂时安全了。

尽管我一直说有的人生活在近期时间,有的人生活在远期时间。其实,那两个状态下的人在现实生活中可以是同一个人,只是为了适应游戏而改变了自身的主观判断。时间不仅是"周围的风险"和"远方的机会"按照不同比例构成,还是我们对"周围的风险"和"远方的机会"的主观感受和看法。这种主观感受和看法是可以经常发生变化的。

如果一个人身处举报和揭发的环境中,他就容易变得很悲观,很小心谨慎。他就会更多地在意身边的危险,留意周围人的动向和反应。时间对于他来说,就是更多的"周围的风险"和更少的"远方的机会"。我就认为他生活在近期时间里,他就像即将到期的期权一样,生活在高波动率的世界里。这个人就应该去参与"人上人"游戏。这个游戏能够有效防范他的风险——至少缓解他对风险的焦虑情绪。

如果一个人很独立,没有人监督并举报他,他就容易乐观奔放。好奇心驱使他时时刻刻向往着未来和远方,他就不太会在意身边的危险,不太在意周围人的动向和反应。时间对于他来说,就是更少的"周围的风险"和更多的"远方的机会"。我就认为他生活在远期时间里,他就像远未到期的期权一样,不在意(甚至感受不到)生活中的风险(波动率)。这个人就应该去参与"天外天"游戏。这个游戏能够给他带来惊喜的体验——至少满足他对自由的渴望。

游戏组织者的既得利益

在许多情况下,游戏的组织者已经形成了利益集团,他们从集体游戏的运营中获利。他们会强化集体游戏。比如,在人群中制造恐惧,让大家相互攀比,鼓励人民相互监督和揭发。当出现这种情况时,个体是没有什么选择余地的。他只能被动适应这个游戏,按照游戏的需要建立自己对未来时间的主观判断——生活中的"风险"大于"机会"。

在"人上人"的游戏模式中,游戏的组织者总是想方设法地阻止外部新鲜事物进入部落,防止部落里面的年轻人向往外部世界。他们特别害怕人民知道全部的真相。这就像是科幻电影《生化危机》里面的天堂伞公司一样,他们已经控制了整个游戏。只有让游戏继续玩下去,他们才能继续成为受益人。为此,一定要让人民生活在恐惧之中,以为脱离了天堂伞公司的保护就会被过量的宇宙射线杀死。

在"天外天"的游戏模式中,游戏的组织者总是谈一些空洞的美景,把遥远的未来描绘成童话世界。他们为什么总是想着去探索宇宙呢?想着去找外星人呢?他们为什么不对我们身边的事情关注一下呢?第五大道上无家可归的穷人为什么没有人管?这是他们的集体游戏所决定的。他们一定要不断拓展新边疆,开辟新领域,让人们不断地看到远方,看到诗意,看到长期的未来。为此,一定要发明新技术:登月旅行、哈勃望远镜、火星探索乃至寻找外星生物,这些事情和我们现实生活关系不大,对改善我们今天的生活帮助不大。但是,它打开了人们的眼界,让人们生活在对未来美好生活的想象之中,从而让他们忘却(其实是忽略)身边正在发生的糟心事儿。你满心欢喜地期待着未来和远方,生活中的那些烦心事儿会变得容易忍受了。

"人上人"和"天外天"这两种游戏模式并不代表了"寻求安全"与"追求自由"之间的矛盾,而是"星期一"和"星期五"的区别(真实世界的社会形态大多介于星期二和星期四之间)。

人们参与"人上人"游戏并没有错,他们当然不是寻求庇护的弱者和胆小鬼。他们只是特别在意并追求公平的一批人。问题在于,"人上人"游戏的组织者为了维护自身的利益,会刻意剥夺个体的自由,限制群体的发展,扼杀普通人的机会。他们宁愿(他们可能也只有这个水平的能力)把这个游戏维持在集体贫困的状态下,使得大家获得了公平,看起来满足了游戏的初衷。这对于游戏的组织者来说,最省力也最有利。于是,其结果就是大多数游戏参与者的省吃俭用和少部分游戏组织者的花天酒地。

对于"天外天"游戏的参与者们来说,他们需要防范游戏组织者走向另外一个极端:游戏组织者大力提倡空洞而遥远的自由却不关心人民的基本生活保障和生存安全。对于"天外天"游戏的参与者来说,他们投身于这个集体游戏,不说明他们是爱冒险和找刺激的"愣头青",他们只是特别在意自己的发展空间和未来的机会。他们生活在未来的时间(星期五)。"天外天"游戏的组织者们为了自己的利益,会把这个游戏简化成只追求自由的游戏。他们鼓吹自己正在全力以赴"保卫普通人拥有枪支的自由",实际情况呢? 他们对于"降低无辜者遭受枪击的风险"一事束手无策或者根本就无动于衷。那该怎么甩锅呢? 那就不停鼓吹自己在维护自由,且参与我们游戏的人拥有的无与伦比的自由。同时,他们大量宣传报道其他国家的人民根本就没有自由。这就让人感觉,自己虽然失去部分安全,但至少得到了更多自由作为补偿。

就像星期一和星期五是统一整体一样,自由和安全也并不矛盾。那些没有自由的地方也一定没有安全。通过削减人的自由来实现安全的做法是进化史的倒退。"削减个体自由以实现集体安全"是表面现象,是"人上人"游戏组织者的借口和说辞。你需要的是安全,而游戏的组织者们需要的可不是安全。他们给你的是恐惧,收获的是服从。他为了实现"人人服从我"的目标,会想方设法让人处于恐惧之中,恐惧会带来他所需要的服从。一种恐惧消除之后,会有新的恐惧,于是,服从就成了常态。人人诚惶诚恐、俯首帖耳之后,社会看起来非常稳定,他们将其称为"安全"。

所有那些把"安全"和"自由"对立起来的人,都是人类学的门外汉。这两个词根本就是两个集体游戏组织者的营销主题词。人们参与"人上人"和"天外天"这两个集体游戏的时候,他们的诉求其实是"公平"和"发展"。这意味着,人们希望自己能够在公平的基础上谋求个体发展,也希望在获得发展机遇时被公平对待,两者缺一不可。但是,这两个集体游戏的低能且自私的组织者们,为了自身不可告人的目的,把游戏简化甚至曲解,变成追求"安全"和"自由",并且把这两者对立起来。这两个游戏并不对立!就像星期二怎么和星期四对立呢?它们是统一的整体。但是,游戏的组织者不这么想。"天外天"游戏组织者会批评"人上人"游戏,说他们组织的游戏没有自由。其目的是让本方游戏的参与者以为其他游戏里面的人没有自由,生活在监狱里,非常痛苦,他们也就留在"天外天"游戏里了。而"人上人"游戏组织者会反过来指责"天外天"游戏缺乏安全性。目的是让本方游戏的参与者以为其他游戏里面的人每天都在担惊受怕和提心吊胆中过着日子。他们也就留在"人上人"游戏里了。

我的天啊!一旦你接受了这些游戏组织者们的话术,你真的会被他们带节奏的。他们会一直把你带到坑里,让你躺在坑里时仍然确信这是你的应许之地。你想想大自然母亲吧!她给万物设定的进化之路是由"筛选"和"培养"两种机制同时构成的。筛选需要集体追求公平,培养需要个体追求发展,所以,不要再被人带歪了。筛选和培养应该是一体的,是大自然母亲设定了几千万年的进化主题。

亲爱的读者,我的书是哲学书。关于金融学和社会学,我其实什么也没有说。我只是建立了不同事物之间的联系。今后,你看待"筛选—培养""公平—发展"和"安全—自由"这三组概念时,你会感觉它们之间存在着某种联系。只是我们无意中(和有人故意地)错误地使用了语言,从而在思想的迷雾中把它们对立起来了。我们要看到:"人上人"之中有"天外天",星期一不是星期五的敌人。看到这一点,不需要高深的智慧,而需要巨大的勇气。

社会组织了集体游戏来鼓励人们去做符合社会进步的事情,去防范社会面临的风险。无论哪一种游戏,都能够建立社会秩序。秩序的内核就是游戏的规则。如果游戏选对了,社会就繁荣,个体就进步;如果游戏选错了,社会就停滞,个体就倒退。

<u>从表面上看</u>,像是资产价格涨跌导致的<u>金融危机</u>,其实质是全社会在迭代游戏:用新游戏去解决新问题。在这个过程中,老游戏使用的资产(球)会被抛弃,老游戏的赢家会被送回社会底层;而在新游戏开始的时候,人人能够在新规则中重新开始努力奋斗。

邓小平同志在1978年主持工作并拨乱反正以后明确指出,当今世界的主流是"和平与发展"。从此,整个国家的工作重点从阶级斗争转移到经济建设上来了。邓小平同志推动了伟大的思想解放,使人生活在"远期的时间",看到未来的机遇,寻求自身的发展,从而推动了中国社会经济的进步。

在一个独裁国家里,统治者很需要制造外部敌人,外部敌人能够给人们带来恐慌,从而为独裁者的专制统治制造借口。在一个自由的国家里，往往强调和平与发展。邓小平同志在改革开放之初，就做出了一个明确的判断：世界大战打不起来。这说明我们对外部风险的判断发生了重大变化。新中国成立初期，我们的口号是"抛弃幻想，准备打仗"和"立足于早打，大打，打核战"。改革开放初期，我们的口号是"当前到本世纪末是宝贵的和平发展机遇期"和"发展是硬道理"。这样伟大的思想转变促成了改革开放的伟大事业。从那以后，我们提倡解放思想，解放生产力，因此，综合国力大幅提升，人民生活水平显著改善。

一个社会如果判断周围没有什么敌人，它就容易表现出个人主义和自由主义的特征；一个社会如果始终判断周围有迫在眉睫的入侵之敌，它就容易表现出英勇无畏、集体主义、平均主义，这个社会提倡团结一心，集中全社会力量应对一个大的目标，提倡克制自己的个人主张和想法。

今天，我们回望1978年以后一系列的改革措施，就是给全社会提供了更多的机会，如高考、个体工商户、农村自留地和国有企业的计件工资制等等。中国就此走上了富起来和强起来的道路。人人有了机会，他们就不会全神贯注地相互嫉妒、相互监督，而是各管各事，各自想办法赚钱，寻找更好的出路。一个社会，如果广大劳动人民始终感觉自己有机会、有奔头、有希望，那么，他们就会努力工作，积极向上，整个社会就进步了。所以，到底是一个金字塔型的社会，还是一个橄榄型的社会，其实不是社会学家们总结出来的，也不是政策制定者们设计出来的，而是人民自己选择了游戏模式。

这几十年来励精图治和辉煌成就使得我们大家都有了这样的共

识:发展经济一定要有良好的外部环境。现在,我试图在时间游戏的框架中理解改革开放这个伟大的历史转变:如果大家都战战兢兢地准备打仗,就没有人去发展经济,以提高劳动生产率。大家都认为自己身处生存危机之中,就会抱团取暖,而不会各显神通。发展经济不仅仅是给人自由,而是切换到"天外天"游戏模式,让大家相信,短期没有生存危机,让大家忽略短期的身边风险,转而关心长期的发展机会,看看自己在哪些方面还不自由? 怎么改善生活给自己更大自由? 怎么提高效率给工厂更大发展? 生存在不同时间段的人们会组织完全不同的集体游戏。

如果大家都在准备打仗,人人都生活在恐惧中,大家就会想方设法存钱,提前还贷,降低消费,准备过冬,降低预期,节约开支,缩减投资规模,这样的经济体是不会有人去想方设法改善劳动生产率的,是不会有经济快速增长的。无论下多少"既要……又要……"的文件都无法刺激经济增长。

我在写《货币起源》时遇到过这样一个问题:为什么古代帝王能够铸大钱? 发行大面值纸币? 他们直接稀释人民手中的财富,让人民更艰苦地生活和劳作? 因为那里的人民太懦弱,不能团结起来斗争,不能联合起来约束帝王。他们只能等待入侵者来替换他们现有的国王或者公爵。但那样的话,他们就只是换了一个主子。为什么那里的人民太懦弱? 为什么他们不能团结起来斗争? 因为那里的国王和公爵们已经实施了长期的恐怖统治。他们成功地离间了人民,在人民之中制造了互不信任和相互提防的气氛。那时,人人自危,互不信任,相互揭发,只求自保。为什么帝王将相们能够在那里建立起恐怖统治? 因为那里的人民特别在乎自己的相对社会地位,而不太在意自己个体的发展。只要他们发现自己的邻居、同事、朋友和远房亲戚过得和自己差不多艰苦,他们就能够继续忍受煎熬,帝王就能够继续压榨他们。为什么那里的人民特别在乎自己的相对社会地位?因为他们推崇绝对的平等——不,平等这个词用错了。他们追求的是绝对的平均主义。任何一个出头的人,就是对集体的挑衅和背叛,大家会默契一致地扼杀他。等到他被消灭了,每个人就都觉得放心了、安心了和气顺了。"人上人"游戏的初衷是好的,但是遇到自私的游戏组织者,就会演变成"集体贫困"的状态。

类似的事情也会发生在"天外天"游戏中。拜占庭帝国整天探讨一些遥不可及且不着边际的事情,整天醉心于人性升华。仿佛对于一个人来说,最要紧的事情就是提升修养飞向上帝。除此之外,保有一切世俗的念头都是不可救药的。结果呢,整个帝国被鲸吞蚕食,日削月割,直至最后土崩瓦解。直到破城的最后时刻,许多人都还在祈祷而不是战斗。君士坦丁堡的沦陷和土耳其人随后的屠城已成为人类文明史的悲剧。它时刻提醒我们,既要追求个体的未来发展,也要注意眼前的风险。

无论是"人上人"还是"天外天",人们不会永远待在同一个游戏模式中。人们不断遇到新问题,需要克服新风险,由此,就需要把大家按照一种新的形式组织起来,去玩一种新游戏。人们会发明新的游戏规则,会推崇新的社会风尚,会产生新的冠军和明星。人们就在他们的激励下,按照这种新规则,潜移默化地参与到新游戏中,社会就避免了因出现新问题和新风险而导致的动荡。

两种游戏切换的过程并不会十分顺畅。游戏的组织者会成为巨大的障碍。有时游戏切换是通过金融危机和经济衰退来实现的,只有这样,才能把原有游戏的组织者淘汰出局。当然,也有的国家像英国那样,不断地由工党和自由党走马灯似地组成新内阁,组织新游戏。这些国家切换游戏模式的时候,动荡就小一些。

游戏的组织者会想方设法防止个体退出游戏。如果一个游戏结束之前,不允许个体退出,那么,人就不独立于游戏。这样一来,时间就根本不在你手里。财富就像游戏使用的筹码,最后不会留在你手里。想想本章开头时田老师给我讲的那个故事:他的好朋友越做越大,应收账款越来越多,每一次县里调整班子,他都要去找新领导确认一下。他只有继续垫资为县里造路修桥或建学校,才能新账老账一起认。他完工以后,县委常委会开一个会,把县里欠他的债务罗列一个总数,然后批准偿付一小部分,重要的是那份文件。一般来说,这种文件不是机密件,其中也包含着对县财政的付款指示,因此是可以公开的,所以,包工头会得到一份复印件。这就是他在游戏中的护身符,保证了他的睡眠质量,保证了他应收账款的合法性和有效性,保证了他从银行贷款的可能性和持续性。他已经离不开这个游戏了。

游戏场景与攻略

不同模式的集体游戏无法用同一种经济学原理来解释。

温和的通胀让人感觉自己努力就有机会。于是，人人努力工作，经济就繁荣了。

剧烈的通胀让人感觉单靠努力已经没有用了。于是，人人投机，经济就会过热并陷入社会经济危机。

通货紧缩让人感觉未来的机会少且风险多，于是，人人节衣缩食以应对，经济就陷入了衰退。

随机性不是资产本身的物理属性，而是集体游戏的机制。它防止大多数人成为游戏赢家，同时又鼓励大家积极参与游戏。

金融活动是全社会参与的集体游戏。

人们使用各种资产作为"游戏用的球",以便达到集体游戏的特定目的:更多时间,即在"天外天"游戏里面,产生机会;在"人上人"游戏中,降低风险。无论是哪个游戏模式,都需要人们积极参与。人人躺平绝对是不行的。

我们需要用"特定资产"来设计一个看起来像是公平、有趣而且还要靠一点儿运气的游戏。资产游戏一旦开始,就会有一小部分迅速提高自己的社会地位。这就让其他人感觉,投资于该"特定资产"是一条捷径——无论通向自由还是安全。于是,大家都开始来玩这个游戏,努力工作赚钱,努力省钱,想方设法地去购买这个"特定资产",以便自己能够轻松地成功。

其结果就是,当大家都开始"努力工作"并"勤俭节约"时,集体游戏就高效运转下去了。时间源源不断地产生了,机会被创造出来,风险被遏制下去。

当这个"特定资产"(可以是股票,也可以是房产)不再能够激励大多数人去玩命工作时,金融危机或者经济衰退就会发生,游戏切换了。人们开始抛弃原有的资产,转而找一个新的"特定资产"继续激励大家玩命工作(最好是一辈子)。

我将这一现象总结成如下几句话:

一是资产是你在当前集体游戏的筹码(游戏代币);

二是现金是你参加下一场集体游戏的门票;

三是如果大多数人都在游戏结束前把筹码换成了现金,游戏就不会结束;

四是如果大多数人都看出游戏已经结束,该游戏使用"特定资产"的价格就会迅速下跌,使得大家无法带着大量现金参与下一场游戏;

五是防止了大家在下一场游戏中不劳而获或者躺平享受;

六是用资产玩游戏的根本目的是让大家玩命干活、省吃俭用并充满期待地过一辈子。

脱离集体游戏而单独谈论资产价格的涨跌,完全是胡扯。就像体育节目解说员不谈运动员的技巧,不谈足球队的集体配合,而只谈足球在草地上滚动线路一样,一叶障目地忽略了足球运动是由人构成的。那些用数学模型研究资产价格的人,既不是为了寻找金融学的原理,也不是为了炫耀自己的数学技能,而是为了把那些数学没学好的"周洛华们"赶出金融学系——而且用的是公平的考核机制。这就是他们设计的游戏。对于这些人来说,数学就是一个"球"(你当然看出来了,我其实想用另外一个谐音字)!

离开金融学系以后,我在人类学和社会学的领域"流浪"了5年。绝大多数时间是待在社会学系开设的"落榜考生心理咨询门诊"或者人类学系为"数学不及格的学术难民"专设的庇护所里。不过呢,我想明白了一件事情:资产本身没有内在的"风险"和"回报",风险和回报并不是资产本身(比如黄金)固有的物理属性。资产在集体游戏中作为一个玩具,它为参加游戏的人提供了两条可能的路径:在游戏中胜出(取得回报),或者在游戏中失败(承受风险)。因此,资产的回报和风险是表面现象,核心是个体的人在游戏中的成功与失败。真正重要的不是资产价格的升和降,而是人的社会地位的升和降。归根结底,核心问题事关集体游戏在这个过程中的繁荣进步或崩溃瓦解。

由此，我就意识到了：在金融领域，投资胜败的关键不是研究资产价格在电脑里的涨跌，而是要去研究人在一场社会游戏中的起伏沉沦。全社会用集体游戏来鼓励人们去做符合全社会进步的事情，去防范全社会面临的风险。如果游戏选对了，社会就进步了；如果游戏选错了，社会就倒退了。从表面上看，像是资产价格涨跌导致的金融危机，其实是全社会在迭代游戏：用新游戏去解决新问题。在这个过程中，老游戏使用的资产（球）会被抛弃，老游戏的赢家会被送回社会底层。在新游戏开始的时候，看起来很公平，人人都得在新规则中奋勇前进，每个人都有盼头。

集体游戏的表现很多，我不能逐一列举。我在下面介绍一下我经历或者观察的集体游戏，希望引起读者的共鸣。

定价与报价

金融学教科书大多在教你怎么构建估值模型。构建这些模型的目的是要对资产进行定价。当你构建了一个模型之后，你会发现，在绝大多数情况下，市场交易价格和模型理论价格是不同的。于是，你就有了交易的机会，要么多头，要么空头。总之，你坚信模型的理论值是该项资产内在的真实价值，市场价格围绕着这个真实价值在波动，迟早会回归理性。如果你赚钱了，你就会认为自己的数学和计算机学得好，模型做得精准；如果你输钱了，你也不会怨天尤人，你只会认为自己的模型不够精准，没有正确把握到该项资产的内在价值。你"死"得不冤枉，悬崖下面早就躺着一大堆和你有相同想法的投资人，这些数学博士的编程能力可能都比你强。

费雪·布莱克最早醒悟过来了。他认为，投资银行的主要工作不是去对资产的内在价值进行准确定价（他甚至建议投资银行不要去关心资产的内在价值），而是去建立一个资产的报价体系。这个体系内部要"没有漏洞"且"自圆其说"（用专业术语说，就是不能给交易者留下"无风险套利的空间"）。"投行不应该对资产定价，定价是市场的事情。我们只在各资产之间建立联系，并给出报价，从而便于客户进行交易。"总之，投资银行应该满足于只赚取交易佣金的业务模式。

金融学里面讲资产定价的前提条件是"没有无风险套利机会"，然后才能对资产给出定价。我看这是本末倒置。正确的逻辑是，我们要把资产定在这样一个价位上，使得任何人都不能投机取巧地轻松发大财，没有人能够在不承担风险的情况下套利。这其实不是定价，这其实是关门——关闭了人们抄近道的通道。于是，所有人就只能玩命努力，想方设法拿出一个更好的解决方案，或者高价买入资产承担相应的风险。

报价体系就是一个激励机制，就是一个上升通道，就是一个强者自己努力，自己对自己负责，争取成为更好自己的竞技场。我是在给电影学会演讲的时候想通这一点的。当时，我对听众说，关键不是对电影票进行估值，讨论它到底值多少钱。我们根本不需要建模来确定电影票应该定价多少才合适。我们需要建立一个报价体系，电影票的价格就是激励机制（就是一个球），使得拍出好电影的投资人有利可图，使得电影院能够经营下去，使得观众乐于买票进场（最好还能引导他们顺手买一桶爆米花）。

报价体系为什么能够成为激励机制和上升通道呢？那是因为报价体系里面一般都包含了做空机制。

先来看黄金的例子。用模型对黄金准确定价是很难的，甚至试图对它定价就是错误的。黄金的价格体现了一种激励机制。你融券做空1吨黄金，抛出套现之后，用这笔钱来勘探、挖掘、提炼新的金矿。1年以后，你得到了1.5吨黄金，你就赚了。这个过程就是筛选出愿意冒险的能人，让他做空获得资金，然后去发展新的提炼工艺和采掘技术。从表面上看，他做空黄金赚了大钱。从本质上看，他变成了一个更能干的人，而这个世界有了更新、更好的采掘和冶金技术。

再来看股票的例子。对股票定价几乎是不可能的，我建议你构建股票定价模型之后，试着跟模型反过来设置多空头寸，这样可能回报更高。但是，当我把股票及其衍生品的价格视作一个报价体系的时候，一切都豁然开朗了。我可以融券做空沪深300指数ETF，然后我把这笔钱用于投资这300只股票中的行业龙头（即"130/30"策略）。这些行业佼佼者最终会打败其他同行竞争者。它们的股票价格也最终会脱颖而出，跑赢指数。这就是纳斯达克指数经常被人议论的"胖男孩"现象。美国7大科技股公司贡献了纳斯达克指数一半以上的涨幅。因此，我做空纳斯达克、做多这7只个股就会有巨大的收益。我等于扮演了一个"变压器"或"放大镜"的角色。从表面上看，我使得好股票越涨越高；实际上，我使得好公司经营越来越便利，它的并购阻力越来越小，它的融资利率越来越低。

最后来看比特币的例子。对比特币定价也是很难的，而且我认为试图对它进行定价就已经掉坑里了。做空比特币就可以拿到资金去研发更省电的算力平台,其中包括运算能力更强的芯片和算法更好的软件。

总之,做空机制就是允许强者借时间,就是给有上进心的运动员参加奥运会的资格。因此,"天外天"集体游戏里面一定要有做空机制,它是上升通道,它是激励机制。鼓励大家用冒险的方法,融券借时间,然后在这段时间里,开发新技术,发展新技能,使得自己变得更强大。做空机制给那些积极向上的人提供了发展空间和融资渠道。不仅如此,"天外天"游戏还会允许大家提反对意见,投反对票,这些反对态度本身构成了激励机制的一部分。

"人上人"游戏一般不允许做空,也不允许投反对票。因为做空就意味着有人要破坏集体安全,使得大家的生存概率都降低。因此,这里也就没有什么上升通道。这里的人要么内卷,要么躺平。"不见可欲,使民心不乱",这样一来,就可以维持集体内部的稳定。所以,"人上人"游戏中一般也没有反对派,没有反对的声音,货币也不能自由兑换。

在集体游戏中,能力比资产重要。资产之所以值钱,是因为它是报价系统里面的激励机制。游戏通过报价系统来鼓励人们去发展自己的能力。有特定能力的人就能够提升自己的社会地位。因此,我们要鼓励大家努力提升自己的能力,只有这样,集体游戏才能运转正常。

比特币给我巨大的启发,它到底是什么东西?它不是货币,也不是资产,它就是激励机制。你拥有一项资产,这项资产鼓励其他人去做有利于集体游戏的事情。于是,它就升值,你的社会地位就提升。但是,任何资产都不会让你一劳永逸地待在不劳而获的社会顶层享受生活。你,作为上一轮集体游戏的胜利者,必须和大家在同一起跑线上参加下一轮集体游戏。你在上一轮游戏中积累的资产可能会贬值甚至清零。你的社会地位可能下降乃至沦丧。除非你及时抛掉你在老游戏中的资产,并购入下一轮游戏需要的资产,但这种事情发生的概率是极低的——你想也别想了。

想通这些事情以后,我感觉真相浮出水面了:资产到底是什么?

<u>它不是物,因此不要用物理学研究它的随机波动。</u>

<u>它不是社会地位,因此不要一往情深地守着它不动。</u>

<u>它是激励机制,鼓励其他没有资产的人在当前的集体游戏中玩命工作。</u>

<u>它是支付能力,可以把你带入下一轮集体游戏并占据有利地位。</u>

因此,资产不是物体,而是能力。其关键不是对"物"定价,而是对"能力"报价。这个特定的能力能够解决集体游戏的问题,是集体游戏急需的。给资产一个价格,为的是让人去培养相关的能力。集体游戏需要的是能力,而不是资产。请记住:每个人都需要在集体游戏中提升自己的能力,这样一来,集体游戏才能为大家创造机会或者降低风险——为每个人创造出更多的时间。

写到这里,我回过头去看,我发现并不是经济危机导致了世风日下和人心不古。世事本来就无常,人生本该是沧桑。因此,我们无需感慨,我们需要意识到,在我们的人生中,大概率会出现完全不同的集体游戏,以便应对和解决不同的风险。每一种集体游戏都需要新技巧、新攻略、新资产和新能力。我们始终需要提升自己,发展出不同的能力,不断适应新环境,接受新挑战,这样才能适应新游戏。我们因柔韧的适应能力而变得强大。

《猛龙过江》中的李小龙说过:"把水注入瓶子,它就变成了瓶子;把水倒入碗中,它就变成了碗。"然后,他把一群看似刚猛无敌的空手道武士打翻在地,戏谑地说道:"be water, my friend(像水一样吧,我的朋友)。"

利率

在金融学里面,有许许多多关于利率的数学模型。虽然说不上是浩如烟海吧,但也至少是多如牛毛。我只知道其中一两个比较经典(古老)的模型,而且我对其他新模型一无所知。

我辞职离开体制之前,金融学系已经站满了数学家和程序员。我在他们面前简直无地自容。我虽然担任副院长的行政职务,但每次开会我都小心谨慎,不敢乱说话,生怕别人看出来我是一个数学的小白,计算机编程的外行。但那些年轻的同事们其实早就看出了我笼罩在自尊心下的无知。因此,他们刻意说一些奇奇怪怪的专业名词,还假装来询问我的意见,仿佛他们认为我这个领导一定对这个领域很熟悉。然后我就被迫说一些似是而非(原则性强但针对性差)的话。我生怕自己说错些什么,成为他们今天中午在食堂的笑话。但是,我的装腔作势和遮遮掩掩反而成全了他们更欢快的晚饭。所以,金融学系每次开会对我而言都是一种折磨。

好在费雪·布莱克启发并鼓励了我:去生物学、人类学和社会学的领域,去广阔的新天地寻求理解金融学的钥匙。我现在找到了一把钥匙:金融活动就是全社会参与的集体游戏。我就用集体游戏这个框架来重新看待有关利率的问题。

我有一个重要的发现:传统西方的金融学有关利率的理论仅在"天外天"游戏中有效。同一项资产在不同人群中的利率是相同的。而在"人上人"游戏中,同一项资产在不同人群中的利率是不同的。传统金融学理论失效了,利率是由不同集体的生存概率决定的。因此,不同集体会对同一项资产给出不同的融资利率。

首先,我们来看看为什么国企利率低?为什么民营企业总是说自己融资难?国企和民企是否参加了同一场集体游戏?如果不是的话,它们当然适用不同的利率。我猜想,国有企业参加的集体游戏可能是一种不完全的市场竞争。它们有点儿接近"人上人"游戏模式——但又不完全重合。如果"人上人"模式相当于星期一,"天外天"模式相当于星期五的话,那么,国企在星期二,民企在星期四。

我们先来看看国企的情况。在我国,即便是民营商业银行,都喜欢找大国企客户去放贷款。对于商业银行来说,国企客户的规模越大越好,员工越多越好,承包的国家重点工程影响越大越好,负责的重大攻关任务越重越好,主管领导越重视越好。至于这家国企是否符合贷款条件,那倒并不重要。在银行家们看来,条件不够,可以修改材料,修改了以后还达不到要求,还可以特事特办。

银行家们有这样一种隐形的顾虑:他们担心自己对民营企业或者外资企业放款了以后,如果出现坏账,银行和自己个人都要承担损失和责任。而对于大型国企,他们就完全没有这方面的顾虑了。万一国企客户出现了呆坏账问题,他们可以去找政府协调,让财政担保,让国资委注资，让其他商业银行接盘继续"站岗放哨"。哪怕这些补救措施都没有用，银行家们也可以坦然面对监管部门的垂询：这可是大型国企啊！我们也是考虑地方就业形势和地方经济稳定的大局啊！我们这也是为国家重点工程出力啊！于是，银行家们就解脱了自己的责任。这就是经济学家们常说的，国企天然就有的"隐形担保"。我看这根本不是什么隐性担保，而是一道耀眼的光环，用来掩盖那些隐藏在阴暗角落的责任。

20世纪90年代发生的东南亚金融危机对我国经济造成了一定程度的冲击。当时，国有企业发生了大面积亏损。后来，这些坏账累积起来，逐步拖累了四大国有商业银行的资产负债表。财政部为此成立了四大资产管理公司，对应四大国有商业银行，专门负责处置它们的不良贷款。在这个过程中，央行定向提供给这四大资产管理公司上万亿元人民币的再贷款。这四大资产管理公司就用这笔钱，按照账面价值去置换四大商业银行的不良贷款。从整个事件的操作过程来看，相当于央行多印了上万亿元的钞票来弥补国有企业的坏账。多印了钞票就相当于稀释了全体人民币持有人的现金购买力。所以，你也可以近似地认为，最终是由大家一起承担了国企的损失。

"有事情，大家替你一起扛"这是典型的"人上人"游戏模式特征。这是确保风险和损失由所有人一起负担的一种互助保险机制。这种互助机制还包括其他一些衍生出来的形式：国企不裁员，要照顾员工的情绪，要考虑职工的家庭实际困难，要顾全大局，要承担社会责任。国企要算大账，不能只考虑本单位的经济利益，除了要考虑就业问题，还要考虑政府财政收入问题，考虑经济增速问题，考虑国家形象问题，考虑对外援助的责任问题。

对有些经济落后的地方来说,有实力的国企经常被当成"第二财政"来使用。有些政府无法开支但又涉及民生的项目,就由国企来承担了。相应地,当地那些风险低、收益好的项目也自然交给国企来做。这符合"人上人"游戏模式的另外一个特征:只要我平时不捣乱,不乱来,干干净净、规规矩矩和恭恭敬敬,我就可以在危难的时候获得你们对我的救助。在这个游戏集体中,大家把风险、坏账和问题一起"清零"了。

国有企业从国有商业银行获得贷款既方便又便宜的根本原因是:它们和央行乃至全体本币持有人都在同一个游戏集体中。这个游戏给了银行一个保险:只要你放款给听话的国有企业,出了事情以后,不算坏账,你没有责任。这样一来,银行的风险就降低了,也就可以放心大胆地给国企放贷款了。这些国有企业也会做很多"顾全大局"的事情:它们依法纳税,绝不偷税漏税,更不会瞒报或少缴社保;它们积极承担社会责任,即便各个岗位都已经人满为患,仍然雇佣大量员工;它们主动作为,投资一些看起来没有什么经济效益和前景的项目,以便迅速拉动地方经济。这一切说明了大家是一个统一的游戏集体。银行贷款对国企的利率低,实际上那不是西方金融学教科书里面的利率,那是集体生存概率。一个集体生存概率越高,它获得的贷款利率就越低;反之,则越高。国有企业承担了许多社会责任,它在市场上的生存概率就不能仅仅由该企业自身承担,还得由全社会共同承担。所以,银行给国有企业优惠贷款,这些都是"统一整体的分别反应"。

其实,外国也有类似的情况(不是"天下乌鸦一般黑",而是"每个国家都有星期二"),尤其是在那些号称完全市场经济的国家,只不过使用了不同的名词,它们不叫"计划经济",也不叫"大局意识"或者"全国一盘棋"。比如,在美国,有些资产规模庞大的金融机构或者雇用大量工会成员的大型制造业企业都被称为"大而不能倒"的企业。一旦它们的经营出了问题,政府就会注资相救。所谓的"大而不能倒",其实是"大家一起救"的代名词,只是一种委婉的说法而已。

2009年,我在上海遇到美国AIG保险公司下属的地产投资基金经理,当时在场的还有几家央企的地产公司负责人。这几个美籍华裔投资人一见面就热情地称我们"同志",我当然大吃一惊。他们随后一本正经地解释道:"AIG现在最大的股东是美国财政部,持股将近75%。我们是美国的央企,你们是中国的央企,彼此当然应该同志相称嘛。"他说的没错。当时美国政府为了挽救在2008年金融危机陷入困境的AIG公司,由财政部出面注资。这相当于用全体纳税人的钱为一家经营不善的私人公司买单——出了事,大家一起替你扛。这不正是"人上人"游戏的特征吗?

国企的融资风险由全社会一起承担,所以融资利率低。民营企业的风险就只能自己承担了,所以融资利率高。融资成本由项目的风险决定。民营企业承担的风险比国企大,这样一来,民营企业的融资利率自然就降不下来了。

理解了这些,我们再来分析那些不通过银行等金融系统的民间集资为什么也很贵。过去20多年来,每年3月初,我就会听到有人大代表或者政协委员呼吁解决民营企业融资难和融资贵的问题。他们还呼吁,要专门建立一批为中小企业尤其是民营企业服务的银行或者金融机构。这些银行后来真的建立起来了,但他们要么拼命找国企的客户,给对方更大优惠;要么继续对民营企业的融资申请持"审慎"态度。场上正在打篮球比赛,你这时候派谁去都一样,把再多的田径运动员派遣上阵以后,也没有用。他们上场以后,会继续打篮球。因为只有打篮球才能在此时此刻的场景中保住收视率,才能拉到赞助,维持联赛并养活球队。在游戏规则不变的情况下,你换谁上场都没有用。

这里,我又要感谢田立老师了。他从东北农村收集来好几个"抬钱"的故事对我启发极大。请读者把民间融资圈子(往往是他们的亲朋好友圈子)想象成一个"人上人"集体游戏。这个游戏集体里面的玩家就是乡里乡亲的亲戚圈和朋友圈。这个游戏集体比之前分析的"国企-国有银行"这个大游戏集体的玩家人数少很多。它们互助的保险能力也就差很多。或者说,这个游戏集体的生存概率,相对于国企那个游戏集体来说,是很低的,因此,它们的融资成本就一定很高。

每个借款人都有一群亲戚朋友,他的融资渠道就是那些有着血缘纽带和亲情联系的社会关系。其中一个包工头为了支付承包工程的垫资,从亲戚朋友那里借钱拿下了这个工程。据他本人说,他承担了30%的年利率。田老师好奇地追问他:这些人不都是你的亲戚朋友吗?他们为什么向你收这么高的利息?他们难道不应该免费帮助你吗?

包工头的回答令我们俩都感意外。他说自己是主动承揽这些人的放款委托的。他相当于为亲戚朋友创造一个发财致富的道路。所以,利息高不是因为亲戚朋友心太狠,而是因为我们的调研对象(包工头)心太软。他的这套说辞当然说服不了我和老田。

我只能用集体游戏的角度才能解释民间融资利率高的原因。七大姑八大姨把钱借给你的结果就是：一旦你失败了，她们这群人的生计也将受影响。为此，你给出足够高的利率主要有两个方面的考虑：

——（金融学的视角）吸引她们来冒这个险；

——（时间游戏的视角）吸引她们来和你一起扛住失败的后果。

鉴于"人上人"游戏中还有对富裕冒尖者的遏制机制，所以，在这个案例中，包工头可能就拿出一个项目来和大家一起分享预期的收益。在这种情况下，融资利率体现了包工头和他的亲戚朋友之间的深情厚谊。当然，在许多情况下，最终的结果往往不如人意。集资时的初衷和愿望都是美好的，而项目进行过程中会发生种种意外，导致预期收益下降，甚至可能出现亏损。民间集资最后一地鸡毛的情况很常见。但是，大家都不说那些失败的案例，而是反复传诵那些个别成功的案例。

利率越高，代表了隐含的风险越大；利率越低，隐含的风险越低。因此，民间集资的利率在"人上人"集体游戏中，代表了这个集体的生存概率是很低的。

只有在"天外天"游戏中，利率才体现出莫顿·米勒和弗兰克·莫迪利亚尼定理（MM定理）的原貌：利率是由单个项目面对的具体风险所决定的。一个好项目，风险低，技术含量高，市场前景好，自然而然能吸引到足够的便宜的资金来参与你的项目。如果你的项目差，风险大而收益低，那么，你融资的利率就会相应地提高，高到你想放弃项目算了——这恰恰就是大自然的筛选机制。

我恍然大悟：整个西方金融学，尤其是有效市场理论，只适用于

"天外天"集体游戏。那个游戏中的个体比较独立,乐于冒险。资本市场在评估他们的融资需求时,会向前看,考虑未来该项目的风险和收益。而在"人上人"集体游戏中,人们普遍"向后看",从过往的历史经验和交往情谊来评估某人的融资需求。在"人上人"游戏中,多年的互助、互惠和互动,已经使得人们形成了一个"血浓于水的""感情高于市场的""深情厚谊的"感情纽带。这个感情纽带牢牢地控制着关系网上的每一个人。融资利率体现了这个关系网的生存概率。

此时,我理解了为什么我当房产中介的那些年里,经常听到开发商对我吹嘘:"你认识什么级别的人,你就有什么层次的机会。""你混什么圈子,就有什么利率水平。""多喝一杯,什么都有了。"

通货膨胀

我一直想学着塔西佗,把他就义前的名言修改一下。我想象着他被罗马叛军处决之前,试图唤醒民众,他悲壮地宣称:"我死之后1 000年,人类才能真正搞懂什么是通货膨胀。"

我还想效仿维特根斯坦。我想象着他在下课之前,冷静地提醒学生:"真正的迷雾不是通货膨胀的成因太复杂,而是经济学家们使用通货膨胀这个词的时候太随意,由此造成巨大的混乱。"

我更想追随撒切尔夫人,她曾经在电视连续剧《是!大臣》中客串演出她本人:"我要下令逮捕英国全国的经济学家,并宣布经济学家为非法职业。"

任何事关人类命运和前途的重要会议,只要来了一个经济学家,就足以将严肃地讨论变成一场"闹剧"。实际情况是,这类重要会议经常由一群经济学家组成,他们足以制造一场"人道主义灾难"。

有关滥用或误用通货膨胀这个词的例子很多。最常见的是每个月统计局公布上个月的消费者价格指数(CPI)之后,就会有经济学家出来解读:"拿掉猪肉以后,其实,通货膨胀并不严重。"这句话听起来很有道理,因为猪肉在 CPI 统计中的权重很高。但是,你想想,把猪肉从人的生活中拿走,行得通吗?这相当于我的医生这样宽慰我:"洛华,没事的,别担心。只要你签字授权我们拿掉你的心脏,你的心脏病就不再是问题了。"我的天!我宁可相信:"拿掉经济学家以后,我们整个社会就会恢复良知和理智。"那个经典的老笑话怎么说的来着——"手术本身是很成功的,但病人死了。"这就相当于经济学家们在金融危机发生以后,两手一摊,说道:"尽管经济已经崩溃了,但这反而证明了我们的宏观经济模型是正确的。"

我们只知道物价持续上涨是通货膨胀的表现。除此之外,我们可谓一无所知(或者说,对于物价上涨的原因根本没有共识)。我想来想去,只有一种可能性,那就是:通货膨胀就像发烧一样。可以有多种原因导致我体温升高:中招了最近流行的感冒,被癌症晚期折磨,昨晚喝多了导致急性胰腺炎,甚至蛀牙。我只说发烧这个词的时候,我其实只告诉了医生"我很难受",而没有向他提供任何有关病因的线索。

我们使用通货膨胀这个词的时候,犯了同样的错误。我们经常使用这个词来描述许多成因不同的经济现象——仅仅因为这些经济现象有一个共同的特征:物价上涨。那我们为什么不直接使用"物价上涨"这个词,而坚持用"通货膨胀"这个词呢?这里面是否已经暗含了一个倾向性的暗示:物价上涨的原因是钞票印多了吧?！在许多人的口中,"钞票印多"和"通货膨胀"几乎是同义词。那我们抱怨的到底是什么？我们对于物价上涨太快而感到操心？我们对于钞票印太多感到忧心？还是我们对于其他人获得更多的钞票,更快变得富有而感到担心？

2023年5月,美联储理事菲利普·杰斐逊认为:通货膨胀是最隐蔽的"社会疾病"。我倒是不认为他在替美联储未能控制通胀而推卸责任,他的话更像是无奈的领悟和中肯的提醒。

我建议大家回到集体游戏的角度来看待通货膨胀现象。通货膨胀是原有的集体游戏玩不下去的信号:秩序在瓦解,规则在松懈,人民在抱怨,效率在降低。货币发行量在快速增长,而经济增速则在缓慢下降。这个场景就像我不停地给引擎加油,但机器却越来越转不动了。

两种游戏模式产生物价上涨的原因是不同的。

在"人上人"游戏中,人们能够忍耐物价上涨压力下的省吃俭用,但是,人们特别不能容忍通货膨胀带来的贫富差距扩大。人们感觉自己从根本上被原先承诺过的那种平均机制抛弃、背叛和践踏了。贫富差距扩大使得绝大多数人感受到更强的焦虑和更深的愤怒——他们的焦虑和愤怒都是有道理的。人们会感觉自己被原来的游戏抛弃了,被游戏组织者欺骗了,失去了原来游戏里面那种安稳、安逸和安宁的日子,因失去了保障而处于高度不安全的状态中。他们感觉社会地位快速下降,降低一个等级就意味着生存概率的降低。这使得人们感到恐惧。

在发展中国家,通货膨胀起来的时候往往会有个别行业受益。这些行业从业人员的社会地位就会脱颖而出。其他绝大多数行业的人则没有他们这么幸运,人们普遍感觉自己比以前更努力了,但社会地位下降了。随着物价上涨,人们的实际购买力下降了。人们感到不公平,感觉失去了保障,感觉陷入了更大的风险。人们会担心,原来那种互帮互助的保险机制瓦解了。个别受益行业的特殊人群开始炫耀自己的财富和成功。这种炫耀进一步撕裂了"人上人"游戏原来赖以生存的"财富平均,地位平等,机会公平"的均质化社会基础。

这时候,发展中国家的社会就容易产生社会动荡。人们会把矛头指向央行,认为失控的印钞机是物价上涨的源头。其实,人们恨的不是央行,也不是物价上涨;<u>人们恨的是突然出现的"暴发户",人们担心的是自己社会地位的下降。</u>

在发展中国家治理通货膨胀不能拿央行当替罪羊。南美洲某些国家(名字我就不说了,懂得自然懂)的央行行长换人就像走马灯一样。最短命央行纪录的保持者是 1973 年的乌拉圭央行行长马丁内斯·帕特瓦罗只在任上待了 2 天,据说连办公室都还没有去过。

关于通货膨胀的问题,巴菲特说过这样的话:"你的钱可以被通货膨胀吞噬掉,但你的才能不会被吞噬。如果你是奥马哈最好的脑外科医生,或者是最好的画家,你总是会支配你周围的资源,不管货币是贝壳还是 1 000 万美元的钞票。你要明白,人才是应对任何货币形势的极佳资产。"

我从集体游戏的角度来理解巴菲特的这段话:对于有才能的人来说,其社会地位不会因为通货膨胀而下降。脑外科医生和画家都是因具有不可替代的技能而拥有较高社会地位的人。通货膨胀这场社会游戏只是进一步降低了普通人的社会地位,拉大了不同阶层之间的距离,产生了更大的社会分化乃至变革的压力。所以,我在《估值原理》中指出,<u>估值是人的社会地位。从表面上看,是市场在确定资产的价值,其实,是社会在确定资产拥有者的地位。</u>

普通人只靠省吃俭用省下的钱无法应对通货膨胀,也就自然而然在这场游戏中丧失了原有的社会地位。脑外科医生因其技能的不可或缺,他的手术收费标准会水涨船高。所以,他不担心自己的社会地位会下降。但是,普通人就没有那么幸运了。在麦当劳翻汉堡、烤面包、炸薯条和擦地板的墨西哥裔非法移民们就会受到通货膨胀的严重冲击。他们怎么努力也跑不赢通货膨胀,社会地位不断下跌,和其他阶层的差距在拉大。

在"人上人"游戏中的通货膨胀一定要找到那个"暴发户"阶层,对他们课以重税。或者要找到那个造成央行大量印钞票的"无底洞"(一般是政府开支无度导致的巨额财政赤字),然后坚决堵住漏洞。这样一来,"人上人"游戏就能继续运转下去,人民就不恐慌了。

<u>通货膨胀是集体游戏中秩序溃败的结果</u>。如果像 20 世纪 60 年代阿根廷的军政府那样不断地花钱搞军备竞赛,准备对外扩张,那么就会造成财政赤字的"无底洞"。这些国家的央行往往被迫用印钞票的办法来弥补财政赤字,所谓的"赤字货币化"就是这个意思。如果我们刨根问底地追下去,这不就是"人上人"游戏中的集体清零行动吗?"一家有难,八家平摊"正是这个游戏的互助保险机制啊。只不过,这次有难的那一家并不是集体中的弱者,而是集体中的强者(军政府)。

他们用印钞票的办法来剥削大家,逼迫大家平摊他们自己的开销。这很难在"人上人"游戏中行得通。"人上人"游戏一般救助的都是弱者,至少也是均质化的普通人。让穷人节衣缩食去帮助强者,去满足富人的开销,那是不可想象的,这根本上违背了"人上人"游戏的初衷。

在另外一些发展中国家里,国企的实力和势力都非常强大,国企欠了银行的钱还不上来以后,就由央行用"再贷款"的方式,印钱给国企填窟窿。这是发展中国家发生通货膨胀的重要原因之一。归根结底,还是让大多数弱势群体去替强势群体的低效率买单。这不符合"人上人"游戏的初衷,很容易引发群众的愤懑。

从表面上看,是央行滥发货币导致通货膨胀,让我们为退休生活积蓄的钱缩水了,让我们之前几十年奋斗的时间浪费了。央行迫使我们把退休计划一再推迟,把退休生活费用一再缩减,把我们退休储蓄金稀释成清汤寡水。其实,问题真的不在央行。发展中国家的央行往往不能独立执行货币政策,而是听命于政府。因此,应该提高国家治理能力和改善国家治理机制,而不是简单粗暴地把央行当成替罪羊。要遏制通货膨胀就需要:一是坚决防止赤字货币化,防止政府开支无度。这需要人民约束政府。二是对垄断企业和暴利行业征重税,防止出现暴发户阶层和低效率的既得利益集团。这需要政府来约束企业。

而在"天外天"游戏中,市场化和科技进步是遏制通货膨胀的关键手段。

西方发达国家的经济学家们经常宣扬一种奇怪的论调(居然不少发展中国家的经济学家对此深信不疑):"温和通胀对经济有利。"我想来想去,这简直就是一个笑话。就像"生长热"一样,孩子们在长身体的阶段,偶尔的发热反而有利于器官发育。上述情况应该放到更准确的游戏场景中——在物价温和上涨的地方,人工工资不断推高成本,而原有的生产技术已经没有进一步挖掘潜力的空间了。于是,这种温和上涨的物价(每年上涨的人工工资)就成了一种诱因:鼓励科研投入,用更多的自动化设备或者改进工艺来释放劳动力。这样的话,劳动生产率得到了提高,物价进一步上涨的压力得到了化解。只不过,温和通货膨胀如果持续较长一段时间的话,才能刺激大家有足够动力去投资科研;否则的话,通货膨胀只是一个季度的短期行为,大家想着"我熬一下"也就过去了。所以,根本就不是"温和的通货膨胀促进了经济发展",而是"人工成本不断上涨的预期坚定了技术投入的决心"。最终,新的技术进步遏制了通货膨胀并推动了经济发展。

  一个经济体能够走出通货膨胀,关键还是靠技术进步。但是,技术进步不会凭空从实验室里蹦出来,而是需要一个酝酿它的土壤。有些国家的每个行业都由工会控制,它们的企业主们宁可死守本部门或本集团的利益,也不愿意做出任何牺牲和让步。即便对于那些基于公平原则而出现的技术进步,他们也持抵制和抵触的态度。更糟糕的是,如果这个国家的议会是由各个行业工会控制的,那么,整个国家就不能调整各阶层的关系,也就不能孕育、培养和鼓励技术进步。这样的国家就会长期在通货膨胀的泥潭中挣扎。

  在"人上人"游戏中,本意是群体自发救助弱势的不幸个体。如果在游戏中出现了暴发户,那就不利于维持互助系统;如果出现强者迫使大家负担风险,也会破坏游戏秩序的基础。所以,玩"人上人"游戏的集体,发生了通货膨胀现象以后,就要反垄断、征重税、堵漏洞(节约财政开支)。

在"天外天"游戏中,本意是个体自发寻求对自己有利的位置,采取自利的行动,使得群体产生随机性队形,在降低整体风险的同时又实现风险的平均分配。因此,在这个游戏中一定要给个体足够的自由活动空间。人为限制个体的发展将导致游戏瓦解,无法实现随机性队形,无法让有能力又努力的人占据群体中心位置,无法实现降低整体的风险并在个体中平均分配风险。

在玩"天外天"游戏的经济体中,发生了通货膨胀以后,就要实现经济自由化、私营化,减少政府管制,限制行业工会的作用,放松市场监管,取消行业准入限制,允许企业裁员,限制工人罢工,降低所得税,鼓励企业和个人追求更大自由。20世纪80年代英国的撒切尔夫人和美国里根政府就用了这个方法,成功地应对了当时被称为"痼疾"的通货膨胀。里根嘴上说要节约开支,反对大包大揽的全能型政府。其实,他任内的政府开支比前一届政府多了很多。但是,他确实执行了促进经济自由化和市场化的政策,并收到了成效。

通货膨胀不是货币现象,请在心中再默默念一遍。通货膨胀是各种不同问题所共用的一张标签,是坐在医院发热门诊的一群患有不同疾病的人。

加息只是"退烧药",并不能治理通货膨胀,最多只能算是对在通货膨胀中减少开支增加储蓄的普通人给予一定的补偿。加息使得所有的椋鸟都遇到了更大的顶风气流,它们飞行的速度会降低。但是,这不是解决问题的关键。"天外天"游戏出现通货膨胀的原因在于各阶层利益固化。要允许边缘飞行的鸟儿通过自己努力(技术进步)来提升自己的地位,取代原有的老旧企业。不能因为这些庞大的企业雇用了许多工人就不能被取代。任何人、企业和阶层,如果长期占据中心位置,不让其他人通过努力来替代自己,就是在阻挠技术进步,也就为通货膨胀埋下了根本隐患。

出现通货膨胀的根本原因是原有的集体游戏中秩序瓦解了,制度松懈了,利益固化了,效率降低了,激励失效了,人们疲惫了。因此,我们不需要经济学家来对付通货膨胀,我们应该自己对症下药,找到问题的根源,用政治学、社会学、人类学和心理学等理论来解决这一系列被错误地统称为"通货膨胀"的问题。

债务危机

<u>债务不是我们欠银行的钱,而是我们向未来借的时间</u>。因此,印钞票还债的路是走不通的。我们不是命运女神,我们没有印钞机。我们偿还债务的方式只有两条:一是创造更多的机会,让未来所包含的机会比我们借债时所包含的机会多;二是消除未来的风险,让未来所包含的风险比我们借债时所包含的风险小。

债务危机不是债务太多了,而是维持原有的集体游戏消耗了大量资源,创造不出足够多的机会,也不能消除足够多的风险,导致大家发现游戏玩不下去了,而纷纷逃离原有游戏。于是,债务危机就发生了。

印钞票只能在纸面上抹掉几个数字,但不能从根本上解决债务危机。债务庞大并不一定导致危机,债务庞大只说明维持集体游戏的运转需要大量资源(从未来借时间)。如果借来了时间之后,又创造不出机会,降低不了风险,这时候债务才会导致危机。

债务危机逼着我们调整集体游戏的规则和玩法,形成新的社会关系和激励机制。除非人们组成的新游戏能够创造出更多的机会;否则,债务危机不会消失。

债务危机在金融学上有解法吗?我觉得,另外一些问题也许更重要:债务究竟是什么?它是什么契约关系?它由什么样的社会关系构成?它又会怎么去影响人们的行为?

在我看来,债务不是欠银行的钱,它是人与人之间对未来关系的约定。还债就是履行约定,重组债务就是调整约定。债务在不同的游戏模式中,有着完全不同的形成方式,也就有着完全不同的解决方式。

在"天外天"游戏中,椋鸟群在飞行过程中实现了风险的平均分配。个体椋鸟在参与集体飞行的全过程中,有些时候它的风险大,有些时候它的风险小。但是,最终平均下来看,不同个体承担的风险是相同的,并没有出现有些个体承担过度风险的情况。当它承担较大风险的时刻,恰恰也是它实现个体更有利位置的机会。在这个集体游戏中,个体时刻有机会,当它决定去抓住机会的时候,它也得同时承担风险。在游戏中通过创造机会,来鼓励个体尝试抓住机会。当个体去尝试机会的时候,它就承担了更多风险;当风险被这些个体承担时,其他个体的风险就降低了。在这个游戏中,要确保风险和机会的匹配,否则就失去了公平性原则,也就没有人愿意去争取机会了——那样大家都不安全了。

集体游戏不断地创造机会,并使得风险在个体之间此消彼长,这就使得风险最终在集体范围内实现平均分布。因此,这个集体游戏玩下去的核心就是要不断创造机会,让人人看到希望,让每个人都感觉冒险很值得。于是,个体都拼命努力去争取机会,集体的风险反而降低了。

在"人上人"游戏中,风险和机会时时刻刻都被平均分配。一旦有人冒头、冒富、冒尖,大家都有权去剥夺他的余粮,使他尽快回到平均的财富水平上。在这个游戏中,<u>消除强者的机会和资源就是消除弱者的风险和痛苦</u>。

《大衰退》的作者辜朝明试图用"收缩资产负债表的衰退"来描述日本从20世纪90年代开始的30年衰退。他谈到一个有趣的现象:日本的企业努力节约开支,不敢借钱扩大资产负债表,也不敢扩大生产规模,不敢投资买新设备,它们就在拼命赚钱努力还债。与此同时,日本的银行对于客户的抵押物缩水的情况心知肚明。它们只是不愿意捅破这层窗户纸而已。于是,银行也谨小慎微,不去逼债,防止客户因资不抵债而倒闭,由此影响到银行的资产质量。但是,银行也因此不敢对客户发放新的贷款。他把这种现象称为"为修复资产负债表"而发生的衰退。

在我看来,这种漫长的衰退就是日本为维系"人上人"游戏而付出的代价。没有"出清",很少"破产",绝大多数企业都继续维持着运营。这就像是在"人上人"游戏中的互助机制,让全体成员享有平均的生存概率。结果就是优胜劣汰的机制失效了,那些拥有强大竞争力的企业得不到足够的发展空间。于是,日本经济在相安无事的一团和气中慢慢衰退了30年。

当然,在这30年里,日本变成了一个完全不同的社会。在这个被称为"低欲望社会"的环境里，人人学会省吃俭用，维持最低生活水平，互帮互助，那些竞争力差的个体企业就获得了安全。不出清、不破产、不揭开盖子、相互掩盖问题、继续维持现状，所有这些做法都提高了那些本该被淘汰企业的生存概率。从整体上看，日本社会就降低了风险，赢得了时间，社会的集体游戏就得以维持下去。

人们组成"人上人"游戏是为了获得更多安全；组成"天外天"游戏是为了获得更大自由。债务危机在"天外天"游戏模式中有完全不同的应对方法。对于"天外天"游戏中的人们来说，更多机会和更大自由就意味着更多时间。因此，消化债务负担最好的办法就是解除经济管制，给企业更大的自主权，放松行业监管，停止用行政手段对经济的干预，以激发人的创造力，让人感受更大的自由。如此，人们就会感觉到未来充满了机会，眼前的风险就不那么可怕和致命了。在宽松环境与自由的激励下，人的主观能动性、积极性、创造力、自觉意识和责任心会在未来创造出更大的财富，这足以应对当前堆积起来的债务负担。

归根结底，债务危机的起因并不是我们欠了银行的钱，而是我们向未来借了时间。我们偿还时间的方法只有两条：一是在"天外天"游戏中，放松经济管制，给人更大的自由，让人们看到更多的机会，当他们相信未来有更多可能性的时候，就会连本带息地偿还所欠的时间。二是在"人上人"游戏中，我们的债务就相当于我们曾经乞求"灭霸"借给我们一定百分比的生存概率。未来，我们要偿还这笔债务的方法不是用更宽松的管制和更先进的技术来创造更多的自由，而是要有更多的个体安全和更低的集体风险。这就意味着在集体游戏中产生了更多的时间。因此，在这个游戏中一定要形成一个节衣缩食、省吃俭用、量入为出和互帮互助的集体,这样人们才能继续玩下去。

货币政策

美联储前任主席艾伦·格林斯潘早年毕业于朱丽亚音乐学院。他其实是一个艺术家。但我认为他的艺术造诣集中体现在语言游戏的领域。他经常说一大堆似是而非又模棱两可的话来解释美联储的货币政策。他的话像是逻辑考试的题目,里面有重重嵌套的从句和条件约束。等你把这些语法都梳理清楚了,你会发现他的下一句话其实在暗示着相反方向。

有一次,一个年轻的记者终于脑筋急转弯,灵光一闪,认为自己听懂了格林斯潘的话。在格林斯潘拗口的长篇大论结束以后,他惊喜地反馈道:"这次我明白你的意思了。"格林斯潘向前欠了一下身体,眨了一下眼睛,对他说:"孩子,如果你相信你理解了我说的话,那说明你已经误解了这些话。"这段对白比格林斯潘的任何言论都更直接地披露了<u>央行在现代经济体中的作用:定心丸而不是指南针</u>。

你小时候学骑自行车的时候,爸爸是不是跟在后面扶着你的车?你以为爸爸一直在后面保护你,所以你很安心,很放心,很有信心,于是你越骑越好,越骑越快。突然,你发现爸爸根本就不在后面。这时候,你已经学会了骑自行车。

有了央行以后,集体游戏中的个体在自己努力的时候,多了一份信心。至于央行自身到底怎么运转,怎么救助金融机构,怎么调控宏观经济,大家都不太知道。格林斯潘的话暗示了央行根本做不到这一点,也不试图去这样做。但是,央行有足够的技巧让你相信,他们无所不能,你可以放心大胆地骑上自行车。

央行无法拯救陷入困难的国家经济。它只能在经济增长和繁荣时期注入言论,让人继续保持信心。这就是真相!在绝大多数情况下,央行的货币政策只在繁荣期有效,其实那时候无论是什么政策,只要它不太离谱,都可以说是有效的。因为孩子已经学会了骑车,慢慢脱离了爸爸的扶持,他在心理上以为你还在身后,他就有信心继续骑下去。但实际上,此时即便没有你,他也不会摔倒。那你一定会问,万一真的出事了,靠央行能够挽救崩溃的经济吗?先来看看斯里兰卡的例子吧!

2021年斯里兰卡陷入了经济困难。该国通货膨胀加速,失业人口增加,外汇储备流失,本币贬值迅速。这些都是发展中国家的经济陷入困境时常见的现象。

2023年3月该国总统宣布与国际货币基金组织签署协议,实施一揽子改革计划,其中包括:采取措施引入财富税和遗产税。此外,电力价格将每6个月进行一次调整。亏损的国有企业也将进行资产负债表重组,这些企业的违约债务将由财政部接管,将努力把通货膨胀率控制在4%~6%的区间。为配合国际货币基金组织的协议,在努力降低通货膨胀的同时,斯里兰卡也将减少印钞,央行也将致力于提高外汇储备,引入严格的反腐措施并对货币发行立法。看看,哪里有什么货币政策?唯一和央行沾边的措施就是"减少印钞票",这恰恰是阻止央行来修复经济。

在集体游戏中,一旦出现了"礼崩乐坏"的情况,就很难通过货币政策来修复。比如,在"人上人"游戏中,印钞票的结果是让本来富裕的人越来越富裕,贫富差距会进一步扩大。集体互助保险机制就可能瓦解,社会秩序就进一步崩溃。

货币政策如果对经济运行有什么正面贡献的话,那就是:不要乱来,不要用货币来破坏集体游戏的秩序和规则,不要打破社会本来的风俗习惯、忍辱进退、礼义廉耻和尊荣贵贱。

费雪·布莱克说过,"央行的货币政策几乎是无效的,但是,央行仍然使用货币政策,这就给市场造就了人为套利的空间"。他的这句话还有一层意思没有说透:央行给一部分人创造套利空间的同时,也一定扼杀了另外一部分无辜者的发展机会。

尽管被金融学的教科书和不懂金融学的报纸宣扬得很神,货币政策并不能防止社会陷入经济危机。但是,它仍然可以是有所作为的。这个作用被我称为"叫醒服务"(wake-up call service)。

货币政策之所以能够推动集体游戏中各方关系的变革,那完全是因为总统和参议员们不愿意得罪选民,不愿意采取真正有效(但有短痛)的社会改革政策。政治家们不甘心失去下一次大选的胜利。于是,货币政策被用于这样一个目的:顶替缺席的、失职的、逃避责任、不敢担当的政治家去对选民说实话。

这个原理来自社会学的"敞篷车效应"。社会学家们发现,开敞篷车的人往往不对别人按喇叭。这种现象一开始大家以为富人的道德水平高,其实不然,社会学家们设计过一个实验。他们用随机指派车型的办法,让不同收入的志愿者开不同车型上路。路上会有一个事先安排好的"霸道司机"(志愿者们不知道他是谁)挡住他们的车。实验发现，无论志愿者们的教育背景、收入水平、宗教和肤色是什么，只要他们开敞篷车，就不愿意对前面挡道的车主摁喇叭。这是因为人们意识到"实名认证的危险性"：敞篷车司机会直接面对那个"霸道司机"，他担心自己的安全。同样的道理，总统、总理、议长、部长和他们的经济顾问们都很清楚应该怎么做才能消除通货膨胀。但是，他们是"实名"的，他们站在"明处"。他们害怕采取有效的措施会得罪人，因此，他们不敢对症下药。归根结底，他们不敢让特定人群喝下一剂苦口的良药来解决全社会的疾苦。他们不敢出台有明确目标指向的政策，无法对工会、移民、大型垄断企业、小企业主或者低收入人群采取直接伤害对方利益的措施（尽管这些措施对克服通货膨胀有效）。为此，他们就找到一个稳妥的方法：用货币政策来达到目的，这是一个看似公平的做法，也不针对任何特定的人群。货币政策对所有人都会产生公平的影响。这就是"加息应对通胀"这一说法的由来。

所有漂亮的金融学模型都是基于 Martingale 假设做出来的：时间无限，贷款无利息，无人催讨你的债务，存银行没有利息，科技创新没有价值，这就是"原味的"时间。"原味"这个词很重要。现实的时间不是这样的。时间是有限的，贷款是有代价的（而且利率浮动），欠债是有人催讨的，游戏有结束的时候，投资都有风险，科技进步是有价值的。为了让现实世界的人对自己的命运负责，去从事科技进步的事业，去用科技进步克服通货膨胀，我们必须让时间有限。让时间有限的方法就是让贷款有利息，让投资有风险。

央行加息是闹钟，是信号。加息告诉大家：Martingale 的世界的免费午餐就要结束了。加息提醒大家时间有限。加息是因为调整社会关系的各种政治努力都已经失败了(或者因政治家们害怕得罪选民而根本就没有尝试过其他办法)。

要从根本上解决通货膨胀的问题,就需要从调整社会各阶层的关系入手。重新安排大家的利益格局,让大家重新开始玩命工作并省吃俭用地过日子。可笑的是,那些发誓要解决通货膨胀问题的众议员和参议员们,一旦当选就开始犹豫不决且争论不休。他们一面要安抚被物价困扰的选民,一面要讨好给自己投票的工会成员。于是,他们就只有一条出路了:让美联储去当这个"恶人"。美联储加息的过程很漫长,每次都只加一点儿,这就是提醒大家:"所有的游戏就要结束了,晚宴要收场了,好日子就要到头了——而且这次我是认真的!"

这样一来,政客们就既解决了通胀问题,又保住了自己的选票,因为从道理上来讲,那个美联储是独立于美国的行政和立法体系的。议员们可以尽情地对选民表演:"都是那个美联储不好,我已经尽力了,但是美联储依据第四修正案是独立运转的,我也没有办法啊。"——他们尽可以两手一摊装无辜。

不断加息之后,大家最终都会相信:天下没有不散的筵席。经济繁荣结束了,大家重新开始新游戏。新游戏会给大家安排新角色。于是,大家调整各自关系之后,重新出发。经济运行的"烧"退了,通货膨胀消失了。其实是老游戏到点结束,新游戏开始了。美联储只是那个闹钟而已——提醒大家老游戏要散场了。

让美联储去加息吧!这就是用惩罚所有人的办法,避免惩罚一部分人。这样就使得游戏组织者不会得罪人,政客们不会丢失选票。

田立老师戏称我的"货币政策新解"是"闹钟理论"。我根本不介意他调侃我,因为"闹钟理论"的核心就是:加息其实是给大家的责任心上发条,不能轻轻松松过日子了。后来,田老师给了我另外一个旁证。他在黑龙江某县挂职的时候,负责协调农户贷款问题。为此,他组织过好几次协调会。会后,他告诉我,他根本听不下去,因为贷款的农户太苦了,他们太冤了。于是,每次这样的协调会就在"稳定压倒一切"的指导思想中,让农户借新还旧或者干脆展期。农户虽然没有得到他们想要的"债务减免",但实际上他们不用偿还债务了——至少是最近这几年里。这相当于又把他们送回到了 Martingale 的世界里。

在"天外天"游戏中,人们相对独立,他们对自己的还款承诺负责,对自己的事业尽职。"加息"在这些地方就容易起到"闹钟"的效果。在"人上人"游戏中,人们在债务到期以后,选择卖惨,极力表现自己的苦楚境地,赢得旁观者的同情,造成全社会对债权人的指责,从而最终使得自己免除债务;或者,债务人在债务到期以后,选择展期或者以旧换新,这样就会使得债务像雪球一样越滚越大。这样做符合"人上人"游戏的特征,全体成员共同为"无能但无辜"的弱者承担风险,为此,不惜抑制甚至惩罚群体内"能干而冒尖"的强者——我们会想方设法抹黑他们,说他们的钱来路不明,他们天然就有罪。这就使得我们剥夺他们财富的行动变得高尚且正义。

除了加息遏制通货膨胀之外,央行还会用降息的手段来刺激经济(往往在金融危机或者经济衰退以后)。因此,央行也被认为在挽救经济衰退方面可以有所作为。这个作用被我称为"心理辅导"。

欧·亨利的短篇小说《最后一片叶子》讲述了年轻女画家苏和琼西同邻居贝尔曼先生之间的故事。琼西在寒冷的十一月患上了严重的肺炎,并且其病情越来越重。她将生命的希望寄托在窗外最后一片藤叶上,她相信如果那片藤叶顶住了今晚的风雨,她就能活下去;反之,自己的生命就将结束。当天晚上,老画家贝尔曼冒险爬到窗外,去给她画了一片叶子。第二天,琼西看到了那篇象征自己生命的叶子还在,她以为奇迹发生了。于是,她凭着这个信念活了下来。央行降息就是给生病的人们画树叶。

先来看美联储在2008年金融危机以后的"扭转操作"(twist operation):人为地把10年期国债利率压低,使其低于2年期国债利率。这就给市场设定并灌输了这样一种思维:未来时间包含的风险低于现在,大家要对未来充满期待并保持乐观。央行人为地把大家送入这种状态。让人们感觉未来的时间里机会多于风险,就使得大家敢于投资未来。

<u>降息并不是降低贷款成本,而是降低了投资的风险</u>。设想一个交易策略,你融券10年期国债,然后抛出获得资金,去投资一个房地产项目。央行降息以后,你的这个交易策略更安全了,你可以观望更长一段时间,等房地产价格上涨更大幅度以后,再抛出房地产,然后再回来了结融券的空头。因此,降息其实不是降低你融资的成本,但确实给了你更多的时间,以便等待房价上涨,这相当于变相降低了你的风险。

同理,央行加息也不是提高了你的融资成本,而是增加了你的投资风险。在前面那个虚拟的交易策略中,一旦央行升息,你就必须提高你投资做多的那个标的物的预期收益;否则,你就很难跑回"本垒"。你不得不尽快抛售地产项目,赚一点小钱就走。你应该尽快了结国债

融券的空头，防止夜长梦多。因为越往后，利息可能越高，你的投资回报率可能就越来越跟不上融券的风险了。

升息就是削减未来一段时间里包含的机会，相当于把投资人往灭霸那边推了一把。降息就是削减时间里的风险，相当于把投资人往命运女神那边推了一把。但这种机会和风险的削减，都是在投资人心理上和情绪上的变化。需要投资人自己在心理上主观地相信未来时间的机会更多，或者风险更大，由此才能发挥作用。因此，我将其货币政策的作用看成心理咨询和辅导。

在Martingale的世界里，你升息也没有人理你，因为他们可以无成本地从命运女神手里借到无限量的钱。当灭霸打响指的时候，你降息也没有用，因为时间无论多么便宜都不能提升生存概率。只有在Martingale（天堂）和灭霸（地狱）之间的现实世界中，货币政策才可能生效（通过人的心理作用）。

我很早以前就提出，投资人的眼睛不能盯着债务、债券价格、基准利率和央行的货币政策，因为重要的是债权人和债务人之间的关系，而不是债务票面的本息。当然，最重要的是产生债务的那片土地上的民风。债务不能独立于那里的人民，我们不能抛开产生债务的人文环境，单独研究债务的违约率和利率水平。

我认为根本就不该有什么货币政策。真正有效的是社会福利政策或者税收政策。真正需要调节的是社会各阶层之间的关系。真正需要维护的是全社会参与的集体游戏的秩序。

企业家精神

我很喜欢的一个段子,是关于小布什总统的。他有一次演讲的时候赞美了美国企业家的创新精神。这当然没有什么问题。但是,他突发奇想地话锋一转,脱稿批评法国经济的国有化程度高,法国人缺乏企业家精神。证据之一便是"法语里甚至没有企业家精神这个词"。于是,听众们哄堂大笑。因为英语里的企业家精神(entrepreneurship)是外来语,来源恰恰是法语。

在西方国家,新闻媒体的观点非常混乱。支持保守党(右派)的报纸会鼓吹政府减税以鼓励"企业家"创业,从而增加穷人的就业机会;支持工党(左派)的报纸会鼓吹政府对企业加税补贴穷人,以弥补"资本家"对工人的压榨。我感觉,"企业家"和"资本家"这些词像是西方媒体编辑们玩的游戏。我试图把这些人的本质从报纸给他们披上的外衣中抽象出来,放回到这些人本来的游戏场景中。

结果,我发现在中文的语境中,"企业家"这个词也很模糊。企业家精神到底是什么?它是自发去改变现状的主观能动性以及在这个过程中对现实可行性的探索。这里包括了对现实机会的发掘,对现实资源的组织,对现有机制的调整。总之,企业家精神意味着对现有格局的冲击。

"人上人"游戏不容易诞生企业家,有以下这些原因:

首先,天然的原罪。这种原罪是因为你创业以后,破坏了原有集体游戏的基础。你试图建立新的利益格局,从而在效果上分裂原来的共同贫困但互助友爱的集体(尽管这不是你的初衷)。你试图变得更富。"资本有罪"的意思是,资本家(企业家)有这个责任(或者别人对你有这个期待):一定要带动周围的乡亲们一起富裕起来。这样他们在新的物质生活水平上,可以继续维持原有的互助保险机制。如果你一个人富裕了,并且以牺牲环境为代价,以剥削其他乡亲为手段,那么,你就打破了原有的互助保险机制。你以其他人为代价获得了更高的社会地位、更多的财富、更好的保障和更大的生存概率。除了你以外的其他人都变得更不安全了。因为原有的利益格局被打破,原有的阶层被新的贫富差距撕裂,原有的集体互助就瓦解了,人们陷入了新的风险。

其次,在"人上人"游戏中创业就相当于重建一个保障体系。你当然可能很成功,也可能从亲戚朋友那里得到早期的资助,甚至可能还有早期的员工把你当"大哥",无私地为你的事业做出了自我牺牲。你对所有这些人都要承担责任。在他们已有的互助保险体系之外,期待你能够成为他们新的保险公司,一份额外保单的兑付人。企业家就深陷在人情关系之中,看起来他整天过着灯红酒绿和纸醉金迷的生活,看起来他有呼朋唤友和呼风唤雨的能量。其实,他只是积攒了一堆等待兑付的"人情的欠条"。他会忙忙碌碌地度过一生,最终也未必积累什么财富。

最后,"人上人"游戏对于失败是不容忍的。失败不仅是个人的耻辱,更是大家的风险。一个人去创业办企业,相当于脱离了原来的保险互助机制,还可能让亲戚朋友一起承担风险。如果你让乡亲们白白承受了一场风险,糟蹋了大家的退休金和积蓄,结果却没有提升大家的福祉,这就意味着你有罪,你对不起大家,你害了所有的人。你会一辈子生活在羞愧和指责之中。

日本虽然号称实践市场经济已经很多年了,但仍然被一种"人上人"游戏的思维方式困扰。他们对失败的容忍度是非常低的。从后来披露的第二次世界大战历史文献来看,他们甚至对于被盟军俘虏过的自己人都残忍对待。因为一个人一旦被俘,就意味着让原来的集体承担了解救和赎回他的义务,这就给集体带来了巨大的风险。因此,日本军队提倡自杀,这样一来,就没有什么"俘虏"落在敌人手里当"人质"了,集体就不必承担额外的责任和风险了。在日本人的文化里面,被俘是一种羞耻,是一宗巨大的罪孽,增加了集体承担的风险。

在"人上人"游戏中,阻止一个企业家的诞生,意味着我们阻止了某个人用他稀奇古怪的念头来出人头地的企图;我们阻止了他破坏原有的保险互助机制。大家仍然一样均贫,仍然处于相同的阶层和等级之中,互助机制仍然有效,我们仍然维持着集体安全。

除非这个企业家足够强大,他不仅能够脱颖而出,而且愿意照顾大家。这样的企业家在不破坏原有游戏机制和不增加集体风险的前提下,锦上添花地给周围其他人带来了新的福利和额外的保险。他们的数量一定少之又少。"人上人"游戏中固有的风险防范机制限制了企业家精神。

而"天外天"游戏则比较容易诞生企业家。

首先,这个游戏鼓励大家去冒险。新的企业家创业成功了以后,就把原来的既得利益格局打破了。这就相当于鸟群边缘的椋鸟通过自己的努力,取得了更核心也更安全的位置。这个机制必须得到拱卫,否则风险就始终让外围的椋鸟承担了。不断鼓励大家努力提升自己的社会地位(外围的椋鸟挤到对自己有利的中心位置去),就能够确保风险平均分配给个体。

其次,维持集体秩序需要各种看似稀奇古怪的创新行动。椋鸟群在飞行中不断变幻出各种随机的外形,这样就增加了天敌捕食的难度,从而使得集体风险降低。各种创业的企业家看起来在颠覆现有的商业格局和利益体系,其实,形形色色的企业家创业冲动增加了整个社会的"随机性"。<u>他们创业无论成功与失败,都降低了社会整体的风险。</u>

最后,"天外天"这个游戏的文化容忍并尊敬失败者。

我小时候读到查理王的故事时,大惑不解。这位英国国王率军参加了第三次十字军东征,结果战败被俘,在阿勒颇(今天的叙利亚境内)坐牢6年。他逃回英国以后,居然在民众心目中成为英雄,还赢得了"狮心查理"的美誉。仔细翻阅历史,你就会发现:"狮心查理"的一生败多胜少,而且他是我们中国人普遍鄙视的那种"内战内行"和"外战外行"的组合。他身上的荣耀和头顶的光环主要是来自阿勒颇6年牢狱之灾。要是把同样的经历放在古代日本,这个人根本不可能成为英雄,更不可能回国以后继续当国王——他应该在阿勒颇当场自杀。

其实,不光是"狮心查理",从古希腊时代开始,西方世界的英雄人物的命运大多是悲剧。东方的情况正好相反,我们的英雄人物首先是万能无敌且大获全胜的,其次是高高在上并爱民如子的,最后是无所不知但又不耻下问的。西方人认为人应该努力去成为神那样的更好的人,去努力尝试成为更好的自己。这可能对你自己有利(小概率你能成功,获得回报),但肯定对全社会也有利(大概率社会能进步,降低系统风险)。

失败者至少是去做了尝试。这种尝试被认为是对大家有利的事情。在"天外天"游戏中,尝试改变现状对大家有利。没有人尝试的话,椋鸟群的飞行队形就会固化,待在中心位置的鸟儿一直很安全,待在边缘的鸟儿一直很危险,集体被天敌捕食的风险就不能降低,风险也不能在个体中平均分配,集体游戏的机制就会瓦解。

"天外天"游戏一定要鼓励个体去尝试新东西。这种尝试本身就对集体安全有利。与此同时,还应该考虑反垄断和征所得税,否则的话,成功的企业家就像一直占据中心位置的椋鸟,扼杀了今后其他企业家的机会。那样一来,反而对集体安全不利。

<u>在"人上人"游戏中,个体的尝试会增加集体风险;在"天外天"游戏中,个体的尝试会降低集体风险。</u>这就是遏制和鼓励企业家的两种不同类型的集体游戏。

双轨制

不是"天下乌鸦一般黑",而是"全世界都有星期二"。前半句有愤世嫉俗和怨天尤人的思想;后半句则体现了维特根斯坦"家族相似性"的哲学思想:星期二不是对星期一和星期五的否定,它们共同构成了"星期"家族。

"人上人"游戏不是对"天外天"游戏的否定。它们共同构成了一个完整的体系,这个体系就是我们的生活系统。在绝大多数情况下,人们在玩的集体游戏并非绝对的"人上人"或者"天外天",甚至他们可能同时在玩两种游戏。因此,任何社会都有双轨制,因为社会的稳定与繁荣依赖于两股力量同时发挥作用:

<u>一是救助弱者的"人上人"机制,使得大家都获得安全感;</u>
<u>二是奖励强者的"天外天"机制,使得大家都获得进取心。</u>

个体通过集体游戏来寻求安全和发展时,比他单独寻求安全或者发展时的风险更低,发展机遇更多。集体游戏产生了更多的时间,这就吸引了人们参与集体游戏。

"人上人"需要维系一个均质的集体以实现互助。均富当然是理想状态,但因为参与"人上人"游戏的另外一个前提条件是"资源匮乏和机会稀缺"。所以,绝大多数情况下,"人上人"游戏都是在均贫的状态下运行。要维持互助机制,就要保持个体的均贫状态。所以,要约束个体,不要"轻举妄动""朝三暮四""眼高手低"和"这山望着那山高",这些个体的冒险举动会给集体带来额外的风险:当个体冒险失败时,集体内的互助机制就被迫启动了,大家要平均分摊风险去救助他。

在最典型的"天外天"游戏中,椋鸟群需要在飞行途中不断幻化出随机的队形,从而降低被天敌捕食的风险。随机性、多样性和个体的独立性是一体的。这个游戏看起来是一群松松垮垮、无组织无纪律的个体独立追求自己发展。其实,在这个过程中,社会体现了多样性和随机性,这恰恰是集体游戏的风险防范机制。因此,"天外天"游戏会鼓励个体冒险和探索。他们提倡"不自由,毋宁死"和"唯冒险者,真自由"之类的文化信念。因为这个游戏需要个体的探索行动去不断改变飞行队形,使得集体被捕食的风险因队形的随机性而降低,而且在这个过程中,每个个体都只承担平均风险。

这两种游戏分别有利于实现个体的"安全"与"自由",从而有利于实现集体的"稳定"与"发展"。<u>没有哪个社会能够抛掉稳定谈发展,反之亦然</u>;<u>没有哪个个体能够舍弃安全谈自由,反之亦然</u>。所以,我建议读者把"人上人"和"天外天"这两个集体游戏分别看成星期一和星期五。没有星期一的话,也就没有了星期五。没有人会单独且永远地生活在星期一或者星期二,否定星期一就是否定星期五。这符合马克思主义提倡的"统一整体、分别反映"的世界观。

早在改革开放之初,我就听说了"双轨制"这个词。当时说的"双轨制"的意思大致是:在沿海地区先开放、先改革、先试点实行市场经济;另外一部分内地老国企暂时不动,仍然实行计划经济体制。所以,生产资料市场上有两个价格:一个市场价,一个计划价。市场价高,但所有人都能花钱买;计划价低,但一定要有文件批复的计划额度才能购买。市场价和计划价同时存在于一个经济体之内。那些率先开放的沿海地区企业往往没有计划额度,他们只能高价从市场买原材料。赚了钱,归他们自己;亏了钱,也是自己倒霉。当时,有些内地国有企业还是在计划经济体制内,他们就接受计划调拨的生产物资,价格很低,生产出来的产品又被另外一个计划调令拨给其他兄弟单位去了。他们并没有因为买到低价原材料而赚钱,始终处于紧巴巴地过日子状态。当时,曾经有经济学家指出,计划价和市场价最后会合并。但是,随着计划经济体系内的企业越来越困难(他们历史包袱重,需要养活许多人),计划价并没有取消,而是变成了养活这些困难企业的办法。这些企业拿到低价的原材料之后,不再组织生产了(他们已经陷入了越生产越亏损的恶性循环),而是以市场价高价卖掉。他们赚取了中间的差价,然后,就给职工发工资和福利,以便维持稳定。

从表面上看,是实行市场经济的企业高价购买原材料,从而养活了实行计划经济的企业职工。但是,我后来想通了。这里有比"谁养活谁"更重要的线索:市场经济体内的企业追求的是自由。人们愿意承受风险,购买高价的原材料用于生产,从而保持自己的"独立经营权""自主决策权"和"利润分配权"。计划经济体内的企业追求的是安全。人们愿意承受贫困,不再组织生产经营活动,从而获得了和周围人一样的平均生活保障。对于领导来说,保持这样的双轨制,就能够同时获得发展和稳定。

毫无疑问,这两类企业像是同时在玩"人上人"和"天外天"游戏。这就提醒了我:一个人数众多的社会需要同时解决不同人群的诉求,也就需要同时组织不同的集体游戏。

当时,我以为双轨制是暂时的。我们迟早会全体过渡到市场经济。后来,我明白了,双轨制会长期且普遍存在。我们会始终生活在两个乃至多个集体游戏之中。根本原因在于人类同时具有"自由和安全"两种诉求。这两种诉求并不是相互矛盾的,而是相辅相成的,这就构成了我们完整的人性。

我自己体会到这一点的时候,已经是2015年底了。那一年,我和25个年轻的同事一起从国企辞职下海,参加了混合所有制改革的试点,创办了互联网房产中介经纪公司(大房鸭)。在办理离职手续的最后一个星期里,一位老领导打电话叫我到他在×××的办公室,说要和我谈谈。那天我去了以后,他没有像以前那样亲切地拿起桌上的半包烟,朝我扔一支过来,也没有吩咐外面的工作人员进来倒茶,而是直接把我指向了长沙发的那一头。我就知道他今天要说一些严肃的话题了。果然,他语重心长地对我说:"洛华,你以后就只有一条高压线了。"我立即绷紧上半身并略微前倾,表示我在仔细聆听。他顿了一顿,接着说:"你以后绝对不能偷税漏税。"我略感意外且略有失望,因为我本来指望他给我一些特殊优惠政策支持。

一开始,我以为他是提醒我要注意税务合规的问题。随着时间的推移,我慢慢明白了他那天说那些话的眼神、语气和环境。他看着我的时候,有一种羡慕、释怀、惆怅、冷漠、自我保护地欲言又止、对我以前鲁莽行为的原谅和对我今后生计的关切。我无法说清楚他的表情,关键是我猜不透他的意图。

他好像是在说,"洛华,你终于明白过来了;""洛华,你可能已经知道了,这次换届,最后的名单里没有你;""洛华,其实我是真心羡慕你啊;""洛华,以后你就放开手脚,大干一场吧。"当然,他也可能就只是随便说说,表示一下对我的关心而已。所以,我对他的这句话最后的解读是:"洛华,你已经百无禁忌,从此自由了。"他帮我卸下了思想包袱,以后再也不要背负老的集体游戏中的条条框框了,就按照市场经济规则去办一个企业吧。除了偷税漏税这种"高压线"不能碰,其他事情就尽可能去尝试吧! 于是,我现在觉得他当时像是在机场告别大厅给我送行:"洛华,出发去看'天外天'吧!"

我并不认同所有的国企都在玩"人上人"游戏。但是,国企确实有许多条条框框。无论做什么事情,我都要考虑许多制约条件,等这些制约条件都满足以后,我发现我应该放弃做这件事的念头。保持稳定,维持原状不变,才是最佳的策略,有时甚至是唯一可行的策略。我并不需要采取任何实际的措施。一旦采取了什么举措,就会很容易破坏稳定,破坏"人上人"游戏中好不容易形成的稳定(即低水平的互助保险机制)。

在有些地方的国企中,人们会在年初的动员大会上宣布一系列改革举措,又在年终的总结表彰大会上宣告一系列胜利,然后把两份材料交给上级,这就好了——仿佛国企改革就这样完成了。

如果椋鸟群的"天外天"游戏算是星期五的话,那么,大房鸭这个试点单位可以算是星期四;如果典型的"人上人"游戏算是星期一的话,那么,我们下海以前待的国企可以算是星期二。这些都是统一的整体,完整的人性。

我现在明白了:双轨制其实是相互成全的筛选机制。喜欢安全的人待在体制内;喜欢自由的人去市场下海。这样的人员分流就给社会分别带来了稳定的定力和繁荣的活力,两者的合力成全了社会前进的动力。

正如我们要在体制外的市场经济大海中制造竞争,我们也一定要在体制内建立一种危机感,有时就是一种自我心理压力带来的压迫感,让人感觉不舒服、窒息、不安全、不自在、不自由。于是,他们就会向往体制外的自由生活。尽管那里没有保障了,尽管自己的能力可能根本不足以在市场上竞争。但他们就是向往自由,因为他们无法忍受为追求安全而忍受"不安全"。与其这样整天忍着,那还不如下海,至少获得了自由。这就是筛选机制,这就是激励机制(这其实是一种算法),把一批人赶下了市场经济的"大海"。

双轨制并不是我国独有的，任何社会都有双轨制，只不过你不去发掘，对方也不宣传而已。出现双轨制的根本原因在于，人类的基因有两面性，我们既渴望安全又向往自由。这两者缺一不可，否则的话，人类进化不到今天的地步。

我曾经在《市场本质》一书中指出：等级社会有自由，自由社会有等级。我的美国黑人哥儿们 Terry Logan 告诉我：他们总是说每只猴子都平等，但有些猴子比你更平等——因为它们的屁股比你的大。我很清楚也很同情他在美国社会遭遇的彬彬有礼的歧视和振振有词的怠慢。所以，我猜想可能任何社会都有"双轨制"。

在美国的某些行业，或者欧洲某些由行业工会控制的经济体，任何改革都往往寸步难行。因为涉及一大堆人的生计，工会根本就不用组织罢工，他们雇佣的律师就足够让推行改革的新内阁头疼了。由于很难在工会控制的行业推进新技术改造，重构新经济体系，提升效率的努力也往往受挫。工会会员就像被保护的对象，他们的工厂即便岌岌可危了，也不能破产，政府会不断给资金补贴让他们继续养活这些工会成员。所以，不是社会经济体制的区别，双轨制是人类的共性。

在现代社会里，人们不会只玩一个游戏。有时"天外天"是主流游戏，社会就表现为繁荣进步乃至灯红酒绿的市场经济。有时"人上人"是主流游戏，社会就表现为安定祥和甚至夜不闭户的温情社会。社会就在这两个主流游戏之间变化。

国企维持社会稳定的方式是用全社会的钱养一群低效率的人，但关键不是他们的低效率，而是他们的纪律性、服从性和稳定性对于全社会有利。天下没有免费的午餐。有些国家为了维持稳定就被迫印钞票资助陷入困境的国企。我在《估值原理》里面就说过，印钞票不是为国企改革赢得时间，而是为国企不改革赢得时间。稳定的低效率代价巨大，而且不是长久之计。如果我们的经济运行都靠国企的话，整体经济运行的效率就太低了。怎么办呢？那就要旗帜鲜明地鼓励非公经济发展。这样一来，就能够提高全社会经济体运行的效率。

过去，我也曾经梦想过：设计一个万能的国企改革方案，当一个国企改革的先进人物，当改革的排头兵，在单位里建功立业，干出成绩之后被领导重视和重用，并被安排到其他更重要的岗位上继续推动更大范围的国企改革。我下海做过房产中介以后的体会是：国企改革根本就没有最佳方案。如果有人告诉你，他设计了一个最优的方案，那他一定是在胡扯，一定是在忽悠，或者根本就是一个经济学家。

我认为根本就不需要什么改革方案，只需要建立一套筛选机制。这个筛选机制就是一个满盘皆活的改革方案：让那些热爱自由的人，下海去"哈客户、摇尾巴、讨营生"；让那些渴望安全的人待在体制内"夹尾巴、不出声、听指挥"。

我特别支持和拥护中央提出鼓励民营企业发展的"两个毫不动摇"和"三个确保"的方针政策。政府给民营企业足够的发展空间，让民营企业好好发展，自由发展，除了法律法规的高压线以外，其他一切限制民营企业发展的"玻璃门"和"天花板"都要打破。大海更宽广，海里的鱼儿就游得更自由；天空更辽阔，天上的鸟儿就飞得更高远。一旦市场经济的大海和天空都变得辽阔而自由了，自然而然就有许多人从国企或者体制内下海，加入市场经济的"椋鸟群"。

这样一来，国企改革反而容易推动了。因为体制内国企剩下的人都是特别热爱安全的,特别稳定的,特别服从命令的,特别善于前后左右自动对齐和上级保持一致的那些人。对于体制内的国企来说,不需要养太多的人,负担就会轻很多,企业就会运转得更有效。它们也就不需要每年财政大量的补贴,也不需要国有银行配合给贷款延期。它们虽然低效,但是因为规模减小,所以消耗的社会资源并不多。

与此同时,体制外的市场经济,都是一些热爱自由的人,热衷于追逐自己的新点子,热心于探索未知新领域,热情奔放地去承担未来的风险。政府从他们头上收税,商业银行给他们放款。这样一来,市场就充满了活力,市场经济就能高效运转起来了。

"人上人"游戏给个人带来了安全,给社会带来了稳定;"天外天"游戏给个人带来了自由,给社会带来了繁荣。

当然,还有一个技术性问题,即选择机制必须是单向的。这也是社会学家郑也夫老师在研究有关"单位"问题时提出的:离开体制的人不能回去了,这是体制为了维护它的稳定而采取的必要"惩罚"措施。这样做可以起到威慑作用,并把最不想走的一小部分人永久地留在体制内。这样只消耗很少的一点资源就能维护社会稳定。如果绝大多数人离开了体制,在市场经济大海中搏击失败了以后,又回身上岸,再去体制内的话,就会有负面的影响。首先,对于下海的人来说,他们"不忠诚",他们不安于体制内,他们免费获得了一次下海的机会,而其他留在体制内的人没有,这就不公平。一旦人们感觉不公平了,游戏就很难维持稳定;其次,如果心里想着"万一干不好,我以后还能回去",那么,下海的人很难全力以赴。人有退路的时候,那条路往往就是他最后唯一的出路。这是我做大房鸭公司的切身体会。

在体制内给大家公平,无论这个公平的条件和标准是否合理,总之给他们公平,人们内心就获得了平静,能够忍饥挨饿,能够忍受各种压力,这样体制就获得了稳定的定力。在体制外,给大家自由,无论这个自由多么光怪陆离或离经叛道,总之给人们自由,他们身心就得到了释放,他们就去探索各种新事物,成就各种新的可能性,经济就繁荣了,整个社会就获得了发展的动力。

在1978年改革开放之前的农村,曾经流行过这样一句话"越穷越光荣"。其实,这句话真实的意思应该是"越穷越安全"。这就像是一种社会稳定机制,防止因有人富裕而产生不平等的状态。那些想要通过自身努力而变得富裕的人被称为"冒头",会遭受打击、排挤和批判。穷人获得了更高的社会地位,他自动拥有了批判富人的道德制高点和剥夺富人的行政执法权。于是,大家都争先恐后地陷入了贫困状态。如果一个社会只有一个单一的"人上人"游戏,那么,维持这个游戏运转最有效的办法就是实现"集体贫困"。

改革开放以后,邓小平同志指出,"让一部分人先富起来"。这并不是在人为地制造贫富差距,而是给全社会注入了活力,给相当一部分人开辟一条新的出路,每个人的人生都多了一个选择。由两个乃至多个集体游戏组成的社会才能同时实现繁荣与稳定。

我现在对"双轨制"的理解是,并不是我们当初的国企改革不彻底而被迫容忍了"双轨制",而是我们本来就应该允许不同的人选择不同的人生道路。"双轨制"是表面现象,核心是人民有了"选择权"。这才有了我们今天繁荣又安定的幸福生活。"双轨制"应该长期保持下去,单方面提倡一种集体游戏是危险、偏激乃至错误的。这种教条主义的错误会要求人们只能过星期一,不能过星期五——可笑之极。

金钱与效率

改革开放之初,深圳蛇口工业区的建设者们提出了一个著名的口号:"时间就是金钱,效率就是生命。"我特别喜欢这句话。因为这句话包含了那一代年轻人对祖国前途和自己命运的热情期待。

对于熟悉市场经济运行规律的人们来说,这句话是天经地义的,因为在市场经济中,效率和金钱是一致的。这正如在"天外天"游戏中,时间和自由是一体的;在"人上人"游戏中,时间和安全是一体的。

假设我通过发明创造搞出一个新技术,提高了工厂的劳动生产率,结果导致了一半的工人下岗。在这个过程中,我得到了更多的钱和更高的社会地位,工厂得到了更好的效益,下岗的工人得到了更多自由的时间。他们可以用这些时间和失业补助去进修和提高自己的能力,也可以去享受生活,提升自己的生活体验,他们还可以重新去新的行业谋职,探索人生的另外一段经历。

在"人上人"游戏中,人们会抵制这项新技术。让一半工友下岗的新技术会立即破坏这个集体赖以生存的互助保险机制。那些工人们没有做错任何事情,却要承担下岗的"惩罚"。发明这项新技术的人简直就像"灭霸"一样残忍。在"人上人"游戏中,人们喜欢表现得很弱小,很无辜,很值得同情。任何提高效率的新技术必须拥有这样一个前提条件:工人的数量和福利只能增加不能减少,劳动强度只能降低不能增加。所以,在"人上人"游戏中,提高效率的途径只能是"增加产能"。这样,工厂就不必裁减员工了。于是,产能越来越大,经济规模越来越大,债务规模也越来越大。最终,国内市场消化不了过剩的产能,金融体系就会有风险。如果能够压低产品价格扩大出口,问题还不严重;如果出口受到限制,那一系列问题就会同时暴露出来。

只有在"天外天"游戏中,"裁减员工,提升效率"的路径才能走得通。参与"天外天"游戏的人们渴望更多的自由。对他们来说,冒险、猎奇、探索、惊喜和好奇等体验都是精彩人生中必不可少的内容。他们往往认为自己很能干,能够应对各种不确定性的挑战。他们喜欢被人视作强者。

造成这种文化差异的关键在于,"人上人"游戏中的机会太少了。人一旦下岗,他的社会地位就下降,低阶层的机会就更少。因此,地位下降和失去工作岗位对他来说,不是新机遇的召唤,而是更多灾难和风险的开始,是生存概率的降低。而"天外天"游戏中的机会多,人们不怎么害怕下岗。美国社会包容多样性,鼓励尝试,容忍失败,这些文化完全不同于日本社会的"耻感文化"。"天外天"游戏的社会像一个生物多样性丰富的湿地生态系统;"人上人"游戏像一个荒凉的沙漠——一旦脱离有组织的骆驼商队,你就面临渴死的风险。

在"人上人"游戏中,给下岗工人更多自由的时间,就是给了他更大的风险,而非更多的机遇。他之所以加入这个游戏集体,是为了寻求安全,而不是追求自由。在"天外天"游戏中,给下岗工人更多的时间,对他来说,是给了他更多的机遇而非更大的风险。

<u>人们对时间的看法决定了他们对效率、财富和地位的看法。</u>

我曾经受邀去各大学的MBA班讲授金融学。我尝试过一个"算

法"。我每次上课之前,都给学生们一个选项。我告诉学生们,他们可以选择和我的互动关系,我们之间可以是"厨师和顾客"的关系,也可以是"老师和学生"的关系。如果他们选择成为我的顾客,我会给他们讲很多资本市场上好玩的"段子",让他们开心,轻松地学习。而且我保证,只要他们不交白卷,每个"顾客"的考试成绩都是 100 分。如果他们选择成为我的学生,那么,我会对他们严格要求,布置各种练习和作业,逼着他们时时刻刻要动脑筋。我当然不会当众羞辱、拷问或晾晒他们,但当他们回答问题时,肯定会承受巨大的"拷问"压力。最后的考试是选择一个资本市场的实际案例来考核。因此,可能还有同学会不及格。我让同学们自己选择,然后少数服从多数。

我发现,凡是排名靠后学校的学生们,普遍选择当我的"顾客"。他们当然没有明说自己是消费者,但他们会委婉地告诉我,他们已经为我这门课交过学费了,而且学费还很贵。我当时就理解了,这些孩子们生活在近期的时间里面。时间对于弱者来说,更多的是风险。他们害怕这样一种风险:花了钱之后,考试不及格,拿不到文凭,这样钱就白费了。

那些排名靠前学校的学生,普遍选择当我的学生。他们不会对我提学费的事情。尽管他们的学费可能更贵,但他们没有把学费当成饭店的消费。他们明白自己是来学校深造的,他们渴望把自己锻造成更厉害的角色。他们并不担心文凭的事情,他们相信凭自己的能力不仅能够获得文凭,还能提升自己的社会地位。文凭不是他们进步的台阶,而是长跑路上的计数器。这些学生是生活在远期的时间里,他们看中的是未来的机遇。要抓住未来的机遇就要打造自身的能力。他们渴望更大的能力给自己带来的更多可能性。时间对于强者来说,更多的是机会。

还有一次,我是以代课老师的身份去国内一个顶尖大学教一个班的 MBA。那里的学生们是这样回答"厨师 vs. 老师"问题的:"周老师,你就按你自己最舒服的方式讲吧,因为你发挥得越好,我们的收获就越大。我们会调整、适应和取舍的。"他们脑子里好像没有这样的风险意识:学费打了水漂怎么办?拿不到文凭怎么办?成绩单看起来很糟糕怎么办?我当时就觉得,我遇到的不仅是一群"厉害角色",而且还是未来世界的商业领袖们。我对他们充满了期待和敬意。

那天我回来以后,反思我自己,我不仅在胸怀、气魄和眼光上不如白天这个班上的年轻人,我还根本就不会过日子。其实,我和那些把我当"厨师"并被我"鄙视"的 MBA 学员们很像:输钱了,我焦虑;赚钱了,我还是焦虑。股票无论涨跌都无法打消我的焦虑情绪。我似乎失去人生的目标了。我在意的并不是股票涨跌,也不是资产净值的高低,我在乎的是我在这个社会中的相对地位带给我的安全感。

我有身份恐惧和地位焦虑。我生活在周围人的审慎眼光中,期待他们的巴结,害怕他们的鄙视。我想象着他们会如何判断评价我的一举一动。我就生活在近期的时间里,现实生活里,周围环境里。我埋没了远大理想,丢掉了对世界的好奇心,对未来的期待感。于是,我就开始感到了恐惧和焦虑。我担心失去了现有的社会地位之后,我遭受的鄙视就会更多,我获得的机会就会更少,生存概率更低。

我估计很多人都有与我类似的焦虑情绪。我整天想着投资,其实是害怕其他人投资发财以后,我的相对地位下降。地位下降了以后,我就更不安全,从而更焦虑,然后就更急于"翻本",就在这种焦虑情绪的推动下,我反而更容易做出鲁莽而错误的投资决策。最后,我就在资本市场被我自己的鲁莽淘汰了——尽管资本市场并没有打响指的灭霸。

我想了很久,我明白了一个道理。如果我担心的是我的社会地位下降,操心的是如何防止别人超过我,那我根本就不应该去投资股市。我应该高杠杆押在另外一个大概率事件上:房产。

为什么是房产呢?我们买入房产,希望它涨。它涨的基础是更多的年轻人愿意把自己未来30年的时间卖给开发商或者房东。银行收到抵押物凭证以后就放款给买房的年轻人,同时拿到了年轻人未来30年按月还款的承诺。开发商收到全部购房款以后,他的社会地位就上升了。

不要只看到他开发的房子在升值,还要看到有许多年轻人愿意在今后30年努力地工作。这些年轻人看起来在为各自单位的领导或者老板在工作,其实他们是在为开发商工作。只不过,有时候,有些专家出于种种动机而误导了舆论:他们说年轻人始终在为银行打工。我认为在这个游戏中,国有商业银行不仅是无辜的,甚至是无关的,关键还是开发商的社会地位得到了提高。

如果有一个集体游戏,让更多的年轻人未来30年为我玩命工作,让他们未来30年没日没夜地加班,让他们还完贷款之前没有自由的深呼吸,只有紧张的压迫感,我的社会地位就提升了,这个游戏的工具就是房子。如果你参与的是"人上人"游戏,你就应该考虑投资房产。

在另外一场集体游戏中,我们买入股票,希望它涨。它涨的基础是什么？股票上涨的根本动力是生产力水平的提升，是劳动生产率的提升，是企业绩效的改善。总得要有人用科技进步的办法，把更多的年轻人从繁重的工作岗位中解放出来，让他们未来 30 年有更多的自由支配的时间。科技进步导致股票上涨，是因为科技进步使得一大批年轻人有了更多自由支配的时间。对于能干的人们来说，有了更多的时间就像普通投资人手里拿着期权一样。股价上涨体现了"被科技进步释放出来的时间"的价值。

房产和股票都是对时间的定价。而时间到底是什么？这既取决于你对时间的看法是偏重机会还是风险，又取决于你自己是向往自由还是安全，还取决于你自身是强者还是弱者。

在强者组成的社会里，技术进步了，效率提高了，人们就有了更多的自由时间。于是，股票就上涨了，与此同时，一大批工人们被技术进步淘汰。他们带着强者的自信，乐观地面对自己的未来，相信这是对自己有利的技术变革，自己需要重新进修，提升技能，改变生活方式，重新适应新岗位。他们相信自己下岗以后，生活反而会有更多积极的变化。什么样的人们才会相信这一切呢？那些热爱自由的人们——强者才会追求自由，弱者只寻求安全。

你是否发现了"房产—股票"这两者之间此消彼长的关系？经济学家们说是因为资金都跑去炒房子了，所以股票不涨；或者资金都去炒股票了，所以房子不涨。我是不赞成他们这一错误观点的。

房产上涨需要未来有更多的人在工作中投入更多的时间，这相当于效率下降；股票上涨需要未来有更少的人在工作中花更少的时间，把更多的劳动力从岗位中解放出来，这相当于效率提升。一个经济体不能同时玩转"效率提升"和"效率下降"这两个相互矛盾的游戏,两种情况不可能同时发生。

这就是我在《估值原理》里面反复讲的道理:<u>表面上是资产价格在涨跌,实际上是人的社会地位在升降。资产价格的变动源自人与人之间关系的调整。</u>

我们买卖的,从来就不是资产(比如股票和房产),而是人的时间。在"人上人"游戏中,尽早买房相当于尽早卖出自己未来 30 年自由的时间,随着效率下降,时间会贬值;在"天外天"游戏中,尽早买科技股相当于尽早给自己买未来 30 年自由的时间,随着效率提升,时间会升值。两者都能在游戏中提高你的相对社会地位。

<u>"天外天"游戏中的股票涨跌,其实不是资金的流动,不是热点题材的切换,不是经济周期的轮回,而是不同人群社会地位的升降。</u>一只椋鸟努力飞向了群体的中心位置,它的地位就上升了。不断的科技进步就是不断有后来的椋鸟继续努力。每隔几年就有一批新的科技股淘汰老的科技股。个体的社会地位始终在升降,这是"天外天"游戏特有的稳定。

房产游戏

我做过房产中介。我接待过许多首次置业的年轻夫妻。我一直有一个巨大的疑问,他们到底是买进了一套房子,从而获得了居住的空间,还是卖出了自己今后 30 年的时间,以便赢得社会地位?

从 2002 年到 2022 年这 20 年间,我经常听到经济学家们为房价上涨做出这样的解释：房地产是一个蓄水池。有了这个蓄水池，央行就可以放心地"放水"或者"印钞票"。因为房价的上涨会吸收央行超发的大量货币，这样一来，全社会的通货膨胀水平就不会上升，由此得出结论：房价上涨对经济发展有利，对社会稳定也有利。这个解释听起来像是替开发商辩护，而且辩护的方法是暗示央行才是导致房价上涨最大的"嫌疑人"。

这个观点之所以被我认为是肤浅的，是因为它只观察了资产，而没有观察人。我在《估值原理》里面就反复强调，重要的不是研究资产价格的涨跌，而是研究各阶层人们社会地位的升降，以及他们相互之间关系的调整。

如果经济学家们的观点是对的，那么，我想请他们回答几个问题（其实，经济学家们是不会回答我的问题的）。我还是请他们的信徒（其实，他们是经济学的受害者）思考以下问题吧！

第一，无论黄金还是房产等实物资产，都有蓄水池的作用，大家为什么不去存黄金呢？

过去20年房产的涨幅远远高于黄金的涨幅。只有从集体游戏角度才能理解，为什么央行印了那么多钞票，涨的是房产而不是黄金。房产是社会集体游戏中使用的"比赛用球"，对于我们现在的游戏来说，它比黄金更好用，是更适合我们游戏的"比赛用球"。黄金则是另外一个集体游戏中使用的"球"。在工业化时代，黄金越值钱，就越能够促进采掘、冶炼、铸造和其他重工业化所需的技术的发展。所以，黄金和房产是不同集体游戏中的工具。他们并不是普通人对抗通货膨胀的工具。社会主流游戏在用房产，而不是黄金玩集体游戏。你只有加入主流游戏,持有了这个比赛用的球,才不会被主流社会淘汰,你的社会地位才不会降低。所以,并不是"房产这项资产可以抗通胀",而是房产可以提升玩家在集体游戏中的地位。

一旦你接受了集体游戏的观点,你就释然了:黄金和房产的涨幅不一样,是因为人们在玩不同的集体游戏。当社会主流游戏用的球是房产的时候,你持有黄金是不能提升自己地位的。从表面上,是你持有的黄金没有跑赢通胀;实际上,是你的社会地位相对于持有房产的人下降了。

第二,还有一些问题启发我的思考:为什么美国人的自有住房拥有率比我们低?为什么欧洲国家的年轻人普遍都租房子?买房子出租再用租金抵按揭为什么在美国始终不是一个好生意?为什么亚洲国家的居民普遍喜欢买房子?过去 20 年,经济学家们不是一直在指责美联储大放水印钞票吗?为什么他们印钞票以后房价涨幅不大而股票却乱涨?

有没有这样一种可能性:欧美的年轻人喜欢玩"天外天"游戏。他们不想背负几十年按揭贷款去买房子。他们宁可租,从而给自己留下足够的未来发展空间,随时出发去远方。年轻人一旦背负了按揭贷款,他恐怕就不能去当"背包客",骑一辆自行车走遍全世界。他恐怕只能在电视里去看"天外天"。年轻人不买房,不背按揭贷款,也就没有卖出自己今后 30 年的时间,就相当于给自己保留了一个"观望权"。

如果欧美国家始终在玩"天外天"游戏的话,他们的文化氛围和风俗习惯就不会为难和鄙视那些没有房子的年轻人。那里的人们反而羡慕他们的年轻和自由。《黑天鹅》的作者塔勒布说:"我衡量一个人成功与否的标准是他有多少自由支配的时间。"为拥有房产而背负几十年按揭贷款可能会使得一对年轻夫妇丧失今后生活的选择权和灵活性,或者说,就是失去了某种自由。这种人在欧美国家里,反而沦为了失败者——而且输在了起跑线上。

第三,为什么房地产繁荣的经济体,一般都不是内需主导型的?日本、中国的香港、新加坡和当年的东南亚国家和地区都有过房地产繁荣的时期。这些经济体的内需都不如出口订单来的旺盛。难道是房价太高抑制了内需?还是因为内需不足被迫推动了出口?

如果一个经济体里面的年轻人被限制了发展的机会,他们就会生活在眼前短视的时间里,他们眼里的世界有更多的风险,他们消费起来就比较谨慎。如果一个经济体里面的年轻人有无穷无尽的发展机会,即便他很穷,他也生活在长远的时间里,那里有机会和梦想,那么他就会毫无顾忌地去消费,他不怕寅吃卯粮,先过上好日子再说。因此,内需不足和机会匮乏可能同时发生,可能是同一个原因产生的不同结果,也可能是同一个事物的不同表现方式。

一个经济体自身的发展机会匮乏,它就会谋求外需,就会开拓海外市场,就把自身定位于服务海外市场的供应商。这样的出口模式在东亚国家的经济发展史上很常见。日本以及当年的"四小龙"和后来的东南亚国家(地区),都经历过类似的发展阶段。而且,在这个发展阶段中,往往同时伴随着房价的上涨。这是我的一个重要线索,这条线索就像古罗马公共浴室的马赛克一样给我拼成了一副模糊的图景:

一是年轻人缺乏发展机会,导致消费谨慎和内需不足;

二是外需旺盛,只要努力工作、玩命干活,按海外客户的要求完成出口订单就有利润；

三是年轻人只要坚持几十年努力工作就能够还完按揭贷款；

四是房价在涨，没有买房的年轻人被视为胆小的人或者懒惰的人，从而遭到亲友的鄙视和社会的怠慢。

尤其重要的是，以上这几件事情曾经在同一个经济体内同时发生。我仿佛来到了侦探片的最后一个场景，所有的嫌疑人都到齐了，我该向观众揭晓谜底了。

我在写作这段内容的时候，正好刷到一条短视频。里面的人振振有词地说这句话是某某商界大佬的人生总结："谋事，找手头宽裕的人；做事，找手头拮据的人。"尽管我觉得这条视频纯属"心灵鸡汤"，但是，他说的内容可以用来支持我的观点。于是，我就不拘一格、不耻下问和无心插柳地解读一下我对这句话的理解。

手头宽裕的人生活比较安逸，他衣食无忧，生活在远期的时间里。他对未来的想法和规划就不容易悲观，他更容易看到发展机会。他有足够自由时间去想象未来世界，在展望未来时，渴望去实现更好的人生。而那些手头比较拮据的人，往往愿意死心塌地、勤勤恳恳和任劳任怨地工作。他渴望获得稳定的、可以预见的、有保障的收入，以便在近期的生活中获得安全感。

那些背负按揭贷款的年轻人是最好的打工人。工作带给他们的是每个月按时还款的安全感。一个国家如果绝大多数年轻人都背负按揭贷款，这个国家的工薪阶层一定勤劳、踏实、肯干，自愿加班，而且也不太会和老板吵架。他们一直担心被裁员，裁员就失去了生活保障，这个月的按揭还款就岌岌可危。他们生活在近期的时间里，对生活中的风险更敏感。

按揭贷款买房子的年轻人就是卖出了自己今后30年的时间。他在银行签署按揭贷款协议的时候,同时和这个社会签署了"未来30年勤勤恳恳工作的保证书"。

房子并不是一项资产,它是一套装置,为了让一种机制发挥作用的物理媒介。这种机制让更多的年轻人努力工作。今后30年老老实实、服服帖帖,不敢乱说乱动,不敢违背命令,不敢创业炒股,不敢花钱大手大脚。还有什么比"年轻人按部就班过一辈子"更能够维护社会稳定并实现繁荣的呢?有了这样一批年轻人,只要再有外需订单,任何经济体就会迅速腾飞。

<u>房地产就是一个市场化运行的"人上人"游戏,只不过人们是用制造"人下人"的办法来实现机制运转的。这个"人下人"就是无房户。</u>一般的"人上人"游戏中,那个最穷的人受到照顾。房地产游戏则有所不同,人们用降低无房者社会地位和生活便利的方法来鼓励大家买房子。成为有房户就达到了社会平均水平,就可以避免被鄙视的命运。当然,房产证也给你在城市生活的各种便利,包括户口和就医,以及孩子就近上学的便利。

房产上涨是一个变相的"人上人"的游戏。该游戏鼓励大家成为均质化的有房人。由于我国绝大多数人拥有自住房,因此,无房户是很少的。而我在大房鸭做房产中介的经历告诉我,有多套房子的人也是少数。没有房子的人会被周围人鄙视,拥有多套住房的人会被政府征税。这就鼓励人们和大家保持一致,形成均质化的群体。绝大多数人就只有一套住房,这就是我们社会的常态。

你为什么非要买房呢？因为社会上有鄙视无房户的风俗，不要说丈母娘对你的要求了，就是在同事眼中，那些有房族和租房客也有等级差距。通过惩罚"无房人"，可以鼓励大家去做"有房人"。一旦你成为有房人，你就大概率签约了 30 年的按揭贷款。于是，大家都努力工作，勤勤恳恳，像钉子一样钉在岗位上，一钉就是几十年。只要这个月的按揭能够按时还款，我下个月就还待在这个中产阶层。海外客户需要什么，我们就生产什么；老板让我做什么，我就做什么。依此类推，整个社会就不是一个充满机会的地方，也不鼓励大家去做自己最想做的事情。

在一个房价持续上涨的经济体中，年轻人都要比他们的上一代人借更多的按揭贷款，才能买同样大小的房屋。这相当于时间在贬值。这样一来，年轻人就要工作更努力，加班更勤奋，开支更节约，如此才能履行自己对银行的还款承诺。于是，这个经济体的生产活动就会很兴旺，而消费行为却不会很发达，消费开支占经济总体的比重也不会很高。有了旺盛的生产和节制的消费，这个经济体的物价就不会乱涨。<u>并不是房地产变成了吸收央行过度投放货币的"蓄水池"，而是不断上涨的房价把年轻人变成了玩命工作并省吃俭用的"机器人"</u>。关键是观察人们在用什么资产玩怎样的游戏？他们要达到什么目的？解决什么问题？排除什么风险？<u>脱离人的集体游戏而单独研究资产本身的涨跌，绝对是舍本逐末的短视行为</u>。

房价上涨是一个改良版本的"人上人"游戏。在这个游戏中，每个人都要努力工作，勤俭节约，这样的社会就会用更小的消耗去生产出更多的东西，经济就会繁荣，社会就会发展。只要让大家相信房价会继续上涨,就能吸引更多人来玩这个游戏,就能让更多人在游戏中更加努力工作。或者,用火星人的视角来看:只要房价还能涨,就说明这个游戏中的人们还有潜力可挖,他们还能更努力地工作。房价要一直涨到这种潜力消失为止。到那时候,他们就需要换一个游戏玩了。

等到人口减少的时候,已经没有足够的年轻人玩命工作30年时间了,也就没有足够的年轻人签约30年按揭贷款了,房地产市场的流动性会突然消失。而且到那个时候,全社会突然发现房价长期高涨带来了新问题,如高杠杆问题。一般来说,玩房产游戏的社会,杠杆率会越来越高,而且劳动生产率却不会有很大的提高。因为劳动生产率的提高不利于鼓励年轻人钉在岗位上玩命干30年,反而会鼓励年轻人在爸爸家的车库里鼓捣电脑主板,搞什么稀奇古怪的发明创造——那是一个不同的游戏了。

房价崩溃下跌以后,人们又会选择一个新游戏玩下去。他们开始新游戏的时候,会谴责老游戏玩家的无知,甚至惩罚一部分老玩家。其实,不是房地产玩家的无知,而是社会需要大家重新用智慧和精力投入新游戏。因此,一定要打压老游戏赢家的社会地位,提升新游戏玩家的社会地位。打压老游戏赢家的社会地位的最简单粗暴的办法,就是让房产价格下跌,在下跌过程中,把社会各种不良现象归罪于房地产投资商的贪婪和不公。全社会在游戏切换的时候,会默契地打出一套组合拳。

在玩房产游戏的社会里,年轻人被漫长的(有时甚至是沉重的)按揭贷款锁定了。他们无法追求成为"天外天"的探索者。国内买房难度也高于世界平均水平。有人说,上海的房价早就已经高于大阪、旧金山、悉尼和伦敦这样的国际性城市了,而人均收入却还低于这些城市。这说明了什么?说明上海的年轻人要比上述城市的同龄人更加努力地工作,更少休息,更节俭地开支,甚至他们的父母也要更加慷慨,才能在上海安家落户。

维护房地产价格的稳定,就是维持了对年轻人的激励机制:房价上涨奖励了早期努力的年轻人,房价将来还会继续上涨的预期就会吸引现在的年轻人继续努力。<u>社会需要的并不是房地产价格的上涨,而是年轻人努力工作一辈子的这种精神状态。</u>

一般来说,雄性荷尔蒙分泌旺盛的人,不太能够长期承受压力。他们适合一声怒吼,拔刀相助,"给自己和敌人都来一场痛痛快快的战斗"。在房价飙升地产繁荣的时代,女性喜欢干干净净、清清爽爽的小男生,她们称其为暖男。女性特别不喜欢那些胡子拉碴的男性。其实那些雄性特征明显的男性,更适合在某一个时刻或者较短时间内参与保卫部落的剧烈冲突,他们不适合承担 30 年按揭贷款漫长的压力。所以,房地产繁荣的时代,他们并不受欢迎。那些干干净净的男生反而能够温和而沉默地扛住漫长的按揭贷款还款期,他们抗压能力更强。

社会在用房地产玩游戏的时候,房价一定要持续上涨。这就像激素一样,人一旦适应了原有的激素水平,产生耐受性了,激素对人就缺乏刺激了,所以,要不断提升激素水平,加大剂量,对人就能够产生持续的影响。房子就像是荷尔蒙,能够让这个社会的年轻人玩命干活,而且心甘情愿地干一辈子。为此,他们甚至可以牺牲一部分自由:一旦背负了 30 年的按揭贷款,这 30 年里面你不能有太多的选择,不能发脾气,不能随便辞职,不能反抗老板,只能忍气吞声,忍辱负重,熬到自由的那一天。其实到那一天真正来临的时候,你拿着最新的体检报告,会突然发现,你曾经期待的财富自由和社会地位对你来说,都已经不那么重要了。当然,此时的你对于社会即将开始的新游戏来说,也不那么重要了。

房价下跌也可以用来玩另外一个集体游戏,解决社会面临的其他问题。比如,房地产"限购"政策的目的在于"限售"。这倒也不是防止有人抛售房产,而是把大家带入新游戏。我总是想日本房地产泡沫破灭之后的30年时间,房价为什么下跌?难道真是老龄化社会导致供求失衡?有没有这样一种可能性:房价下跌会导致全社会物价下跌,进入通货紧缩的货币环境,人们熟悉了物价持续下跌的环境之后,就会建立物价会继续下跌的预期,然后自动调整消费和投资行为以适应这种预期。于是,日本人就养成了节衣缩食、量入为出、勤俭节约的美德(这种被普通人称为美德的东西,就是金融学里面的交易策略)。一旦日本人养成了这些美德,他们就开始崇尚极简主义的审美观,整个社会也就应对了老龄化问题。

从表面上看,是日本的房价下跌了,是资产价格泡沫破灭导致了金融危机或者经济衰退。其实,是房价下跌教会了普通日本人过上省吃俭用、量入为出和勤俭节约的生活,从而适应了老龄化社会。只不过,这一次,他们是用房产下跌来玩游戏的。

股票游戏

我儿子3岁的时候,就注意到股票的涨跌不仅会严重影响我的情绪,还会造成家庭气氛的悲喜。于是,他在生日那天,大声对蛋糕许愿:"让爸爸的股票快点涨起来!"然后,他深吸一口气,吹灭了蜡烛。不久以后,他就学会了生日许愿不能说出来,要默默放在心里;否则的话,不仅愿望会落空,事物还会往相反方向发展。

孩子上幼儿园以后,我的股票又一次深度套牢了。我很难过,在家过了几天闷闷不乐的日子。我儿子一边挥舞着《星球大战》里的塑料光剑,一边问我:"爸爸,你输掉的钱到哪里去了?那些钱被谁拿走了?我去帮你要回来!"我回答:"股票从涨到跌的过程,并不是爸爸的钱被另外一个人拿走了,而是爸爸的社会地位下降了。"我的股票套牢了,暂时还没有抛售;此时此刻,可能有另外一个指数 ETF 的空头也还没有获利了结。既然没有交割,就还只能说是浮动盈亏。其实,浮动的不是盈亏,而是我们各自的社会地位和由此产生的情绪。

那天以后,我一直在想着为什么在"天外天"游戏中始终有随机性的问题。在椋鸟群的飞行过程中,它们的队形不断变化,外观看起来匪夷所思,超越想象且无法预测。这种随机性的外观队形,其实是群体内个体椋鸟的相对位置在随机变化。有时你努力往某个方向飞了,但是随机变幻的队形对你不利,你努力的结果是处于群体的更外围,你变得更危险了。有时情况又恰巧相反,你什么也没有干,但是队形朝着对你有利的外形变化了,你在群体内的相对位置变得更中心也更安全了。你无法用同一个方法去努力并取得预期的收益,这就是随机性。随机性使得个体的回报具有了不确定性,但是,与此同时,随机性使得椋鸟群这个集体变得更安全了。

更重要的是,如果一个社会不公平,那么,你努力也没有用。集体游戏需要满足两个条件：一是对于每个人，每个股民，每家上市公司来说，大家相信努力就能提升回报（社会地位的提升）；二是我们每个人都努力工作，尽职尽责，社会就会变得更安全。

2022年5月，埃隆·马斯克（Elon Musk）提议以440亿美元的价格收购推特公司（Twitter）。该消息立即引发推特公司股价大涨22%。此后不久，马斯克似乎又改了主意（这位富豪经常改主意），宣布撤回收购要约，同时指责推特公司的用户管理不规范，允许虚假用户注册发表推文，并由此指责推特公司误导了投资人，对公司产生错误估值。推特公司立即反戈一击，向特拉华州高等法院起诉马斯克"失信"，并要求法院判定马斯克必须以原价完成收购。之后几个月发生的事情就是美剧中常见的"狗血"情节了：相互指责，甚至抹黑，要价加码，不惜相互恫吓。马斯克甚至放话说："推特公司管理混乱，效率低下，应该立即裁员75%。"

我略去这其中互喷口水的细节，直接来到故事的结尾：2022年10月，马斯克最终同意以原价完成收购。他上任以后的第一件事情，就是炒掉了原来的一帮高管——其中就包括一直"逼"马斯克收购本公司的CEO帕拉格·阿格拉瓦尔。第二件事情就是宣布裁员3 700人，相当于员工总数的一半，并取消了居家办公的"福利"。

我也不知道这位CEO当初逼马斯克收购的时候是否预见到自己的下岗，但是我为他保护股东利益的做法而击节赞叹。他相当于在说："来呀，马斯克！向我开炮，把我炒掉，只要老股东们得到更高回报。"

推特收购案的剧情到这里应该告一段落了。但是，我觉得这个曲折反复的收购案揭示了美国社会某些独有的东西。要是放在一个发展中国家的股市，或者一个行业工会影响巨大的欧洲股市，这个收购案的剧情可能就要改写了。在某些发展中国家，许多上市公司的管理层实际控制了公司，他们在乎自己的社会地位，而不怎么在乎股东的社会地位（经济利益）。但是，也有人提醒我："洛华，这个 CEO 的动机可能并不纯洁。他被公司新主人辞退时，按照规定拿走了 6 000 万美元的解约费。"我认为这恰恰是整个故事的亮点。这说明美国资本市场和美国社会的整个游戏设计得非常好，符合人的本性。一个 CEO 做一个决定可以同时让股东和他自己都获益，而且他可以拿走这部分巨额赔偿金，而不必承担额外的社会指责。没有人会因为他"促成"或者"倒逼"马斯克收购推特公司而指责他，他自己拿到了好处，也尽到了对股东的责任。

我在《估值原理》里面谈到这类公司治理的问题，我认为一个好的公司治理结构是股票估值的基础，否则的话，就会出现苏联笑话所描写的场景："领导们假装在照顾我们这些工人，我们就假装在干活。"对于某些国企上市公司，我担心在假装干活的不是普通职工，而是企业高管。他们心心念念地保住自己的位置，并精心掩盖自己从其他途径获利的痕迹。他们整天高喊口号，表面上大公无私，确保自己职务所得的合法收入看起来很不显眼。这一切都使得我担心：他们会不会玩命地、动真格地、卷起袖子来干出一番事业，把国有上市公司搞好，以便让国资委和股民获得更高的回报？推特那样的收购案放在国内资本市场，会不会有完全不同的剧情和结局？

我可以想象，如果有人要高价收购国有上市公司的话，原来公司的高管可能动用各种手段，包括而不限于悲壮的苦情戏，甚至煽动民族情绪来阻止这起收购案。名义上是防止国有资产流失，实际上是防止自己失去社会地位。<u>一个企业，与其让大家一起来"假装"为某一项崇高的事业奋斗，不如让大家一起来"玩命"为一个切实可行的目标努力</u>。关键是这个企业所在的社会环境要接纳这样"玩命"的人。

我们有些国有企业的干部和职工，根本就在玩一个"非建设性"的集体游戏。他们每到开会的时候，就喊着要为国家利益奋斗，然后回到办公室继续玩手机、打游戏、聊天和网购。他们占据了安全的位置，拒绝向上努力，也阻碍了别人向上努力的通道。然后，他们声称自己为社会做了贡献：我们维持了稳定，但我认为他们恰恰破坏了稳定。因为他们阻止了其他人通过努力来提升自己社会地位的通道。这不仅使得国有资产变得低回报，而且还使得我们社会变得高风险。

对于这些不作为的国企上市公司，你作为投资人，既不能开除高管，也不能裁减员工。你无论多么努力，也不能取代他们的位置，不能动摇他们的地位，不能提升你自己的回报。股票，这个本该像椋鸟群的"天外天"游戏，就会沦为"人上人"游戏。利益、地位和阶层的固化意味着通道的堵塞、机会的消失、激励机制的瓦解和"天外天"游戏的终结。

我不打算讴歌推特公司的高管。他们当然没有"舍生取义"的英雄气概，其员工当然也没有"顾全大局"的政治觉悟，他们只是在游戏中扮演好各自的角色，尽到自己的责任，承担相应的后果，并按照游戏规则坦然享受应得的回报。我只能说，这是"天外天"游戏设计的初衷和本意，各方参与者都很投入。游戏的结果就是社会运行效率会不断得到提高,没有哪个利益团体能为自己的利益找到崇高的借口,来阻碍全社会提高效率。

股票游戏的核心是在未来创造更多机会。为此,一定要保持社会升迁通道的畅通。要让大家相信,这个游戏的未来有无穷的机会、无限的可能性。

为了创造机会,集体游戏需要落实两条措施:一是科技进步,让人们玩命研发科技,因为科技进步是他们在未来创造出更多可能性的手段。二是遵守规则,让人们默契地遵守规则,哪怕对自己不利的规则,也不要找高尚的理由去拒绝。这样就杜绝了走后门和走捷径的可能性。遵守规则就逼着大家只能去走科技进步的通道,没有其他替代的路径。

要创造更多新机会,就要不断颠覆椋鸟群的队形,以便幻化出更随机的新队形。因此,要经常性地打破既得利益格局,让年轻人感觉自己有机会;要打破种族隔离,让黑人感觉自己有机会;要打破工会控制传统制造业的格局,让企业家感觉自己有机会;等等。但这种对既有利益格局的颠覆,并不来自权力和法律,也不是通过剥夺和遏制强者来实现的,而是所有人(包括穷人、黑人、落后者、低地位者、无房户和那些连英语都说不好的外来新移民)默契地通过自己的努力来推动利益格局变化。个体努力给个人创造了机会,打开了他上升的通道。因此,在这个过程中,参加这个游戏的人们一定要集体默契一致地保护产权并捍卫规则。保护产权就是确认人们昨天的努力有效,确认规则有效就是告诉大家:你明天的努力也有效。

如果不讲规则,不保护产权,那么,一切努力都是白费。那样的情况一旦发生，就从根本上遏制了人们努力的动机，关闭了他们的上升通道，消灭了他们盼望的机会，游戏就会蜕变成一种"人上人"模式：人们相互监督、相互关爱，既不犯错误也不冒险，最终在一片和谐的稳定中，陷入集体贫困状态。

一个经济体要允许新技术产生以后对原有利益格局进行破坏性重建。这个重建的过程，就是提升效率的过程，就是新公司淘汰老公司的过程，就是新行业崛起的过程，也是股市新龙头公司股价上涨的过程。因为只有当企业的效率提升以后，人们在未来生活中的自由时间才会多出来。股票上涨的核心就是创造出更多的时间，这表现在"天外天"游戏中就相当于创造了财富。

那些被新技术淘汰后下岗的人需要再就业，这些人自己需要再学习、再进修和再提高——相当于被挤到边缘的椋鸟再次向中心位置出发。每个人都始终要保持开放性的学习态度。人一旦停止学习、拒绝进步，就会想方设法结合成类似于行业工会那样的组织。他们为了确保自己的安全和安逸的生活，就会对国会和内阁施压，给行业设置门槛和规范，阻挡竞争者进入本行业。

请大家记住椋鸟群的故事，<u>如果相当一部分椋鸟个体停止努力追求更好的位置，而且开始阻止其他椋鸟获得有利位置，那么，椋鸟群本来的风险防范机制就瓦解了</u>——一部分人的长期安全会最终导致大家都不安全了。

我比较过欧美国家的股市表现。一般来说，工会力量强大的经济体，资本市场上的股票都涨得不怎么好。这是因为这些经济体里的上市公司不容易灵活调整和雇员之间的关系，不容易提高劳动生产率。

一只椋鸟不能通过自己的努力提高自己在鸟群中的地位,它就不值得投资了。你投资,押注的无论是椋鸟还是股票,是希望随着它们的成功,你和它们一起提升了各自的社会地位。

如果一个人创立了一个人工智能公司,用一套算法提升了整个生产线的效率,那么他就解放了这些生产线上的工人。他的公司股价就应该上升(英伟达就是如此),他就应该得到更高的社会地位。当然,这完全取决于他所在的社会在玩什么集体游戏。

如果他所在的社会崇尚自由,推崇自由主义,推崇个人发展,人人独立而勇敢,相互之间没有密切的关系,人人向往更高的个人发展,同时捍卫共同规则,那么,他的公司就是受欢迎的,公司的股票就会上涨,他的社会地位就会上升。他的公司就相当于一只聪明的椋鸟经过努力,飞向了更中心的位置。

如果他所在的社会崇尚稳定,推崇集体团结,崇拜强人领导,相互之间关系密切,人人相互关心、相互监督,那么,他的公司就不受欢迎,公司的股票就不会上涨,他的社会地位也就不会上升。因为他给整个社会带来了冲击,造成了不稳定的因素。人们会问他:你搞这些东西的动机是什么?是想学那些反动派?是想奴役和剥削我们?是想个人冒富?那些生产线上的工人怎么办?他们的孩子怎么办?他们的老人怎么办?为什么要靠算法和软件来提高产出?我们让工人加班然后给加班费不就可以达到同样的效果吗?这样一来,工人和企业岂不是都受益,社会岂不是更加和谐吗?关键的问题是:这些工人可都是无辜的呀!(这听起来已经很像"人上人"游戏中对无辜弱者的集体救助机制了。)

这些问题本身都没有错,在金融学里面也都没有正确的答案。你身处的那个社会形态(人们在玩的那个集体游戏)早已决定了这些问题的答案。对此,你只需服从,而不要辩论。辩论的结果不是你揭示了真理和真相(根本就没有脱离于人的真理),而是你自己陷入了被动和孤立。大家认为你是一个捣乱分子,不接地气,不了解现实的国情,照搬照抄外国经验,甚至认为你的立场和动机就有问题。他们会渲染一种氛围,让舆论来"审判"你,说你的目的不是提高劳动生产率,而是破坏社会稳定,充当外国势力的代言人。但是请不要误会,他们并不仇恨你。他们需要一个这样的你。你的存在可以让那些工人生活在恐惧之中,以便让那些工人提心吊胆地生活,这样一来,工人们就容易满足于较低的生活水平,也容易服从严苛的命令。这些"为了工人利益"而公开批判和打压你的政客们就可以在下次大选中赢得工人们的选票。结果呢?你的人工智能公司股票不会涨,这些政客的选票倒是涨了不少。

西欧乃至美国,在战后很长一段时间里,奉行凯恩斯主义,搞了许多社会福利政策,结果这段时间里,这些国家的股票都不怎么涨。直到20世纪80年代以后,这些国家重新启动了市场化改革(开始了"天外天"游戏),股市才迎来了全面上涨。巴菲特的可贵之处在于他熬到了这一天。巴菲特事后也没有指责工会捣乱和政府不作为,但是,他委婉地提到了"滞胀时期不适合股票投资"。

玩股票游戏的社会,效率越来越高,淘汰的旧产业,破产的公司会把大量劳动力推向社会。在理想状态下,这些劳动力就会进修成为更有竞争力的劳动者,重新加入就业队伍。在这个过程中,社会风气好,不怨天尤人，不愤世嫉俗，而是人人努力向前看。这些都是集体游戏进入正循环的表现。我有时在想，硅谷为什么总是T恤衫与牛仔裤的天下？为什么到了华尔街却又是西装革履？可能是因为硅谷比华尔街更像一个椋鸟群的集体游戏。硅谷的人经常通过自己的创造力提升自己的社会地位。华尔街则更像传统产业，经年累月形成了固定的难以打破的阶层，所以，他们的着装就是一种分层的标记物。

股票涨得好的国家，往往有丰富的社会多样性。原有的工厂、公司架构、利益集团不断被拆毁、破坏，被新的更有效率的平台、方式和运行模式取代。这样有些人就空下来了，他们就有时间去做许多奇奇怪怪、形形色色、光怪陆离、匪夷所思的事情，如搞环保、慈善、女权等，总之，就是搞各种运动。

亚马逊公司搞的AWS(Amazon Web Service)服务是一场颠覆性的创新。它直接导致了其他许多公司的IT部门裁员。一个公司根本就不需要雇佣那么多技术人员来维护其网络运行和数据存储，完全可以外包给亚马逊的AWS，又便宜又好用。试想，如果一个国家的风气、习俗、惯例、观念和法律是不允许企业辞退员工的，那么，那样的国家就很难诞生亚马逊AWS这样的创新。如果一个国家不允许企业方便地裁员，不允许现有的企业倒闭破产，不允许现有的行业竞争格局被打破，不允许现有的经济运行方式被重塑，那么，它就是在遏制创新。如果你生活在这样的国家里，一定不要去炒股票，而应该去报考公务员。

如果全社会都参与"改善效率"的集体游戏，那么，你应该去炒股。股票就是这个集体游戏中使用的球，因为在热衷炒股的社会里，那些提升公司效率的举措会不断推动公司股价的上涨。公司运行的效率越高，个人的自由就越多，未来可以去实现更多新的可能性，会发生更多难以想象的新鲜事儿，这就相当于时间多了。因此，全社会的财富就会随之增加。

在这样的社会里，人们热爱自由，无论他们已经享受了多大的自由，他们仍然认为自己不够自由；无论他们的政府多么不闻不问，他们还是感觉政府插手私人事务太多。热爱自由的人特别独立，他们不喜欢有人窥探隐私，不喜欢家长里短，不喜欢亲上加亲，不喜欢频繁走动。他们对远亲和近邻都保持距离。他们表面上是文明礼貌，其实是用礼貌来维持距离，防止别人和自己走得太近。

这种热爱独立和自由的人组成的"天外天"游戏不能通过互助保险机制来克服风险。他们只能去发明创造，只能求助于自己和上帝，只能寻求科技进步。是的，<u>科技进步是被逼出来的。但这种进步也只能在热爱自由的人们当中产生</u>。人们特别需要科技进步来提升效率，创造出更多的时间，产生未来更多的可能性。科技股的上涨为科技进步提供了动机。科技进步解决了困扰和制约文明的主要问题，还带来了劳动生产率的普遍提高。由此，全社会的人就获得了某种程度的解放，人就有了更多自由的时间，就有了更大的自由空间，就更少依赖于别人的帮助。

2000年前后硅谷的互联网泡沫让我的投资损失惨重，但那泡沫在破灭之前，也曾经让我心潮澎湃。那时我还年轻，只有20多岁。我和伙伴们都相信科技进步会深刻改变生活，所有泡沫都会破灭。但是，它在破灭以前，已经吸引了大量的年轻人和充裕的资金冲进这个行业。大量的人才在编程序，在设计芯片，在摸索半导体新工艺，在测试新材料。这些人才和资金的涌入，使得科技进步出现了"火山喷发"而不是"水滴石穿"式的进步。回头看，给那些科技股高估值当然不合理，但是，正是高得不合理的估值吸引了多得惊人的人才和资金进入科技行业，从而迅速推动了社会进步。许多科技股的估值后来被证伪了，但是他们取得的科技进步的成就提升了全社会的福祉。这相当于一个椋鸟努力提升自己的地位，它的努力最后没有成功但是它努力的过程使得椋鸟群的集体风险降低了，所有个体都因之受益。

投资人应该像椋鸟一样，相互独立、各自努力，同时默契地遵守规则，从而实现集体的秩序。投资人根本不需要抱团取暖，不需要去打听消息，不需要去追随群体其他人的意见。投资人一旦开始相互打听消息，相互关心对方的成本，在什么价位加仓，套牢多少了，就说明他们抱成一团了。你不是在关心股票，而是在关心自己在群体中的相对位置。你等于脱离了"天外天"游戏，去玩"人上人"游戏了。

我观察且亲历过几次股市的牛熊转化，这其中有一个共同的特点：涨的时候很慢，跌起来特别快，来不及逃走。现在我回想起来，涨的过程是游戏还在玩，等到游戏玩不下去了，突然就"现金为王"了。这时，投资人手里的现金就是他们参加下一场游戏的门票（用句老股民的俗语，就是要善于空仓才不会被消灭）。现金会使得这些人在下一场游戏中处于领先地位，因此要尽快打压（老游戏所使用的）资产价格，跌得越快，投资人撤的时候拿到手的现金就越少。这样一来，带着现金优势参加下一场新游戏的人就少，下一场游戏就更公平。

除此之外，股票游戏涉及随机性问题。想要战胜随机性是很难的。那些暂时的幸运儿声称自己有冷静的头脑和控制情绪的定力,这些都是说辞,目的不是教会你炒股,而是赢得你的尊重,并提高他自己的社会地位。

为什么高点抛的人少?因为大家都想着要回到高点时的财富水平再抛,结果就是一路下跌。那些能够等待、忍耐和期待回到高点再抛的普通人,也一定能够在漫长的下跌套牢过程中努力工作,默默等待,忍受煎熬。不是说"绝大多数人都没有能够抛在高点",而应该说"绝大多数人下决心抛售的时刻一定不是股票的高点,甚至可能是低点"。而且这一路下跌的过程中,往往有工薪阶层的投资人省吃俭用把钱投入股市,希望翻本,希望抄底,希望逃顶。他们这样做的目的也是很单纯的,人有尽快纠正甚至掩盖自己失误的天然动机。他们希望低位买入一部分股票,摊薄自己的持股成本,然后只要有一个弱反弹,他们就可以解套,保本出货。他们一直这样想着,就会不断把工资省下来投入股市,股市也就一路下跌,使得他们继续省吃俭用和努力工作。由于大多数投资人都在各自岗位上努力工作,整个社会就运转自如了。同样的道理,由于大多数投资人都在生活中省吃俭用,整个社会的通货膨胀风险就解除了。只有这样,社会分层结构才没有被破坏,绝大多数人才会继续努力工作。

为什么总有这样那样的传说,说某某某成功逃顶,说谁谁谁果断抄底?广泛传播这样的故事会鼓励你加入股市,让你相信你能够像他们一样战胜随机性。随后你就发现,你只是拿着钱给市场提供了流动性。

巴菲特曾经建议普通投资人,不要买个股,也不要把钱交给明星基金经理打理，而是直接购买指数 ETF。关键是要认识到，<u>投资并不是一种技巧，也不涉及股票的估值问题。投资归根结底是参与集体游戏。游戏会决定投资人的社会地位。</u>所以，要去买大多数人为之努力奋斗的资产，参加这个社会的主流游戏。指数 ETF 是由这个社会最强的 300～500 个公司组成的，你买入了这个 ETF，就相当于加入了他们的队伍。这些公司的社会地位越来越高，你的财富就会越来越多。普通投资人并不需要研究什么财务报表和行业动向，你就跟着主流走，登上赢家的船就好了。

当然，你决心去投资股票之前，最好观察一下你周围的世界，问自己几个问题：一是这里的人都热爱自由吗？二是这里的人都遵守规则吗？三是这里的人都诚实地履行自己的责任吗？

如果上述答案都是肯定的话，你就去开户买指数 ETF 吧。你根本不需要什么选股技巧和股神指导。

捷径与大道

根据有效市场理论，任何资产在任意的下一个瞬间，上涨的概率和下跌的概率各占 50%。拿半瓶水的故事来比喻的话，强大的个体会看到这瓶水是半满状态的——强者总是容易乐观看待未来。弱小的个体会看到这瓶水是半空状态的——弱者总是容易悲观看待未来。

由乐观的强者构成的集体游戏容易创造机会；由悲观的弱者构成的集体游戏容易维持稳定。在"天外天"游戏中，要尽量鼓励大家成为强者——至少要认为自己很强大。这样一来，游戏中的个体都很自以为是，认为自己是拯救世界的无所不能的英雄，而总统和州长们则是一群只会花钱犯错误的"蠢货"。在"人上人"游戏中，要尽量鼓励大家成为弱者——至少要表现得弱小。这样一来，游戏中的个体都很恭顺服从，听从指挥和安排，对一切都充满了感恩。

自信在"天外天"游戏中是美德。自信的人愿意冒险尝试，他就可能取得新科技突破。集体游戏就能够顺利实现正循环。谦虚在"人上人"游戏中是美德。谦虚的人愿意克制和服从，他愿意牺牲自己顾全大局。这样一来，大家都接受统一的指挥，思想和行动一致起来，集体就更容易应对外部风险了。归根结底，这些美德是各自集体游戏中的生存技巧。

现在请设想一下，你不是面对半瓶水，而是来到一个陌生的地方。你对周围的人都不熟悉，相互之间谈不上有什么信任，更没有交情。但是，有一种天然的默契存在于你和陌生人之间：你们都会遵守同一套规则，按共同的价值观和理念来办事情和做生意。你和陌生人之间，即便没有信任机制，也能达成交易。这就是集体游戏的默契。它使得你独立于交情和关系网。你在这个地方做生意，发展事业，你的机会就多。这个地方，值得你去奋斗——你会收获更多的时间（机会）。

设想你来到另外一个地方。在这里，生活中走捷径的情况很多：抱大腿、找靠山、巴结领导、讨好上级和打听股市的"内幕消息"等。但捷径不是到处有的，你只有加入了某个朋友圈，建立了关系网，这里面才有捷径。一旦跨出了这个圈子，问题就超出了你的能力范围。你的机会仅限于在朋友圈和关系网里面。在外面，你几乎寸步难行。因为其他人会默契一致地为难你，以便维系他们自己的关系网。这时候，你就发现，到处是坑，四处碰壁，周围的风险多于机会。在这里，你做生意很难成功。

一个人应该想办法去开后门、走捷径，还是开大门走大路？很长一段时间里，我认为这后面的决定因素是你所在的地方是"重情谊"还是"讲规则"。我现在对这个结论不那么肯定了。我自己生活经历表明，凡是可以走捷径的地方都有一些看不见的"坑"。捷径给我暂时的好处，却从此埋下了巨大的隐患。不要相信专家权威和领导上级会取代命运女神给你发行额外的时间——他们不能。他们也不可能提前知道如何构建一个"市场组合"，然后让你跑赢市场上大多数投资人。

现在，我不相信走捷径能够给我额外弄到更便宜的资金、更多的机会和更少的风险。走捷径就相当于在区块链里面非法发行了一枚比特币。这在大自然、资本市场、人类社会和集体游戏中是很难实现的事情。

进化的铁律不是培养人，而是淘汰人。大多数情况下，你的社会地位上升不是你个人努力的结果，而是周围其他人不幸的结果。他们看起来是被金融危机淘汰的。但是，在金融危机来之前，他们躲在安全的关系网里，没有发展出足够强大而柔韧的生存能力。当金融危机到来以后，那些捷径便通向深渊。

弱者渴望捷径，强者需要大道。为什么强者不爱走捷径？我想大概有以下一些原因：

一是强者有独立的天性。他们热爱自由，不愿意成为别人的附庸，仰人鼻息，靠人恩惠才能生活对他们来说是不能忍受的。求人办事走捷径对他来说是耻辱和负担。

二是强者有能力克服困难,他需要的是公平的机会,而不是特殊的照顾。他没有必要走捷径。

三是强者有捍卫规则的默契。虽然规则并不是什么武林秘籍,但是在集体游戏中通过人人遵守规则来实现的公平机制。

<u>强者自信承担责任并默契一致地捍卫规则,规则带人走大道;弱者相互客气建立情谊,情谊带人走捷径。</u>

机会公平和地位平等是一体两面的。只不过,在"天外天"游戏中,需要每个个体捍卫自身的发展权,努力争当强者,人们才获得平等的发展机会。在"人上人"游戏中,需要酋长把大家都剥夺和压制到弱者的地位,人们在资源和机会都匮乏的情况下实现了生存概率的平均分布。这是一种人为遏制发展机遇以后实现的地位平等和机会公平。

热爱自由的人们是怎么防止别人走捷径的呢?他们特别爱管闲事,也很容易团结起来进行抗争。而爱走捷径的人往往是游戏中的聪明人。他们很清楚,在同一个等级里,遇到风险时他们要尽量拉更多的无辜者当垫背。自己要想方设法躲在最后才面对灭霸,而那时候,其他人已经被灭霸消灭了,幸存者的生存概率将大大增加。因此,只要你愿意告密,不耻于那些出卖朋友、同事、邻居和亲戚的勾当,你就能够在面对危险时排名靠后,处于安全的位置。当大家都这样想的时候,一种相互告密和人人自危的文化就形成了。这个地方的人们就特别不容易团结起来进行抗争,也就无法形成一种捍卫规则的默契。这里就只有捷径,没有大道。

规则与产权

十多年以前,我还在上海大学教本科生的金融学。当时我选用我自己写的教材《金融工程学》。每次开学,我都会发现一些学生用图书馆复印的教材来上课。他们生活并不困难,但他们乐于利用学校的资源来省下这 25 元书本费。差不多在同一时期,我的好朋友廖建勇在微软公司当销售员。他非常苦恼地告诉我,拥有 14 亿人口的中国大陆和拥有 800 万人口的荷兰销售额差不多。

我曾经在一家北京的智库做过一段时间的兼职工作。他们给我一台电脑,并嘱咐我不要更新软件,因为他们用的是盗版的操作系统。每次我用这台电脑写一些批评美联储货币政策的文章时,都感觉很不舒服,仿佛自己没有站在正义和正直的立场上。我甚至想起了那句美国谚语:"当你伸出食指批评别人的时候,另外四根手指恰恰指向了你自己。"

我感觉,在"人上人"游戏中,人们天然就有对知识产权的漠视。我利用别人的知识产权,或使用盗版软件时,心里有一种坦然。我认为任何聪明人都不应该让集体内其他人受苦,任何有钱人天然就有分享财富的义务。我仿佛天然就有"均贫富"的道义责任。

我辞职下海以后,还曾经应邀回上海大学去给 MBA 学生们上课。由于我自己这些年学业荒废,不思进取,导致我的知识结构老化,学生们对我讲授的课程十分反感。我不想强迫孩子们听完他们讨厌的课。于是,我发起了一场投票:请他们在我离开教室的半小时里,投票决定是否还要继续听我的课。当我返回教室的时候,他们已经做出了压倒性的选择。我尊重他们的选择,收拾完自己的东西,黯然离开了教室。在我的教学生涯中,被学生赶出教室,这是唯一的一次。但是,在回家的路上,我发现我并不难受。因为我也借此摆脱了一群我不喜欢的人。此外,我还感到有些自豪:我尊重并服从了学生们的投票结果。这意味着我捍卫了我自己发布并得到大家接受的规则。于是,一种因自我牺牲而产生的荣誉感降临了,这种荣誉感抵消了我被学生们赶出教室的羞耻感。

此时,我又想起了这段经历。我现在从"人上人"和"天外天"的游戏模式来看待我那场"演砸了"的经历时,我忽然又感到了某种释然和乐观。学生们不喜欢我的课程时,他们能够直截了当地表达自己的意见。他们捍卫了自己的权益,没有陷入"碍于人情"和"照顾面子"的顾虑。我有理由相信(主要还是期待)他们将来也会用同样的勇气和默契去捍卫市场经济的规则,而不会对强大的外部势力低头。由他们构成的集体游戏将更像"天外天"模式,逼着我或者其他老师要尽快提高自己的学术水平,否则就可能被更努力的"椋鸟"挤到边缘位置去了。

遵守规则的地方才能保护产权(包括尊重知识产权);保护产权的地方才能诞生创新。保护产权不是外围的和次要的任务,而是第二步任务。第一步任务应该是遵守规则。维特根斯坦说过,遵守规则不能是一个人被迫的一次性行为,必须是集体自发的重复性行为。"我一个人一次做的事情,不成其为规则。"因此,遵守规则必须是集体的默契行动。

财产是按照规则玩游戏的产物,是游戏的结果。不保护产权就是不承认游戏结果，破坏了游戏规则，最终吓走了游戏玩家。等大家都跑了，你就得独自面对这样的尴尬："独乐乐，与众乐乐，孰乐？"

保护产权不是要捍卫富人的社会地位，而是要保护游戏本身。这相当于中国古人的"立木为信"，鼓励大家按照规则参与游戏。大家都来玩游戏了，集体游戏就进入正循环，经济就走向繁荣。我读书的时候，经常看到街上有卖盗版光碟的小贩。他们把许多正版的软件刻录在光盘上，每张只卖5～10元。尽管我国法律明确规定这是违法行为，但这种推着自行车卖盗版碟的小贩很难被及时发现，也很难被及时处罚。或许，当时的社会并不认为这是严重的犯罪。毕竟，法律执行到什么程度，是由当时当地人们的风俗习惯决定的。

在"人上人"游戏中，那些容易被分享的东西往往会自动具有某种公共属性。"人上人"游戏会在人们心里遗留下某种文化痕迹：穷则无辜，富则有罪。我们可以像共享余粮一样，免费分享富人的财富，知识产权、电影版权和软件著作权当然也不例外。凡是不愿意和大家分享的"富人"，都有可能会被认为是"刻薄而自私"的人。

本来用于防范荒年风险的"人上人"游戏最终会导致集体贫困，因为这个游戏不鼓励大家成为强者，去追求自由；反而鼓励大家成为弱者，而且越穷越安全。这种"穷"也包括知识的贫乏。因为没有对产权的保护，没有遵守规则的默契，也就没有办法鼓励大家去发明创造和努力奋斗。有些地方的实际情况可能更糟，他们不仅不鼓励"发明创造"和"努力奋斗"，还鼓励对这两种行为进行扼杀。

我记得上小学时候，老师给我们介绍一位老科学家的事迹。他做出了突出贡献之后，得到了国家的奖励。但是他只收下了奖状和奖章,然后把国家给他的奖金捐赠出来(大约 2 000 元人民币,在当时是一笔巨款),用于奖励同一个单位的全体科研人员。这当然是令人敬佩的崇高之举。

我现在回想这件事情。我担心是否他的单位里面有一种平均主义的压力?这种无声的压力是否像一道命令一样,促使获奖的老科学家做出自我牺牲呢?莫非只有这样做了,他才能获得安全?才能免除被嫉妒的风险?才能在他所在的集体中继续安稳地工作?当然,这些都是我的胡思乱想,而且很有可能是我在用小人之心去忖度君子之腹。

不过呢,我在体制内的单位待过。尤其是我在国企干过,我知道"不当出头椽子"是很重要的生存策略。只要你"不出头",就可以获得安全感。只要你一出头,你就开始了冒险之旅。你立即感觉浑身都是缺点,同志们会语重心长地批评你、帮助你,直到你犯错误跌倒并最终和他们一样。当每个人都一样的时候,国企就可以向上级交代了:我们工厂的实际情况就是这样,已经不可能进一步改进了。外面的市场化竞争机制太厉害,外企和民企的工资高。我们的员工已经很拼命了,要他们更加努力工作,除非上级国资委统一给大家加工资,一直加到民营企业的水平。于是,皮球踢给了国资委和上级领导:我们工厂效益低不是因为我们搞平均主义挫伤了员工的积极性,而是你们批准的工资预算总额太低。这样的工厂,你不需要怎么干活就能活下去。事实上,周围的环境可能需要你不干活。一旦你开始卷起袖子干活,你就"害"了大家。你就等着"穿小鞋"吧!这种平均主义的思想要不得!它绝对会阻碍我们实现科技强国的目标,也绝对会使得国企估值在资本市场迟迟得不到提高。

我们的传统文化里面有"苟富贵、勿相忘"的天然愿望。这个愿望根植于长期的农业社会风险管理机制,即被我称为"人上人"游戏里的平均主义思想。

假设你是一个富豪,你早年创业的时候,许多人无私地帮助过你,你们由此产生了交情和友谊。他们给你的帮助就相当于你向他们出售的看跌期权:"以后有事来找我。"他们给你的那些帮助就相当于你提前收到的期权费,你因此对他们承担了义务:他们以后困难的时候可以来找你"均贫富"和"吃救济"。你和这些人相互粘连在一起,彼此都不足够独立。一个不够独立的人,也不够强大。他的财产不完全听命于他。

中国古话说:"穷居闹市无人问,富在深山有远亲。"自古以来,有些人巴结富人的目的就是希望对方回报自己。"巴结"和"回报"共同组成了同一笔交易。这些人认为自己和富人之间存在"旧情",就此认为自己从对方那里获得财富的期待是合理的。如果一个富人生活在这个环境中,他一定寸步难行,有钱也没有用。他只能乐善好施,才能获得一个好名声。有时候,他甚至要千金散尽,才能获得安全。你不独立于这些人的期待,你的财富也不独立于这些人的需要。他们与强者建立的交情和友谊都自动包含了"均贫富"的念头、"获得提携"的愿望和"得到帮忙"的期待,以及上述念头、愿望和期待全部落空以后对强者的指责。

在一个人与人之间充满深情厚谊的地方,财产其实是一个包袱。财产的归属是模糊的,不是清晰的;产权在这里是有条件的,而不是无条件的。今年秋粮丰收的话，产权就是每个人自己的；今年歉收的话，谁家多余的粮食就立即具有了公共属性。大家按照风险共担的原则去分配他家的余粮。如果你不同意拿出来和大伙儿分享的话，你就破坏了大家的互助保险机制，你就成为意图饿死大家的罪人。你的余粮就不再是你的财产，而是成为你的罪证。要证明你无罪，你就要主动拿出余粮和大家分享。

在"人上人"游戏中，人们几乎没有产权这个概念。在这个游戏里面，你的财产不是你天然拥有的东西。当大家不需要它的时候，它是你的权利；当大家需要它的时候，它是你的义务。财产在这里就像是一个"半导体"，根据周围的电压决定它的电路开关。

不仅你的财产，其他人对你的深情厚谊也是这样。它既是你的资产，又是你的负债——取决于今年的天气和其他人的收成。你今年歉收了，你就可以凭着深情厚谊去找其他人要余粮；你今年丰收了，其他人就凭借深情厚谊找你要余粮。

我们古代的典当行和钱庄的掌柜往往只有流水账和库存账。体现权利与义务平衡的"资产负债表"这种会计记账方式最早在西方诞生。这是因为在他们的商业活动中物权更清晰，每一项资产和负债都体现了独立、完整而清晰的人与人之间的互动关系。<u>资产的独立性与完整性其实对应的是人的独立性和完整性。产权越是清晰的地方，人与人越是相互独立。</u>

2023年3月，我看到这样一条新闻：在宁夏银川，承包了万亩沙地种植树木的治沙人孙某某跪在沙漠上失声痛哭。起因是他的林场得不到附近煤矿供应的绿化水，眼看自己辛辛苦苦种了20多年树木将要枯死。他通过抖音等自媒体发布这个视频以后,引发舆论关注。以这种方式赢得舆论的关注确实令人难过,但这可能也是他唯一的办法。视频中的主人公孙某某双膝跪地、仰望苍天、情绪激动、精神崩溃并号啕痛哭的场面着实让人同情和感动。

我的同情心当然站在他这一边。他跪在地上的样子久久留在我脑子里,使我一想起来就特别难过。一个无辜的可怜人被不公地对待了,独自面对悲惨的命运。我不停地问自己,他为什么要跪在那里?为什么要向网络视频直播?为什么他看起来像是古代折子戏里跪在路边等圣主明君给自己做主的村民?

他可能是想让大家都看到这样的场景:他20年来为我们社会做了巨大的贡献,现在他是我们中一个无辜、无害又无助的人,他正在向有关部门请求帮助。如果他都得不到赔偿或者帮助,那么,我们社会的正义又在哪里?所有看过这个视频的人都会心寒(担心):我如果遇到了困难会不会比他更惨?如果大家都这样想,我们的"集体游戏"就无法维持下去了。所以,游戏的组织者(有关部门)为避免在将来被迫面对一个不利于稳定的局面,就必须要现在就采取行动来制止煤矿的"胡作非为"(即便那是一个国有煤矿也不行)。

在"人上人"游戏中,最无辜、最无助和最悲惨的人也最应该得到救助和帮扶。如果他没有得到的话,他就天然拥有了"掀桌子"的权力。他可以让游戏玩不下去——这是游戏中天然就有的"核武器"。就是这个"核武器",是"人上人"游戏中最薄弱的地方。游戏中最弱小的人拥有可以颠覆游戏的核武器,这意味着游戏存在这样一个机制:只要你老老实实且逆来顺受地服从游戏主导者的命令,你就是安全的,你就有出路。因为如果连你也不放过的话,游戏主导者其实是在颠覆他自己的统治。这种机制的存在,使得"人上人"游戏的部落往往很难组织起来抵抗外部侵略。因为这里的人们长期服从统治者而形成了侥幸心理:只要服从新主子,总会有活路;只要抵抗,就会变成新主人眼中的"出头的椽子"。

而在一个"天外天"模式的游戏中,你看不到这些让你落泪的悲催场景,也感受不到温暖互助的深情厚谊。那个游戏里只有为了"遵守规则"和"保护产权"而针锋相对互喷的口水,没有什么模糊双眼的泪水。

我在美国请过一个律师,帮忙解除一个租房合同。我觉得那是我在美国花的最值得的一笔钱。他先是泛泛地讲了些程序性的事情,然后直接问我,是否打算委托他。他大概是怕我付不起律师费,所以不想浪费时间向我免费介绍他打算怎么处理这个案子。那是在 20 多年前,中国还穷,中国人在美国的地位也不高。他大概没想到,我根本没有还价,一口答应下来并直接去他办公室外面的女助理那里付钱。等我再走进他办公室的时候,他已经完全换了一个人似的,对我热情极了,随即对刁难我的房东和困扰我的合同破口大骂。他后来全程就像我雇的"打手"或"马弁",处处维护着我的利益。他见缝插针且不失时机地折腾、羞辱和刁难对方。对于那些站在我对立面的白人,他根本没有一丝一毫的同胞情谊,称他们是 white trash(白色垃圾)。我后来很满意地告诉他,他像我的"狗头军师"。我当时是这样翻译这个词的:"dog head military adviser."我还进一步向他解释:"狗"代表对我忠诚,"头"代表智慧,"军"代表重要事务,"狗头军师"就是说他是我在重要问题上的忠诚顾问。他高兴极了,说自己就是这样的人,这个称号是对他非凡的赞美。我当时就彻底明白了:有些文化差异,是根本不需要弥合的。我们反倒是应该把那些分歧和差异原封不动地保留下来。它像镜子一样帮助我们相互理解我们各自的文化。

"狗头军师"就像我处理法律事务专用的瑞士军刀一样,有了他的帮助,我在解决纠纷和冲突时变得更强大了。我根本就没有跑到州政府门口去跪在地上哭诉,我是一个穷学生,我来自一个发展中国家,我是如何如何的可怜,房东是如何如何的有钱又刻薄。在那片土地上,根本就不会有人产生这个念头。

有事情自己解决,解决不了的事情,自己请律师。利益靠自己争取,正义靠自己维护,真理靠自己捍卫——而且我可以真心实意并正大光明地喜欢钱、热爱真理并拥抱正义。一个强大的个体采取上述行动时,不仅捍卫了自身的利益,还捍卫了以规则为基础的秩序。

维特根斯坦说,得不到执行的命令不是一个命令。同理,你不打算捍卫的正义就不是正义;你不打算笃信的真理就不是真理;你不打算争取的自由就不是自由。所以,那些热爱自由的人们是不可战胜的。他们从来就没有主子,他们从来也没有"投降换和平,奴役换安全"的念头——就像《国际歌》唱的那样,"从来就没有什么救世主,一切都要靠我们自己"。

老龄化社会与中等收入陷阱

经济学家们喜欢讨论日本经济长达 30 年的"缩表式衰退"。在这

场漫长的衰退中,日本出现了以下现象:

- 企业的资产负债表规模不断缩减;
- 物价长期保持稳定下跌;
- 货币市场利率极低,甚至出现负利率;
- 生产勉强维持现有水平,产生利润以后,即刻用于偿还债务;
- 企业的生产经营主要靠小修小补,没有重大资产项目开支,拒绝新增债务用于投资。

有些经济学家把日本的这种衰退归因于"老龄化社会"。我估计,历史学家或者人类学家是不会对日本产生兴趣的,就像海洋生物学家不会对岸边的小石头感兴趣一样,因为这个国家经历的"经济困境"在人类历史长河中屡见不鲜。

汤因比很早就指出,4万年前人类有30多个文明在同时进化。当时进化得最好的部落后来就停滞在那里了。我们今天的文明其实是由当时比较落后的部落创造出来的,最著名的例子就是爱斯基摩人。汤因比从各方面考证了在史前时代,爱斯基摩人远比现代欧亚人的祖先要文明得多,先进得多。他们很好地适应了极地的生活,然后就永久地停滞在那个水平上了。极地的生存环境没有发生变化,没有对爱斯基摩人提出新的挑战。其他民族根本适应不了极地的生活,也就没有入侵他们领地的企图。于是,爱斯基摩人就不需要再进步了。按照经济学家们的讲法,爱斯基摩人陷入衰退和停滞已经一万多年了。他们和经济学家们说的日本的"停滞"和"陷阱"似乎只差一张庞大的资产负债表。

爱斯基摩人的故事是不是听起来很像日本经济的"停滞"、资产负债表的"萎缩"和流动性的"陷阱"？如果是的话，这个现象在人类学中早就有人总结了，这不是经济的停滞，而是文明的固化。

我现在回望日本经济起飞和繁荣的20世纪60—80年代。在外需的刺激下，日本成功发展了出口导向型经济。与此同时，日本还形成了房地产泡沫。在泡沫破灭之前，那高高在上的房价简直是日本繁荣的标记，是激励日本年轻人努力工作的目标。在经济繁荣的年代里，年轻人加班现象很普遍，几乎成为日本企业文化的一部分。日本在经济泡沫时期，大企业的男性职工每天晚上都10点以后才下班，而且第二天他们还是早晨8点准时上班，不会要求调休。这很匪夷所思。他们很喜欢加班，因为加班带来岗位安全感和集体认同感。令我匪夷所思的是，许多日本人说自己加班完全是自愿的，根本不会考虑加班费的问题。这就给了我一个可贵的线索：日本的年轻人并没有考虑提高劳动生产率，然后他们既不要加班费（可以早日偿还按揭贷款），也不要自由支配的时间。整整一代日本年轻人被教育着要按部就班、任劳任怨、听话服从和老实本分是在大公司的生存之道。他们没有多大自由活动的空间和时间。他们不知道追求新事物是一种什么样的心理体验。他们从小勤奋学习，目的是去那些"大得不会倒"的大公司打工，然后安安全全和稳稳当当地过一辈子。

这多么像一个始终保持同一个飞行队形的鸟群啊。在衰退之前，它的经济体已经固化很久了。这个群体中的椋鸟没有打破现有队形的愿望，个体不想追求对自己有利的事情（加班费和自由时间）。他们相信维持集体的现状是他们自己最光荣的义务、最安全的未来和最理智的选择。

这些年轻人已经没有时间了。他们的未来也许仍然值得期待。但这种期待的对立面是害怕：害怕被社会抛弃，害怕自己失去现在的社会地位，害怕被同僚歧视。他们因为害怕而把自己关进了类似监狱的大型公司。听到公司老板给自己判了"终身监禁"之后，那些年轻人会长出一口气：这下余生安全了。

年轻人特有的未来不应该是这样的，而应该包含着更多无法想象的机会。但是，这些日本年轻人身上没有体现出这一特征。他们对未来的看法，对时间的看法，都已经被当时日本的高房价挤压和塑造了。他们只能走这样一条低风险和低收益的道路。

如果我的负债端有 30 年的按揭贷款，我的资产端就要匹配一个类似 30 年期的国债品种。这样一来，我才安全。如果我负债端是 30 年按揭贷款，资产端配的是硅谷的创业机会，那就会非常危险，因为创业是"十有八九失手"的危险买卖。一般来说，去创业的应该都是那些没有按揭贷款，也没有家庭负担的年轻人。我自己创业的经历告诉我，我如果下海的时候知道有这么多磨难，我绝对不下海，宁可留在体制内，天天开会读文件。

日本的年轻人虽然还有 30 多年才退休。但是，这 30 年自然时间包含的机会很少。他们不会冒险去追求超预期的可能性，去探索未知的世界，去寻找好奇心的源头，去发现新的商业机会。所有这些"探索和发现之旅"都要他们脱离现有的集体游戏，使自己身处风险之中。

汤因比曾经总结过，那个让某个文明在进化中领先的因素恰恰会把它拖入停滞和僵化。我自从皈依了人类学和社会学之后，我就发现经济学讲的"衰退""陷阱"和"瓶颈"其实都是集体游戏停滞的标志。

经济发展的"陷阱"其实是人性进步的"瓶颈"。不要去关注宏观经济学里面这个陷阱、那个陷阱,这些陷阱都只能为经济学家的论文赢得美誉,而不能解决当地人民的实际问题。

不过呢,我也应该学习火星人,超然地看待这些问题。在当地人民自己决心打破原有社会格局和生活方式之前,没有人能够解决他们在经济发展中遇到的"瓶颈"——除非他们自己意识到这是一个问题,而且他们自己下决心承受短期痛苦和风险去调整原有的社会关系。

除了日本以外,拉美国家的"中等收入陷阱"也是经济学中热门的话题。经济学家们喜欢讨论南美洲国家的"中等收入陷阱"。其中,最有名的例子是阿根廷。20 世纪 30 年代大萧条时期,阿根廷的人均 GDP 已经超越了当时的德国!时隔多年之后(且从未经历两次世界大战的破坏),阿根廷的经济总量停滞不前,人均 GDP 下降很快,国家陷入了财政危机,经历了货币贬值、国债违约和资本外逃等一系列糟糕的打击。而 2023 年 12 月新上任的总统哈维尔·米莱信奉哈耶克的自由市场经济,经过一系列大刀阔斧的改革,几个月后,财政赤字就被消灭了。

"中等收入陷阱"这个词在经济学家当中有多重含义(取决于你在哪个国家从事经济学研究)。自由主义市场学派将其归因于政治动荡,没有下决心进行彻底的市场化改革。发展经济学派认为主要是阿根廷没有摆脱殖民地时期的经济发展模式。供应学派认为该国对基础设施和原创性研究的投入不足。总之,只要一个人病了,各路医生说的都有道理。

南美国家在战后确曾迎来一轮经济繁荣的时期。当时,他们在自信的鼓励下,开始大规模基建,并效仿发达国家实施了脱离本国实际经济实力的福利政策。结果呢?这些国家在短期内就累积了惊人的债务。

要知道,无论是日本还是南美,他们在特定历史时期实现了经济的快速发展,很大程度上是因为他们加入了国际贸易体系,在出口迅猛增长的外部条件下,实现了经济的繁荣和国家的进步。没有这些外部条件,仅凭他们自身的内部需求,要达到同样的经济规模和发展水平,恐怕还要摸索很长一段时间。

虽然这里的街道整洁、交通便利,基础设施先进,但是,这里没有对年轻人进行投资。总有一天,出口拉动经济的集体游戏会玩不下去。到那个时候,人们会发现这个经济体内的阶级固化,利益集团控制了国家,人民懦弱且贫困,物价高涨,国家被外国债权人或者国内军政府控制。南美洲的许多经济体都曾经有过好日子。现在,经济学家们说他们掉在"陷阱"里,其实是针对他们的症状,而不是针对原因的分析。

归根结底,陷入停滞、衰退、瓶颈和陷阱的经济体往往是因为驱动增长潜力的新游戏没有办法启动。那里的人们对自身人性的追求已经被埋没了,迷失了自己。他只知道完成外国客户的订单,执行上级株式会社的指令,而不知道自己的下一步应该去哪里,不知道怎么对未来建立渴望,不知道怎么建立信心,怎么管理好奇心。全社会无法用一种新共识来凝聚起大家对未来的信心。如果一个国家的经济陷入了经济学家们说的"××陷阱",那不完全是因为别人给他们挖了一个坑,更多的原因还在自身。毕竟,内因是主要的,外因通过内因起作用。

　　我发现那些成功的发展中国家（当时的日本和阿根廷就很明显），他们在经济起飞阶段往往有两个鲜明的特征：一是出口强劲增长；二是债务强劲攀升。为了确保工厂按照订单生产，确保基础设施建设的债务未来有人偿还，就需要大批年轻的劳动力长期"钉"在各自的岗位上。在金融学里面，这叫"久期配对"：让年轻人自己承担一笔债务（往往是他买房的按揭贷款），然后他在工作中就特别注意风险，不敢顶撞老板，不敢违抗命令，他要履行自己每个月的按揭还款义务。在经济繁荣期，这就叫"人口红利"。一旦这一代劳动力老了，或者外需减弱了，或者国家的债务积累太快，超过年轻人新增按揭贷款的速度了。人们就说这个经济体陷入了陷阱。

　　其实，我看关键还是年轻人对未来时间的看法被债务约束住了。他们被迫成为"优秀的劳动力"，勤勉、尽职、服从、持之以恒地奋斗。但是，代价就是他们丧失了爱冒险的冲动。他们不太敢承担超过自己工资收入以外的其他义务和责任，如生更多的孩子。这样一来，一代人或者两代人之后，一个经济体就突然进入了老龄化社会。因为这个经济体为了快速发展经济，以出口为导向，以债务为驱动，为这个国家实现经济奇迹的那整整一代年轻人丧失了实现更多不可预见的可能性的机会。

　　战后的日本和南美各国，他们出发的时候，都带着良好的愿望和蓝图。在经济发展的路上，几代人坚持勤俭节约和努力工作。经过几代人坚持不懈的努力，经济果然上了几个台阶，来到中等发达国家的行列。这个时候，原来的那个经济增长方式维持不下去了。因为人们在富裕起来以后，往往出现各种问题，人性本来的问题暴露出来了。如果这个社会还同时出现了阶级固化的情况，那就很容易陷入经济陷阱。我并不认为这些陷阱是境外帝国主义势力事先就精心构建好的，我认为，他们的成功和停滞是同一个原因造成的。

他们不能像"天外天"游戏中的椋鸟群那样不断变化队形。队形一旦形成，利益就固化，自信和债务就一起膨胀，这就容易掉入陷阱。由此，我也理解了内需的重要性。内需、内生增长动力，这些都是经济学名词。我认为，内需的核心是追求自由的愿望，制造乐观情绪的能力，带来未来更多可能性的能力，增加经济体自由度的能力，鼓励年轻人产生想象力的能力，创造科技进步的能力，给所有人创造出更多时间的能力。

有了这些能力，社会就像椋鸟群一样，通过个体追求更有利地位的自利行为而随机变换整体队形，保持飞行的多样性和集体安全性。

科学技术打开了人的眼界，让人看到了未来无限的可能性。崇尚自由的社会鼓励人去实现这些可能性。遵守规则的社会让人感觉自己有机会去实现这些可能性。

内需创造机会。让人向往未来，他们就乐于承担风险，去发明创造，去生更多的孩子。人之所以爱享受生活，不是因为他们太懒惰、太爱消费，而是因为他们乐观地生活在未来的时间里，他们相信自己的未来时间包含了更多的机会。由此，他们开始高估自己克服风险的能力，他们开始忽略现实生活中的风险。有时候，我夸张地感觉到，我的那些外国朋友生一个孩子就像养一条狗一样，完全是为了自己好玩。我们亚洲人生一个孩子就想着要光宗耀祖，培养到名牌大学去，一路保驾护航,直到他出人头地。我们对未来的看法往往包含了对风险的天然警惕。

日本的道路就是一条"个人债务"和"国家债务"相互进行久期匹配的结果。日本政府借了大量的国债用于基础设施建设,为了偿还债务就要创造持续稳定的出口收入。日本的年轻人借了大量按揭贷款用于购买房产,为了偿还债务就要努力保住在大公司的稳定收入。于是,日本的道路干净整洁,设施先进,顺差巨大,债务膨胀,房价高涨,生育率下降,人们西装革履且彬彬有礼。这一切,看起来像是文明进步,实则暮色苍茫。

2023年2月,美国拜登政府不顾国内众多中产阶级、金融机构和国会中的共和党反对,强行推进《废除学费贷款法案》。该法案豁免了全美年轻人现存的4 000亿美元学费贷款。据说,该法案的初衷是为来自美国低收入家庭的年轻人减轻负担,让他们大学毕业以后有更多的人生选择。

我不评论外国政府经济政策的对错。这个法案肯定是充满争议的,因为它变相惩罚了中产阶级家庭的孩子。不过呢,我猜想它的初衷可能是给贫困家庭的年轻人更多的希望,不要让学费贷款约束住他们的未来(就像按揭贷款约束了日本年轻人一样),鼓励美国的年轻人去尝试各种梦想,走各种不同的道路,实验各种可能性,挑战各个领域的新边疆。

美国现在要做的,似乎是让"个人期权"和"国家期权"进行匹配。让年轻人有更多选择权,国家就有更多的科技进步的可能性。

人类学家早就发现,男性活泼好动的地方,女性的生育率就高。

所以，要对人进行投资，让人变得爱运动、开朗、自信、开放、包容、进步、自由是他们的性格，他们渴望新挑战，好奇新世界，向往新领域。<u>年轻人是种子而不是钉子</u>。种子有无穷的可能性变成参天大树，社会和国家就能不断扩展和进步。让年轻人像漂浮的种子一样，前往未知的世界，而不要让他们像钉子一样钉在事先准备好的岗位上。

内需与外需

1998年亚洲金融危机的时候，我在英特尔公司财务部当成本会计。我的美国同事Craig L. Williams告诉我他对亚洲金融危机的看法："投资人害怕日本还有其他更糟糕的坏消息。市场没法相信他们说了全部的实话。所以，谁也不敢进场买股票。"我相信他对投资人情绪的判断。

我有时候在想，说谎到底是道德缺陷、生存技巧、游戏攻略还是文化现象？我自己和日本人打交道的经历未能证实他们"很爱说谎"。但是我发现，日本人很喜欢"相互客气"。他们说话很委婉，而且充满了恭维和谦让，而其中的真实意图完全需要你自己去体会。日本同事几乎不发生正面冲突和争论。他们表现得礼貌、体面、温和又有教养，仿佛这是一个和谐又默契的团队。但是，实际情况是会议布置的工作往往没有人落实，没有人去推动，没有人去做得罪人的事情，没有人站出来说某某某你错了。

避免说真话，回避正面冲突，这些社交技巧并不说明这个人很懦弱，这只说明他很聪明。他意识到自己如果不能隐藏自己的独立观点和对立立场的话,就会面临集体惩罚。他为了寻求安全,就必须要"说谎"。如果集体都有"偏好伪装"的行为,那么,说谎行为不仅会被包容,还会被说成是"善意的谎言",成为聪明人的选择。

在一个典型的"人上人"游戏模式里,那些冒头的人会破坏秩序,打破互助的保险机制,会独占大家都很渴望的发展机遇。因此,大家会默契一致地"默杀"他。我猜测日语中"默杀"这个词天然就意味着集体行动。

与之相反,美国同事们则很不给人面子。他们经常当面争论,面红耳赤,绝对不会考虑你的面子,不会替你考虑问题。他们称之为"明辨是非"。日本人提倡的"相互客气"和美国人推崇的"明辨是非"都是各自集体游戏中的美德,分别体现了寻求安全和追求自由这两种动机。我因此确信他们在玩不同的集体游戏。

差不多也是在1998年的亚洲金融危机以后,我就经常从新闻里听到"拉动内需"的政策。经过这些年的观察和交往,我觉得美国和日本这两个经济体分别代表了内需驱动和外需拉动两种模式。

美国人几乎每隔两三年换一个工作,换一个生活环境;与此相对应的是日本人,他们非常渴望在一个大公司里面干一辈子,到退休的时候领一笔"退职金"。这笔钱不是社保或者政府给他的,而是他所服务的企业对他忠诚的奖励。相比日本社会,美国人的生活方式更像椋鸟群,个体不断变换工作岗位、生活环境和社会地位。

我认为,根本就没有内需和外需,那些都是来自火星的经济学家们发明的词。他们未能深入地球人的生活来理解人类特有的喜怒哀乐、起伏沉沦和悲欢离合。因此,他们就发明了"内需"和"外需"这些词,用来描述两种不同的集体游戏,分别对应着"追求自由"和"寻求安全"。

对于一个热爱自由的人来说,当他来到一个人人追求自由的地方,他才真正获得了"安全":他可以放心去追求自由了。对于一个寻求安全的人来说,当他来到一个人人都在拼命寻求安全的陌生地方,他会本能地感到莫名的"不安全"。于是,他就开始和别人一样去寻求安全。

根本不需要讨论什么是自由,什么是安全。我们只需分析不同人群玩的集体游戏就好。所谓的自由和安全,就是人们在不同的集体游戏中使用的策略。我逐渐意识到,内需和外需是看待问题的错误角度——根本就不应该对需求做出这样的区分。

美国衣阿华州一个木匠的故事帮助我解释了内需到底是什么。

戴尔·施罗德(Dale Schroede)生于1919年,卒于2005年。他终身未婚,也没有任何子女。早年,他因为家庭无法负担大学的费用而放弃了大学学业,选择做了一名木匠。他的木匠生涯持续了67年,其间,他兢兢业业,从不抱怨。在旁人眼里,戴尔是一板一眼到无趣的人。67年来,他都会用同一个餐盒准备午饭。他甚至节俭到有些苛刻,他从来不过多购物,也只有两条裤子,一条工作时穿,一条去教堂时穿。去世前,他告诉律师,自己想要捐赠总计300万美元的全部遗产,作为奖学金来帮助当地那些无法负担学费的孩子读大学(据统计,戴尔需要不吃不喝地工作超过30年才有可能攒下这些钱)。他设立的奖学金只附加一个条件,接受捐助的人,以后有机会也要用这种方式去帮助其他人。截至 2019 年,他的奖学金共帮助了 33 个本地孩子完成大学学业。这些孩子组成了一个名为"戴尔的孩子"(Dale's Kids)的组织,去继续他的理想。执行戴尔遗嘱的律师说,"你们不用报答戴尔,他已经走了,但你们可以记住他,效仿他。"

律师的一番话对"回报"一词做了精彩的演绎:Don't pay back, pay forward(不要向后回报,要向前创造)。你不必回报那个过去曾经帮助过你的人。你们之间没有债权债务关系。他不是你的恩公。他没有在你腰上拴绳子,然后一辈子牵着你。老木匠不要求他的受益人回报社会,而是希望他们传递新希望和正能量:带着同样的动机去为那些需要帮助的人们创造机会。他留下的钱迟早会被消耗殆尽,但受益于他的人们会源源不断地创造出新的可能性。一个努力的好人创造机会让更多好人去努力,然后社会就有了更多努力的好人。这多像一个核裂变反应堆,中子轰击铀 235 的原子核一样,链式反应发生了,产生更多的中子,释放更大的能量。

我多次眺望上海黄浦江边上璀璨的夜景。眼前的繁荣景象来自今天的投资人从市场借得的巨大债务,这也是他们从未来借得的时间。他们之所以敢借这么多钱,是因为他们对未来感到乐观;他们之所以对未来感到乐观,是因为他们感受到了自由,他们有理由相信未来的人们会更自由,去实现更多的可能性,创造更大的不可预见的繁荣。

<u>繁荣源自对自由的追求。</u>一般来说,支撑奢华而超前基础设施建设的巨大债务往往被经济学家们视作经济繁荣的成本。其实,这些债

务应该被看成风险,而不是成本。如果人们面对的未来有巨大的自由,他们就容易乐观,他们就愿意去承担风险,去实现繁荣。如果未来经济活动更加自由,这些债务就没有问题——就像房价一涨,按揭贷款就不是问题。一旦未来没有自由了,这些债务就会暴雷,成为风险。

所谓的内需,就是人们追求自由、乐观看待未来、期待成为更好自己的内在冲动。内需驱动型经济就是一群这样的人用"相互帮助,向前创造,相互成全"的方法组成了集体游戏。在这个游戏中,人们对自己的人生拥有更大选择权,人们有了更多的可能性。他们对未来更乐观,对生活更积极,对社会更主动。

读书深造、旅行探险、音乐和电影——这些都被经济学家看成"消费"的内容——在人类学家看来,其实这是一个"修炼""锻造"和"升华"人的过程。它还是一个提升人性的过程,包括拓展人的视野,提升人的信心,鼓励人的新进步,培养人的新兴趣。让人成为更好的人,链式反应才能继续下去。这不是在消费物质,而是在培养人性,然后传递正能量,去轰击下一个铀235原子核,释放出更多中子,在全社会形成链式反应。

那些被经济学家们看成"消费"的行为,在我看来,不仅是在培养人性,同时也是一个"鼓励""培育"和"刺激"新技术发展的过程。为什么那么多外国富人热衷于坐火箭邀游太空?据说一次旅行的费用高达3 000万美元,富豪们仍然乐此不疲,排队购票。这是一种体验,使得自己更享受,成为一个更好的人:经历了这番惊险刺激之后,他回到地球,能够更好地应对自己的生活压力,工作挑战,管理自己的情绪,调整自己的预期。

与此同时,当社会上有足够多的富豪有这种需求时,研发可回收火箭和低轨道飞行技术就成了有利可图的事业。于是,今天才有了低轨道卫星组成的"星链"为全球用户提供互联网接入服务。早期电脑用户只有笨重的黑白显示器,这对于处理数据库的程序员来说,似乎问题不大。但是,社会上还有一批电脑游戏玩家。他们不厌其烦地追求更好的游戏体验。为此,他们需要更真实的画面、更绚丽的色彩,刷新更快速的显示频率和更细腻的分辨率。他们愿意为此花一大笔钱,在自己的电脑主板上加装一个单独的显卡。于是,为研发生产更高性能的显示芯片就变得有利可图了。经过了将近30年的行业积累之后,原来为个人电脑提供更清晰画质的显示芯片可以被用来搭建人工智能的平台了。今后找人工智能医生问诊的癌症患者应该感谢过去30年痴迷于用个人电脑打游戏的玩家们。他们掏空自己钱包的超前消费使得人工智能时代提前到来了。

个体追求享受的过程,并不仅仅创造了消费需求。个体追求享受的根本动力是为了追求更大自由。当他实现了更大自由以后,是否同时也能实现人性的进步?是否还能在更高的人性水平上,和其他人一起默契地实现集体秩序?这个集体能否在维持秩序的情况下,继续容忍并鼓励个体追求自由并实现进步?这个链式反应过程中有一系列"是否"的问题,可能是"内需驱动型经济体"永远需要面对的。

我们有责任去变成更好的人。所谓更好,就是更独立,更热爱自由,更能干,更勇敢,更积极主动,更热爱科学,更喜欢冒险,更热衷创新,更愿意承担失败的后果和更主动对自己的行为负责。

内需不是刺激出来的。政府出台任何刺激消费的政策,往往都是昙花一现,持续刺激消费的政策只会导致债务积累。<u>内需的诞生需要有热爱自由的人民</u>。他们在追求自由的过程中<u>探索科技进步并体现出互助精神,才能形成内需驱动的"经济正循环"</u>。

对于追求自由的人来说,未来充满了机会,因此值得期待;对于追求安全的人来说,未来充满了风险,因此需要提防。我有时候会有恍恍惚惚的错觉:强者追求自由;弱者寻求安全。如果一个集体游戏是强者构成的,游戏本身就会提倡个体成为强者;如果一个集体游戏是弱者构成的,游戏本身就会提倡个体成为弱者。

强者才有强大的内需,弱者往往遏制自己的需求并掩盖自己的欲望。如果一个经济体由强者自愿联合起来,按照游戏规则来组成秩序,那么,这个经济体往往很繁荣。一个人不会因为追求自由而变得强大;但是,一个强大的人天然会追求自由。

<u>经济发展的根本驱动力是追求自由的人民</u>。他们敢向未来借时间,并用科技进步带来的效率提升来偿还债务。

电力与算力

本节原来的题目叫"自然资源与科学技术"。

我写到这里的时候,开发人工智能的 Open AI 公司和宾夕法尼亚大学的相关研究人员在学术网站"arXiv"上发表了他们论文的预印版。该研究结果指出,对于约 80% 的美国人来说,至少 10% 的现有工作机会将受到人工智能(AI)大模型的影响,受影响程度较高的职业包括报税员、作家、数学家、网站设计师和记者等。完全不受影响的群体则主要是体力劳动者,包括厨师、洗碗工、管道工和木匠等。此外,高收入以及高学历人群工作的受影响程度相对更高。

与此同时,许多人工智能的业内人员披露,人工智能模型在运算时的能耗惊人。运行人工智能的平台不仅需要大量的芯片,还需要大量的电力。据估计,如果按照现在的芯片工艺架构,运营一个百万用户级的人工智能聊天应用,就需要2台35万千瓦功率的发电机供应电力。

文明进步到底是什么意思?我们节约了一批人工,然后耗费了更多电?还是我们用消耗更多电力的方法把原来具有更高社会地位的人打压了下去?就像椋鸟群把中心位置的鸟置换到边缘去?我想起了许多年前写博士论文的时候,读到有关"柯伯-道格拉斯生产函数"的内容。那个时候的经济学还在研究"资本"和"劳动力"之间的相互替代关系,其中的"资本"其实是指工业化时代添置机器设备的大额支出。我想了一下,莫非今后的经济学将研究另外一种形式的"柯伯-道格拉斯生产函数"?研究"电力"与"算力"之间的相互替代关系?算力强的经济体就可以节约更多的电力,电力充裕的经济体就可以承受更低算力或更高能耗的芯片。

于是,我把本节的标题改为了"电力与算力"。

我在《估值原理》指出,估值不是去确定资产的价值,而是要确定人的社会地位。我们既不是对人工智能的技术在估值,也不是在对科技股进行估值,而是在集体游戏中,对于从事人工智能工作的那批人的社会地位进行评估。结果就是他们的社会地位提升了。体现方式之一就是他们的股票暴涨,他们的研究成果让一批原本有社会地位的白领失去工作,来到社会底层。

一批人的社会地位提高,就意味着有另外一批人的社会地位相对下降。但这个此消彼涨的过程有以下几点值得读者思考:

第一,无论是人工智能从业人员还是被人工智能取代而失业的人们,大家的生活质量、便利和福祉都随着科技进步而提高了(相比自己的过去)。升降的只是相对社会地位(相比周围的人)。

第二,取代者依靠的不仅仅是科技进步,还依靠了被取代者对规则的遵守。如果那些岗位被人工智能取代的人们开始找选区参议员立法阻挠人工智能的推广,他们的社会地位原本是不会下降的。

第三,被人工智能取代的劳动力是很难在同一行业再就业的,那些行业可能永久消失了。他们要么学习新技能之后转行,要么就沦为无法被取代的体力劳动者。

第四,人工智能取代原有人工岗位之后,社会会产生更多细化的分工。解决工人再就业问题的关键是允许并鼓励社会多样性分工。原有的行业被整体取代以后,原来的从业人员不会整体就业,而是化整为零,成为社会细分行业的从业者。

为人工智能提供芯片的英伟达公司主要是设计而不生产芯片,它的芯片主要外包给其他公司生产,当然现在也开始涉足芯片生产环节。与之相反,英特尔公司不仅自己设计还生产、封装和测试芯片,它是世界上最大的芯片生产商。但是,在股票市场上,英伟达的市值却比英特尔的市值高许多。

我很难用现金流折现、市盈率、市销率或者其他什么估值方法来解释这个现象。我认为最恰当的理解就是,在人工智能时代,生产

GPU芯片的英伟达公司的地位要比为个人电脑时代生产CPU芯片的英特尔公司高。

英伟达公司现在占据了椋鸟群中的有利位置。它经过多年的努力,把英特尔公司挤压到了椋鸟群边缘的不利位置。股票估值高低体现的就是不同人的社会地位升降。

有一个事情困扰我很久了:为什么我们取得了那么多的科技进步之后,人类总体的能耗不仅没有下降反而增长迅猛呢?难道我们不是一直在拼命生产更节能的电器、更省油的汽车、功耗更低的芯片和更优化的算法吗?我们难道不是整天在策划如何应对气候变化的难题吗?为什么不用科技进步的手段降低我们的能耗?这样一来,我们就永久性地生活在又智能又环保的世界里了?

这幅美丽的图景适合去申报科研经费,不适合解决现实的问题。科技越进步,能耗越高,这两者其实是同一个原因的两个不同结果。我们无法在这两者之间做取舍,它们之间也不存在此消彼长、相互替代的可能性。

<u>我还是请大家回到集体游戏的场景中理解这种现象。</u>

在"天外天"游戏中,需要鼓励个体去追求自由,个体越是努力追求自由,飞行队形就越随机化,集体被捕食的风险就越低。怎么才能让大家敢于追求自由并为之承担一定的个体风险呢?整个游戏需要让大家相信未来充满了机会。

人们一旦进入乐观看待未来的情绪状态之中,他们就不会省吃俭用,更可能是寅吃卯粮。人们乐观地相信自己未来有很多机会,其结果就是社会总体消费上升了。当然,人的福祉和享受也增加了。<u>科技</u>

<u>进步不会让我们的能源消耗降低,它只是让那些能够降低能耗的人提升自己的社会地位。</u>一旦能耗被某个新技术降低,全社会又进一步笼罩在乐观情绪中,相信科技进步会带来更好的未来,大家一起开心消费,能耗马上又上去了。

于是,总的能源消费量并没有随着科技进步而下降。在全球共同应对气候变化的努力中,人们并不考虑减少能源消耗,而是考虑研发替代化石能源的其他能源生产方式。于是,风能、太阳能和核能开发者和投资人的地位就上升了。这些新能源的股票乱涨。全球电力消耗则持续走高。

在另外一种假设的情况下,人们开始节衣缩食应对能源消耗。那样一来,人们就不再乐观面对未来了,他们就像面对老龄化社会的日本人一样,开始对未来担心起来了。未来,对于他们来说,包含了更多的危险性。因此,他们需要约束自己现在的行为,使得未来具有更少的可能性。于是,需要现在就开始精打细算过日子,每天省下一些口粮,储备过冬的粮食。

这个游戏就从"天外天"切换到"人上人"的集体游戏模式了。人们对未来缺乏信心,战战兢兢,担心未来发生大饥荒。自己单独的生存机会很少,一定要大家抱团取暖。为此,人们降低消费需求,把生活所需尽量压缩,使得集体始终有余粮能够帮助陷入困境的同伴。这里的人们能源消耗水平很低,但是,他们也不会下重注去搞科技创新。

<u>科技进步是"天外天"游戏的驱动器;节衣缩食是"人上人"游戏的压舱石。</u>

人们不能同时玩两个游戏,即便抛弃我的观点,采用经济学家们

的视角,结论也是一样的:在一个经济体里,能源消耗很大,这就鼓励了大家去勘探新的油田;能源价格很高,这就鼓励了人们去研发新能源汽车。这个经济体里面有蓬勃的需求,乐观的消费者和持续不断的科技进步。在另外一个假想的经济体里面,人们勒紧裤腰带过日子,能源需求很低,物价也很便宜。这里就既不会有勘探技术的进步,也没有能源投资的繁荣——这两者无利可图。

问题的关键还是要看人们在玩什么游戏。如果是"天外天"游戏,那么,就要像椋鸟群那样不断变化队形,原来居于中心有利位置的人,不断被周围边缘位置的人取代。人们继续努力,追求生产效率的提升,追求科技进步,追求改善别人的生活,同时提升自己的社会地位。在这个游戏里,科技进步不是解放了人,而是解除了一部分人的劳动合同。随后,各种各样的人去从事形形色色的工作,包括一些看起来"匪夷所思"和"千奇百怪"的工作,社会分工越来越细,多样性越来越丰富,个体的人越来越相互独立。<u>"天外天"游戏就在科技进步的推动下,进入了正循环——就像椋鸟群的外形越"随机",集体就越安全。</u>

请设想一下:在某个经济体里,如果10%的劳动力都是干同一种工作且没有颠覆性的科技进步,那么,这部分劳动力就像在社会这个大椋鸟群里面统一行动的一个小椋鸟群,它们的思想是统一的,步调是一致的。它们的行为举止、作息时间和价值取向都是高度相同或相似的。它们就成为椋鸟群在变化队形时的掣肘,无法幻化出平滑过渡的随机性外形。这样飞行的椋鸟群反而是不安全的。

1998年,我第一次去美国的时候,并不感觉那里有多么繁荣和先进。我的第一印象反而是应了那句老话:"林子大了什么鸟都有。"美国街头有各种各样的涂鸦，路上有奇奇怪怪的人物，城里有稀奇古怪的职业。经济学家们可能会说，这是经济繁荣导致的社会多样化。我的理解则完全不同：这是社会对历次科技进步被动适应的结果。不断的科技进步，把一批又一批稳健的行业击碎，把一批又一批的劳动者从他们体面的岗位中解放（解雇），创造了一批又一批新的效率更高的工厂。于是，这个社会被迫表现得宽容和自由，为的是接纳这些失去岗位的人，让他们去各个细分领域再就业。他们为了生存，就和原来的餐饮业错位竞争。于是，美国就有了各种各样口味的餐厅。一个来自爱尔兰的同学曾经亲口告诉我："我在都柏林都没有见过这么多不同口味的爱尔兰餐厅。"另外一个意大利裔的美国同学则略带嘲讽地说道，他那来自西西里的祖母很肯定地告诉他，绝大多数意大利菜都是在纽约布朗克斯区发明的，这些菜在意大利本土闻所未闻。

这恐怕就是多样性社会的演变路径。社会鼓励自由和包容其实是为了接纳被科技进步淘汰下来的再就业者。他们既是上一轮科技进步的缔造者，又是这一轮经济繁荣的幸运儿，也是下一轮科技进步的牺牲品。

我在美国看到的繁荣街景其实是上一次经济繁荣后的废墟。形形色色的餐饮业是失业大军的"收容所"（缔造上一轮经济繁荣主力军失业以后的再就业基地）。这些人被上一次科技进步淘汰下来，加入了服务业的大军。为了和现有服务员从业人员进行"差异化竞争"，各种各样细分的"爱尔兰"酒吧和"西西里"餐厅如雨后春笋般涌现。

我彻底理解了维特根斯坦的那句名言："一切文明都是废墟。"

面子、孝子与种子

在早期人类社会里,"人上人"游戏的社会形态并不是金字塔型的,而是倒图钉型的。绝大多数人在社会底层,一小部分人占据绝对的优势地位。这一小部分人掌控了绝大多数资源,他们维持着这个集体游戏:让大多数人玩命干活却只够勉强糊口,他们就变得勤劳又顺从了。如果没有法老,就不会有奴隶,也就不会有金字塔。造金字塔的目的是维持集体游戏。

但是现代社会中,"人上人"和"天外天"游戏都演变得有些边界模糊了。我将其视为"星期二"和"星期四"的关系。面子和孝子这两个概念都是在这种模糊形态的"人上人"游戏中形成的,它们的作用相当于保险公司签发给客户的保单。

我们先来看看维持一个面子体系的目的是什么?这个面子体系的运转靠什么维持?我们维持了面子就仿佛维持了一个体面的秩序,让在这个秩序中下级的人感觉为你做一些事情是攀附上层社会的捷径。人们有"走捷径"的思想,归根结底是因为个体的发展机会太少了。但要维持"人上人"游戏,就必须限制大家获得发展机会(让大家待在星期二)。一旦个体获得的发展机会多了,游戏就有可能演变成"天外天"游戏(人们来到了星期四)。

这个建立声誉以维持面子的体系有时候就被称为"关系网"。在我看来,它既有互助保险的功能,又有传销组织的特征。对于试图加入关系网的人来说,为关系网做贡献就像是为自己未来的不时之需买了一份保险。对于已经在关系网内部的人,尤其是这个关系网的核心人员来说,他们像是在运营和维护一个传销组织。这个传销组织不能保证所有人都能提高福祉,也不能提升组织内部的运行效率,他们只能在关系网内部重新分配财富,使得富人和能人在收到保险费以后,变得更富,穷人则更穷(但获得了安全感)。要维持一个关系网,他们就一定要让还没有加入关系网的人热衷且向往,让他们乐于做自我牺牲,让他们心甘情愿交保险费,让他们交钱、礼物或者其他形式的孝敬物,让他们以为自己加入了上层社会,有了更强大的靠山和更广泛的资源。于是,人们就充满了乐观、安全感和对未来美好生活的向往。

在成熟运转的关系网里,面子就像是可转让收益权的保单。人们对关系网以外的人炫耀并宣传自己的关系和能力,并由此在关系网以外的社会群体中,拥有了更多的面子和更高的地位。这样,他们就能够吸引关系网以外的新人来巴结自己,推广"寻租"来加入关系网。这就使得关系网像一个卖保单的传销组织。外来的新人缴纳保险费加入关系网,以期获得安全感。原有的关系网里面的人获得了实实在在的保费收益。

普通人加入关系网的动机是很朴素的。如果我已经参加了"人上人"游戏,那么,我的安全取决于:一是我对别人(尤其是比我强大的人)讲感情;二是别人因念旧谊而给我留面子。

如果我参加的是"天外天"游戏,那么,我的安全取决于:一是我的自身努力去超越别人(包括比我强大的人);二是被我超越的人讲规则接受结果。

在两种情况下,我的安全都不完全独立于其他人。

那些在乎自己面子的人，往往特别在乎别人对自己的看法和评价。他们其实就生活在某个模糊松散的关系网里面。他们把关系网称为"社会""市面""道里""朋友圈""圈子""路子"或者"兄弟们"。一个人之所以在乎别人对自己的看法，并不是因为他在乎别人，也不是因为他在乎自己的品行，而是因为他在乎自己在这个关系网中的地位。一旦你在关系网中的地位降低了，你就收不到"下线"给你的"孝敬"，你还得反过来向别人交"保险费"。

有些社会则完全相反，人们冷漠傲慢、狂妄自大并且相互独立。在这种社会形态中，人们不在乎别人对自己的看法，"I don't give a damn"（老子不在乎）是他们的口头禅。他们不仅是相互独立，而是根本就没有关系网（无论你叫它"社交圈"还是"关系网"）。给人打分，给人评价，给人定性，那是上帝在最后审判日才做的事情，普通人怎么能取代上帝在本周末就给人打分呢？在这种文化氛围下，人们不太在乎别人对自己的评价。

许多人以为自己在领导那里立了功，种了感情，留了面子，就给自己留了后路，将来可以去走捷径。这是"人上人"游戏中人们普遍的幻想。这也是该游戏维持下去的一种自发机制。那些喜欢走捷径的人，本身也容易相信世界上有捷径。他们参与的集体游戏，本身就是各种关系网和熟人圈子。他们眼里的捷径就是构建并维持一个关系网，这个关系网的各个节点之间的连线看起来像是一条捷径。

为了确保这是捷径，一般来说，关系网内部成员还要一致对外地阻挡其他人使用这条捷径，他们甚至还会想方设法提高其他人走正常道路时付出的代价。

我自己经常有走捷径的念头。人到中年，我发现那些捷径都是坑。我一直以为，我的家庭背景是我最快的捷径。其实那条路没走之前看起来风光无限，真正走起来，我才发现这条所谓的捷径是通往社会边缘而不是舞台中央。

一旦我们从保险机制来理解关系网和走捷径等社会现象，我们就同时发现虚荣心其实是有商业价值的。它帮助你建立了"声誉"。你甚至可以用这个声誉来维持一个类似"传销组织"的关系网。人们在乎面子、相互攀比的地方容易产生虚荣心。但是，虚荣心并不是虚的，它代表了别人对你的认可或期待。你头上的光环对应了你在关系网这个"传销组织"中更高的地位。同时，这就意味着你可能吃到更多的扣点和返利，会有更多的人孝敬你。他们在你夺目的光环吸引下，前来巴结你，试图和你建立友谊。人们不是在维持自己的虚荣心，而是在维护自己头上的光环。那个光环就代表了在传销组织中的地位。你的地位越高，收到的下线的孝敬和新人的保费就越高。虚荣心不会单独诞生，它一定诞生在关系网中。关系网由一群相信社会上有捷径可走的人组成。

我们的传统文化其实是很强调、注重和提倡人的修养的。我们的传统文化不太赞成个人高调地参与社交活动。但是，现代社会有些人很希望享受别人对自己的羡慕。这种羡慕能够变相地提高自己的社会地位，操纵别人的心理预期，从而建立一个"我很能干""我很重情谊""巴结我很有用"或"有事可以找我"的念头。一旦对方觉得你很能干，他就会给你各种孝敬，巴结你，帮你做各种小事情，这些都是他向你缴纳的保险费，相当于你卖出了保单的收入。你其实未必有能力帮助他,而且即便你有这个能力,你也未必想帮他。但是,对于他来说,他缴纳了保费以后,他自己就感觉安全多了。你其实是一个"泥菩萨",满足了一个弱者的心理需要。

我从来没有见到有人做过量化的统计。所以,我也无法在这里粘贴一段数据,向读者说明:这种互助保险机制其实是徒劳的。巴结别人,不如自己找保险公司买一份保险。没有社会学调查数据能够支持我的结论。于是,我从逻辑上再把我的推理(假说)捋一遍:

一是维持"人上人"游戏的关键是要遏制个体向往自由的念头,为此,需要剥夺个体的发展机会。让一个人始终生活在不安的状态,才能让他待在"人上人"游戏里面寻求安全。

二是在"人上人"游戏中,最有价值的发展机遇都被游戏的组织者控制起来。普通个体得不到发展机遇,他们才会更渴望、更珍惜和更向往机会,才会更愿意去孝敬和巴结游戏的组织者,以便获得发展机遇。

三是组织者是游戏中的强者。对他来说,接受孝敬、卖出保单只是向对方提供了心理安慰。他给出的是空洞的暗示,而非实际的承诺。所以,强者最有利的策略应该是"渲染一个强大、能干和肯帮忙的形象,用以收取别人的孝敬",而不是"真诚而热情地帮助别人"。

四是虚荣心的动机是维持形象。以便出售空洞的保单,收取孝敬(保费)。买到保单的人就此获得安全感,以为自己走了捷径,以后会获得发展机遇。

让法老始终有几辈子都花不完的钱;让奴隶们几辈子都攒不下几个钱——这两者一定要同时在游戏中完成,否则这个游戏就玩不下去。

在"天外天"游戏中,人们不喜欢走捷径的人。他们可能也相信世界上有捷径,但就是不愿意去走。因为走这条捷径就意味着他成为别人的仆从。那个给他提供捷径机会的人,就成为他的恩主。一个人如果喜欢独立,热爱自由,他就不喜欢走捷径,因为他不想受恩惠于人,然后一辈子矮人一等,生活在别人的阴影里。如果一个社会都是由这样的人构成的,那整个社会就不太有关系网、后门和捷径。这样的社会人和人关系比较淡漠,他们既不相互亲密也不相互利用。他们参加的就是"天外天"游戏。

说了面子之后,我再来说说孝子。

中国旧社会的父母在教育后代的时候经常会打孩子。老话还说,"棍棒底下出孝子",这种做法和这套说辞的目的不像是教育孩子走正道,而像是给孩子灌输"亏欠父母"的内疚感。打孩子只是手段,目的是告诉孩子,你配不上现在的生活,你辜负了父母对你的好,你现在的表现使我们确信你未来会低于我们的预期。

这种"亏欠父母"的内疚感一旦建立起来,它就促使孩子在长大以后,努力工作以孝顺父母。一旦年轻人努力工作,同时老年人又有保障,那么,全社会的秩序就得以稳定。所以,官府也好,私塾也好,街坊邻居也好,社会风气也好,都是鼓励(至少是包容)父母打孩子的。

我父亲每次参加完社交活动回来以后,总能够给我带回来一个新的"榜样":谁谁谁的儿子是多么的成功和优秀。他说这些的时候,总带着羡慕、向往和惋惜。我知道,他同时是提醒我:我年轻的时候不够努力,辜负了周家的资源、声望和背景。我的懈怠使得父母晚年享受荣华富贵的念头落空了。因此,我欠了父母一笔无形的债务。而且现在,我无论怎么努力都已经来不及了。我自愿离开了体制,去从事房产中介的行业,我已经沦落到了社会底层。我唯一能够补偿父母的方法,就是现在好好孝顺他们。伺候好他们的晚年生活,是我偿还欠父母"债务"的唯一方式。

所谓"孝子",就是欠钱认账的人,他那种报答养育之恩的不赖账品行得到了社会的认可。作为一个亏欠父母的人,他无论干什么都会受到长辈的指导。对于父母来说,并不指望他也做什么惊天动地的大事,取得什么光宗耀祖的成就。父母的真实希望是让孩子好好照顾自己的晚年。所以,当孩子事业不成功的时候,父母反而有了更好的说辞:你辜负了我们的培养,我们注入你的资源和希望全部落空了,因而你欠了我们更多东西。一个孝子始终生活在近期的时间里,生活在父母长辈的晚年时间里。他像是一张债券,争取在父母的余生还本付息。他不能像一个期权,去探索他自己的世界。一代又一代的孝子解决了中国社会的养老问题,但是也把年轻人限制在父母的膝前塌下,遏制了他探索自己人生的可能性。父母夺走了他的时间。他长大以后,也会做同样的事。中国古人信奉"养儿防老",就是把孩子当成自己管理晚年风险的工具。

人一旦被限制了选择权,他的生命就没有意义,也就没有了自己的时间。你的时间已经提前被预约了,用于管理父母年老时的健康风险。你的时间并不完全属于你,你不能追随自己的愿望去探索未来更多的可能性。

西方人对父母的感情比我们淡漠得多。他们的父母和孩子像朋友一样相处:逢年过节会去看望父母,平时偶尔也会打个电话相互问候一下。西方人育儿就像对待一颗种子:我创造了一个生命。孩子是我的希望,是生命的种子,是未来奇迹的源头。所以,让孩子自己去创造,去探索,去尝试,去实现未来种种可能性。他经历得越多,生活越精彩,我的生命就得到了某种形式的延续。

朋友和孩子都不是我放飞的风筝。我手里没有,也不应该拽着一根线去牵挂和限制他们的发展。他们不是我的牵线木偶,他们不欠我任何感情和恩惠,不需要用他们的时间来回报我。他们用自己的时间去创造更好的未来,最终会对我有利,对社会有利,对人类有利。

我从《市场本质》就开始呼吁建立市场化机制。一个市场化的经济体往往充斥着各种独立而自强的人,他们更容易创造出新科技。一个非市场化的经济体往往充满了温暖人心的感情纽带,人人都相互依赖,他们反而不容易创造出新科技。从提高效率的角度来看,用自己的后半生孝顺父母是低效率地使用了时间,提前限制了这段时间潜在的其他可能性。

为此,从社会经济发展的角度,我有以下的思考和期待:

首先,我们应该鼓励建立覆盖更广泛、保障更全面和运转更高效的全民医疗保险。这就彻底解决了天下"孝子"们的难题。把年轻人解放出来,让他们乐观地规划自己的人生,让他们对未来充满了新奇的向往,让他们追求那些看似不着边际的想法,而不是愁眉苦脸操心父母的健康。只要年轻人乐观面对未来,他们自己认为自己的时间包含了更多的机会而不是责任(责任就是债务),他们就会生更多的孩子。生育率提高以后,社会面临的老龄化问题会得到自然而然的缓解。我们与其让年轻人背负按揭贷款,通过房地产繁荣来实现经济发展,还不如让全社会一起背负医疗保险,通过解放年轻人,减轻他们的养老负担,来创造科技进步并实现经济繁荣的奇迹。

其次,我们还应该积极推进市场化的改革,从而从根本上打破"构建关系网"和"走捷径"的基础,把人们从"面子"的困扰中解放出来。中国人不爱买保险,遇到风险宁可向组织求助、找熟人帮忙或者干脆自己扛着,有了余钱赶紧去投资,也不愿意提前购买对冲风险的保单。市场化改革不仅仅是为了让国企变得更高效,更是让个体的人变得更独立。人独立于"单位""圈子""关系网"之后,他就天然对自己负责。他对自己负责,就会认真提升自己的能力,去成为强者,而不是构建关系网。

最后,也是最重要的事情应该开放市场准入。这就是要提升时间里包含的机会,给所有人更多的时间,让他们相信我们的经济体会有无穷的机会,他们自己会有无限的可能性。这样就从根本上打破了那个奉行平均主义的"人上人"游戏所依赖的土壤:机会匮乏。要知道,平均主义绝对不是集体主义,而是要相互监督和提防,防止别人抓住体制内难得的机会,一跃成为"人上人"。我们应该把各行业的准入条件透明化,把各行业的监管条件法制化,给人机会,让人自己发展;而不是编制计划,让人服从安排。这样的话,就会给我们的经济体注入无穷的创造力。

人性与算法

我在上海大学教书时,带过十几个金融学硕士研究生。其中,有两个学生比较特别：一个整天想着要考编制进体制当公务员；另外一个整天想着早点毕业筹一笔钱去资本市场大干一场。他们俩后来都如愿以偿走上了各自向往的道路。

我没有为他们高兴太久。我很快发现，他们俩不约而同地开始长吁短叹，怨天尤人，后悔自己当初的选择。而且这两人都感觉压力巨大，身体慢慢出现了各种毛病。逐渐地，他们开始把我这个过去的金融学老师当成了心理医生。

我自己曾经也饱受抑郁症的困扰。我很同情、理解并乐于帮助他们解脱苦闷。不过，在我这个"久病的良医"看来，他们都没有心理疾病，只是有着正常人都有的焦虑情绪和思想负担。

我告诉他们，你参加一个集体游戏之前，就必须理解，游戏是有输赢的。地位也好，房产也好，股票也好，这些看起来都像是游戏中使用的"代币"。资产本身并没有内在的"风险"和"回报"，风险和回报不是资产本身固有的物理属性——根本就不需要（也不能）用数学物理方法来研究。资产在集体游戏中作为一个代币、玩具或者用具，它为参加游戏的人提供了两种可能性：在游戏中胜出（取得回报），或者在游戏中失败（承担风险）。

集体游戏不是为解决你个人发展而组织起来的。两种集体游戏都是为了防范风险而建立起来的。你个人的发展要服从于这个根本目标。与此同时，游戏的组织者还有他们自己的利益。如果你想要在游戏中取胜，那么你的行为举止就一定要符合你所在游戏本身的"算法"。

先来问问你自己：为什么要去参加这个特定的游戏？一个人之所

以加入"人上人"游戏，是因为他向往安全。他之所以向往安全，是因为他容易感受到不安全。同理，一个人之所以加入"天外天"游戏，是因为他向往自由。他之所以向往自由，是因为他容易感受到不自由。

一旦你做了决定，后面的事情就都是结果。而这个过程是由游戏的算法所决定的。相对于算法而言，个体命运的最终结果很可能是随机的，和个体努力其实是没有多大关系的。

如果你选择了"人上人"游戏，那么，你最好事先就知道：在这个游戏里，安全感和压迫感是同时存在的。而且这两者很有可能是一体两面的，就像我们体内的压力荷尔蒙和皮质醇一样。那些让你感受到压迫感的事情，同时就引导你去寻求安全感。你在寻求安全感的时候，就会自觉按照游戏规则行动，你的一举一动就符合了这个游戏设计者的初衷。集体游戏能够提供你安全，办法是让你经常感到某种不安全，从而向游戏组织者寻求庇护。当你得到庇护时，一种安全感就降临到你身上了，游戏组织者则得到了你的忠诚、温顺、恭敬和服从。但游戏的组织者始终会担心你的忠诚，他会继续给你制造新的压力。于是，你又会感觉不安全，有压力，你再去服从，他就收获更多的忠诚。久而久之，你的一举一动就都完全服从了。这就是游戏的"算法"。

最早发现这种自我强化机制的人是美国总统本杰明·富兰克林。这就是"富兰克林夫人马车"的故事。200多年前，富兰克林还没有当总统，他在宾夕法尼亚州议会里面有一个"死对头"，处处和他作对。有一天，富兰克林夫人乘坐的马车正好坏在了这个"政敌"家的门口。富兰克林夫人下车去向这位"绅士"求助。他派黑奴仔细检查了一遍，说车轴断了，没法修理。于是，他慷慨地借出自己的马车给富兰克林夫人使用。过几天,他又派人把修好的马车送了回来。打那以后,富兰克林发现,这位"绅士"的反对派立场变得不那么强硬了。

他一旦做出决定,出手相助,他就会自己说服自己,帮助富兰克林夫人(及其丈夫)是一件正确的决定。他后续的行动会继续捍卫他自己最初的选择。这就是人性。

在"人上人"游戏中,游戏组织者眼里没有"对和错",只有"忠和奸"。要让绝大多数人顺从,这个游戏就玩得下去。在极端情况下,一个人只有和大多数人一样穷,他才能获得安全。当不顺从的人受到惩罚时,其他顺从的人在心理上就得到了某种满足,仿佛一种安全感降临了:我不会被惩罚,否则"帮主"要惩罚大多数人。即便犯了错误,也不要紧,只要你顺从,就会有活路,因为"帮主"和他的子子孙孙需要人们听话,继续为他干活。

在"人上人"游戏中,不要提什么"建设性建议"。游戏的组织者并不需要你提意见,只需要你讴歌他的伟大。你跟他说什么,他都能轻松反驳。他反驳的不是你的观点,而是质疑你发表这些观点的资格、动机和能力。"你有本事自己下海去啊!""你说的都对,你到美国去混啊!""你自己怎么不去做呢?"——这些话都是要把那些提意见的人赶走,这样就防止了人心浮动,从而保证了留下来的人都是顺从的人。"人上人"游戏的集体一定要消灭那个冒头的人。他因能干而自信膨胀,就会把这个集体的人心搅乱,搞得大家不服从。游戏玩不下去的话,对大家都不利。一定要把这些人都修理成千篇一律的样子,每个人都俯首帖耳并自觉和前后左右保持一致,这样的集体就容易保持稳定。

如果你参加的是"天外天"游戏，那么，你要想清楚：你得到的不仅仅是自由的空间，更是随机的命运，而且这两者很有可能是一回事儿。如果你比别的投资人更随机，在柔韧性上超越同龄人，那么，随着社会洪流前进，你迟早会脱颖而出。投资不是比谁更反人性，而是比谁更接近随机性。你淘汰了那些诉诸理性和经验的投资人。你比他们更随机。

我自己在大房鸭下海的经历告诉我，我设想的东西都对，但结果却是一路输钱。市场经济的算法里没有什么"对和错"，只有"输和赢"。最后，大房鸭公司开始赚钱了，是因为竞争对手资金周转不灵而垮了。"对和错"只在成功者的传记里面，在商学院教授的案例分析中。

我一直对学生们说："不要准确预测，但要为错误预测做准备"。这句话的英语比较简练：Don't predit, do prepare，这句话是我自己的总结。玩下去，玩的时间越长越好，越是强大的敌人就越是僵化，在市场下一个随机波动时，他自己会消失。关键是你一定要活着等到那一天。

你比竞争对手们更随机，就需要比他们更能熬日子，脸皮更厚，转弯更灵活，认错更快，知错就改。在这市场经济的大海中，哪里有什么自由？我的天！2015年，我为了自由而下海，结果发现我以前错误地理解了自由。下海以后，我每天被迫应付各种突发事件，被迫经常来一个灵活的转弯，那叫自由吗？那更像是对随机性的被动适应。我遇到事情再也不能打报告给上级了，没有上级替我承担后果，给我拨款，照顾我的生意。我这叫自负盈亏、自谋出路，这难道就是我当初向往的自由？

Open AI 公司的创始人伊尔亚·苏茨克维在向公众介绍他们的人工智能聊天工具 Chat GPT 时，说过这样一段耐人寻味的话：在人工智能领域，最重要的不是芯片的算力，也不是软件的算法，而是要理解并模拟人类在遇到问题的第一个瞬间，为什么会从这个角度去思考和推理。这就是我写作时遵循的原则，要理解最初的那一个瞬间，为什么人类选择了某种集体游戏。

我对本节开头的那两个学生说："我们都是漂浮的种子，去寻找合适自己发芽的土壤。许多事情，在你出发的那一刻，就已经注定了。"

如果你自己选择了安全，你就去参加"人上人"游戏，那里能够给你带来更多的安全感，你感觉自己的风险降低了。这就相当于你的时间延长了，活得更久了。

如果你自己选择了自由，你就去参加"天外天"游戏，那里能够给你带来更多的机会，相当于你的时间延长了，活得更久了。

你在"人上人"游戏中获得更多安全的代价就是得承受压力，你的时间里面被拿走了许多机会，注入了许多保障；你在"天外天"游戏中获得更多自由的代价是得经常承受挫败感，那种随机性带来的失败感，你的时间里被注入了许多机会，同时也被注入了许多风险。

我那两个学生同时反馈说，我讲的心理学比我当年讲的金融学要好很多。

人设与角色

在集体游戏中，先有了角色设置，再有了人物设定。

我很早就发现这样一个现象:中国同学说我长得像著名歌手李宗盛,外国同学说我长得像喜剧演员弗莱德·阿米森(Fred Armisen)。我起初并不在意,因为外国人不知道李宗盛,中国人不熟悉阿米森。人总是找自己熟悉的事物作为参照物。但是,久而久之,我发现了另外一个现象:中国同学经常夸我有文艺气质(尽管我从不唱歌,也不给女同学写东西),外国同学经常夸我有幽默感(尽管我不爱和他们开玩笑)。我发现,其实是李宗盛和阿米森在他们的脑子里发挥了作用,我被当作最接近的替代选项做了填空题——人是先有了结论,然后再去寻找证据,以便证明自己得出了正确结论。

在集体游戏中,无论你是否乐意(或是否擅长)担任外场接球手的角色,只要这个岗位缺人,你就会在众目睽睽下,在众望所归中,在众人期待里,最终默默戴上手套,走向外场,成为接球手。总之,周围的一切会形成一种巨大的环境压力,迫使你成为接球手。你一旦反感、抵触或者抗拒,你就会受到惩罚。尽管可能没有一个人公开站出来批评你,甚至没有一句脏话,但是,无形的压力会让你觉得他们的目光就像鞭子一样抽在你背上。

一旦你服从大局,顺从地成为接球手,他们会立即发出欢呼,先是赞扬你的自我牺牲精神。然后,他们会说出一大套逻辑上很通顺且证据很翔实的说辞:"你其实很适合担任接球手""这孩子真是一块接球手的好料子""以后你就会明白的,你会感谢我们的,我们这都是为你好"——他们并不是自私,也没有胡扯。他们真心这样想,他们本能且默契一致地为集体游戏物色了一个人选。

我们就在集体的期待中成为集体游戏中需要的那个人,在集体游戏中理解自己的角色和位置,然后发现了自己的使命和价值。这样的话,人就不容易纠结。我就再也没有耿耿于怀的事情了。你到底是一个什么人,不重要,既不会有人关心,也不会有人知道。你的人设是根据你被期待的那个角色来定的。你在游戏中的角色决定了你的人设,别人就根据这个人设来评价你的表现。

有一次,我遇到一位复旦大学的前辈学者。他对我很客气,并热情地攀谈了几句之后,他就神秘兮兮地暗示我:"小周,你知道吗?其实,你祖父论学术水平在我们复旦是评不上一级教授的。50年代那次评定职称的时候,本来我们复旦内定你祖父是历史系二级教授。结果,名单报上去以后,上面派来一个人,直接去找校党委,说要考虑周谷城当年和毛主席在湖南第一师范睡上下铺的因素。你祖父就是凭着这层关系才当上一级教授的。我们复旦内部的老人都知道这事儿。"说着说着,他就自己嘿嘿地笑了,仿佛我的家丑、把柄和短处早就捏在了他的手里。我心里当然很不舒服,但我也说不出什么。我想发火,但又怕落入更深的陷阱。总之,我当时就觉得自己在会场上矮人一头。对他在会上的发言,我就不敢反驳,生怕落下一个心胸狭窄的坏名声。几个月以后,我在其他场合又遇到了他。这次,我正好站在他背后,他在和另外一位教授说话,那语气颇有显摆、吹嘘和得意的意思:"你们华师大的××老比我们复旦的周谷老差了不止一个档次。我们周谷老不仅学问一流,而且还是毛主席在第一师范时候的上下铺。"那位华师大的老师我不认识,但我看他皱着眉头,频频点头,身体稍稍前屈,颇有"行了,我认输"的意思。

我后来想通了。复旦的那位学者并不在乎我祖父的学术水平,他只在乎他自己在学术社交圈的相对地位。因此,我祖父的学术声誉、第一师范的室友以及他与毛主席的友谊都是他在"尽快提升自己社会地位"游戏中使用的工具。

人不能脱离他所在的社会,单独谈论美德、品行和操守。就像你不能脱离篮球游戏,单独谈论弹跳能力、控球能力、耐力和爆发力一样。这些被称作能力或者品行的东西都是不同集体游戏中的"生存技巧",或者就是金融学里面讲的不同市场条件下的"交易策略"。

我写的金融哲学系列三部曲,读者们都不太喜欢。金融学家批评我对金融学的理解从根本上就错了;哲学家认为我对哲学问题的理解完全是一个外行;读者们吐槽我的书里根本就不教人炒股。于是,我就到处去演讲,现场推广我的书。但我发现听众们——无论哲学家还是股民——都喜欢听我讲自己炒股输钱,晋升教授失败,创业遭遇挫折甚至"家丑",仿佛这里面有天然的正义,有人们期待已久的公平。

我当然很不喜欢写这些东西,但我意识到读者的口味决定了出版商的积极性。我要介绍我的观点就要善于利用这个机会。好吧,我就借着这个话题,吐槽一些我当房产中介那些年的糟心事儿吧。

我属于在改革开放春风中成长起来的一代人。我心目中的英雄人物就是那种敢想敢干,把国企搞好(为群众搞出效益,为地方搞出规模,为上级搞出成绩)的"能人"。比如,石家庄造纸厂的马胜利和海盐衬衫厂的步鑫生,20世纪80年代初期,他们俩通过深化改革,把陷入困境的国企扭亏为盈。

2015年底,我和小伙伴们一起离开国企下海参加混合所有制改革。我可能潜移默化地、不自觉地按照那个时代英雄人物的人设,把自己"想象"和"打扮"成了那个角色。这样一来,毫无疑问,我得罪了很多人。20世纪80年代的国企改革和2015年的情况肯定是不一样的。我照搬照抄老电影里面改革风云人物的一言一行,当然处处碰壁。那些80年代正确的市场化手段,无法运用到今天的国企改革中去。今天,有相当一部分国企很像一个以维持稳定为主要任务的机构。大家都在防止自己出头,防止自己得罪人,防止自己和别人不一样。待在这里的人并不追求自由和发展,他们追求的是稳定和安全。所以,我和小伙伴们下海了。这也是我对于国企内部那种"你有本事,你自己去干啊"声音的回应。我写完这本书以后,我就对当时自己遇到的舆论压力完全释然了:要把自以为有本事的人排除在集体游戏之外,这样就能够确保剩下的人安心玩下去。

我和25个小伙子一起下海,我们做了一间互联网房产经纪公司。在那一批混合所有制改革试点单位里面,"大房鸭"公司得到的资金和政策扶持最少,参与的行业门槛最低,市场竞争最激烈,全体员工和原来国企的人事关系划断最清晰。我们都回不去了。

当时,我们的主要困难是没有房源。我琢磨着去找那些开发商,希望他们委托我们来卖他们新竣工的楼盘。我为此去巴结过许多开发商。有些开发商还是体制内的朋友帮忙介绍的。我后来明白了,开发商根本不想委托我卖房子。他们的房子根本不愁卖。许多楼盘早就预订一空了。大家还需要排队托关系去找他们买一手房。而且这种一手房的定价是受控制的,和周边二手房有相对比较大的差价,可以说,买到就是赚到。

这些开发商都对我很客气,他们明白我的处境,知道我的行业地位比他们低,也知道我巴结他们的目的。他们会在很豪华的会所请我吃饭,作陪的往往还有体制内的朋友。酒过三巡,他们就开始感慨人生:"洛华,我们和你不能比啊!""你家庭背景我们可是想都不敢想的呀!""我小时候,家里穷得连裤子都没得穿。""我们有今天,全靠自己打拼出来的。""我要是有你的家庭背景,我今天早就做更大生意了。"酒过五巡之后,大家相互都更熟悉了,他们说话也就更直接了:"洛华,你就是家里条件太好,所以,你根本不努力。""洛华,你根本就没有吃过苦,没法体会我们的艰辛。"关于委托大房鸭卖房子的事情,他们一般叫我第二天白天去找他们的手下谈。我一开始以为真会有商业机会,去了以后才知道,他们只是安排一个手下员工来婉拒我。这个员工会在我身上找一堆缺点,主要是我们公司的资质太差,没资格卖他们这么好的楼盘。最终,我的请求从来没有得到回应。那个拉我去赴宴的体制内的朋友倒是顺利地买到了新楼盘的一手房。

我后来明白了,真正让开发商们享受的,并不是我对他们的巴结,而是他们对我的羞辱。其实,论概率,每个人都失败过许多次,成功过许多次——只要活得足够长。但是,无论我成功多少次,每次我成功的原因都被放回到湖南第一师范宿舍——原因在我祖父睡在毛主席的下铺。而我的失败则完完全全背在我自己身上,社会需要我的失败来证明游戏的公平,从而维持整个游戏。

我发现周围的人对我多少都有这样的广泛期待:"周洛华这个人,眼高手低,心比天高,不肯脚踏实地,不肯弯腰低头,他无论干什么,结局都是糟糕的。"社会在玩集体游戏,这个游戏需要一个失败者的角色,由此来说明集体游戏是公平的。这样就可以鼓励大家安心玩游戏。

我后来还被邀请去其他没有改革的国企讲述我们下海的经历,他们很爱听我讲下海创业四处碰壁的故事。我们的下海创业经历鼓励了其他国企员工不要参加混合所有制改革,不要下海,要继续老老实实待在岗位上,一切行动任由上级安排,这样就能获得安全并保住尊严。

我祖父去世快30年了。他活着的时候就没有安排过我的工作。他去世前还特地把国家分配给他的北三环别墅交公,防止我享受。但是,从头到尾,没有人赞美我祖父的清廉,只有人鄙视我的无能。我理解这场集体游戏并不需要一个清廉的周谷城,而是需要一个失败的周洛华——这里面有天然的正义,有人们期待已久的公平。

我认识到这一点以后,我发现类似的事情在人类史上反复出现,像是一组旋律相同的变奏曲。据西晋陈寿《三国志·蜀志·后主传》记载:司马文王与禅宴,为之作故蜀技,旁人皆为之感怆,而禅喜笑自若……王问禅曰:"颇思蜀否?"禅曰:"此间乐,不思蜀。"他说的"此间乐,不思蜀"这句话,被总结为"乐不思蜀"这个成语。大家用他的"荒淫无道"和"懒散弱智"(以上两点均无可信史料证明,但大家都乐于相信)来解释蜀汉灭亡的原因。刘阿斗的故事可能在历史上被避重就轻且蓄意歪曲地解读了。人们理解的重点都在"不思蜀"。在人们心中的剧本里,此处需要一个"荒淫无道和懒散弱智"的后主。这就是刘阿斗的"人设"。他逐步在口口相传的历史故事中演变成了符合这个人设的角色。刘阿斗的荒淫无道和诸葛亮的鞠躬尽瘁是相互映衬的同一场戏。人们之所以需要这样的人设,是因为集体游戏中需要鼓励大家去成为诸葛亮那样的人。如果大家都殚精竭虑地为国分忧,那么这个集体游戏就容易维持下去。

其实,刘阿斗的这句话重点应该是"此间乐"。这句话的意思是:"这里有一种更先进的文明。"这就相当于北美印第安部落之间的"夸富宴":狂欢宴饮一定要持续到有一位酋长站起来表示自己没有实力继续当众挥霍部落多余的粮食了,他表示认输之后,参加夸富宴的各个部落就和解了。这还类似于在一场激烈的冠亚军争夺赛之后,亚军向冠军伸出手说:"你赢了""祝贺你""你今天发挥得真棒"或"今后向你学习",等等。"此间乐"这句话还类似于每届奥运会闭幕式上,奥委会主席都会向主办国的东道主道谢,并宣布:"这是迄今为止,最成功的一届奥运会。"

一个社会如果没有能上能下的机制,就一定要千方百计地让大家相信有这样的机制,这样就可以维系集体游戏。布衣平民和寒门子弟看到类似刘阿斗这样皇室子弟的下场以后,就容易相信这个社会是公平的,老天是公正的,机会是存在的。他们会认为,只要自己努力拼搏,勤奋努力,省吃俭用,就一定能够提升自己的社会地位。一旦他们相信了这一点,后面的一切就好办了。一个社会之所以有一套估值体系,并不是要对房产和黄金那样的实物资产给出定价,那些实物资产并没有所谓的内在价值。它们的价值是充当人类估值游戏的记分牌,人类建立一套估值体系的目的是要鼓励人人上进,奋勇拼搏。每个人都想方设法用不伤害别人利益的方法来提高自己的社会地位。这样做符合我们大家的共同利益。

我的糟糕的事业是我的魔咒。我经常懊恼地想起父母的惋惜:

"周家败在你手里了。"整个社会需要一个更能干而成功的周洛华吗？当然，但是社会更需要千千万万的个体一起努力。根据周洛华的能力来公正地安排他的社会地位是否有利于实现这个目标呢？还是让千千万万的人看到，一个失意的周洛华，怎么挣扎也得不到提拔，是否能够让他们相信这个社会有一个公平竞争的机制呢？由此是否能够让他们放心参与游戏呢？他们是否就此释放出更大的能量来推动社会进步了呢？

对于躺在地上的周洛华，该怎么处理他呢？我们可以从他身上总结出许许多多的经验教训。这些经验教训也许根本不是什么经验教训，也许根本没有事实依据，却是一套完整的说辞。这套说辞包括：一是在体制内，你就踏踏实实地好好干，慢慢熬资历，一定要和前后左右搞好关系，千万不要得罪人，尤其不要自以为是。二是在体制外，你就安安心心好好赚钱。三是我们社会是公平的，你努力奋斗就有机会。

这套说辞有利于激励千千万万的普通人去参与体制内外的游戏。

写到这里，似乎本书该结尾了。在这本书里，我详细解释了用集体游戏来解决个体对安全与机会的关切。这本书也是我与自己的和解。我不再纠结自己的进退荣辱、体制内的庄严仪仗和体制外的灯红酒绿了。我仿佛来到了一个思想清晰和情绪平静的地方。

1996年，我的祖父周谷城在去世前，躺在病床上对我说了一大堆话（当时他身上插了许多管子，正经受着人生最后的痛苦）。其中有这样两句话："几千年封建糟粕尽是教人如何去做一个好奴才。""有经学大师说西方科学的精髓在《十三经》里都有，是自欺欺人的话，绝不可信。"我忽然理解了他那一代人在年轻时参加"五四运动"时迫切的救国心情,以及他们在农民运动讲习所追随毛主席的爱国热情。我敬佩他把这股热情保持了近80年,直到人生尽头。当时,我向他表示,我一定要替他写完世界通史的最后一卷《平等世界之创造》。他吃力地摆摆手,对我说:"不要去写那些东西。"

最后,我想请读者帮我完成一道填空题:在下面一段话的空格中,填写"幼稚"还是"固执"一词更符合你读完这本书以后对作者的印象?

周洛华既没有真才实学,又不肯脚踏实地。于是,他人到中年还一事无成,只能每天待在家里写那些没人要看的书。即便如此,他仍然(_____)地认为自己身负重要使命,前面还有伟大的事业在等着他,为推动国家民族进步而献身的机会还没有到来。他因此反复默念"爱其死,以有待也;养其生,以有为也",然后继续埋头写作。在他向往并讴歌的光荣时刻破晓之前,他决心耐心等待。

敬请期待《平等世界》。

后　记

　　我 30 出头的时候就写了一本教科书《金融工程学》。出版之后,广获好评。教育部还把这本书指定为普通高校国家级规划教材。但是,我沾沾自喜了不多久,就有一位老哥"语重心长"(且略接近于"痛心疾首")地对我说:"洛华,一个人在 50 岁以前,不应该写书。因为他的思想、阅历、眼光和知识积累根本达不到写作的水平。出版以后,反而会贻害社会,误导年轻人。"于是,我后来每次写书都感觉自己被虚荣心驱使,又在"年少轻狂"地宣扬自己不成熟的观点。我 50 岁之前写完的每一本书都会使我想起他的谆谆教导,并略感羞愧。

　　我是在 49 岁生日前夕写完《估值原理》的。写完以后,我突然醒悟了。我感觉那位老哥一定是在忽悠我。这样就可以使他自己在没有写一个字的情况下,也能赢得我对他的敬意。他的方法就是站到道德高地,然后在我身上找缺点,在我心里种下愧意,从而使得他在今后与我的交往中,占据有利位置。

　　我的这种思想转变是随着前列腺的老化而发生的。我在写作《估值原理》的时候,经常起夜上厕所。而且我在迷迷糊糊、头脑放空,站在马桶前面的时候,往往会有灵光一闪。我会心中一喜,知道这是一条好线索,明天早晨起来再写吧。但是,等到第二天早晨醒来时,我只知道昨晚上厕所的时候,火花曾经来找过我。至于它说了什么,我已经完全不记得了。于是,为了防止火花来了就走(而且从不给我留字条),我后来每次遇到这种情况就坚持开灯坐下,用纸和笔记下这条思路。然后,我就再也睡不着了,我往往是盖着衣服,靠在沙发上,迷迷糊糊地等到天亮。而第二天往往因为昨晚睡眠质量差而工作效率低下。我一度很恼火,为什么我在电脑前正襟危坐和苦思冥想的时候,等来的往往是那些"洛华,晚上一起出去喝酒"的哥儿们,而思想火花却总是在错误的时间来拜访我。后来,还是前列腺提醒了我:"洛华,不要再纠结了。今后思想火花到思想前线来拜访你的机会只会越来越少——且行且珍惜吧。"

写作《估值原理》的过程对我来说,是一种不堪和无奈的经历。我根本记不住哪些东西已经写过了,哪些东西写在哪里了,哪些资料从哪里引用的。这些事情对于一个20岁的人写5千字的文章时,根本不是问题;但对于50岁的人写20万字的时候,确实是大问题。我30岁出头写《金融工程学》的时候,可真是过目不忘的人才(可惜那时候的我沉溺于呼朋唤友和灯红酒绿的生活)。于是,我想起了那位老哥的话,我质疑他50岁以后写的书,要么是自己口述一个思想大纲,由年轻的女助手或者新雇佣的女研究生代笔的;要么里面根本就没有思想火花。

这个判断是得到人类学家支持的。因为人类学家早就指出,人类的思维活动和激素水平是高度相关的。我很难相信一个人的前列腺老化且各种激素水平下降之后,他的思想反而成熟了——正确的词应该是"熄灭"而不是"成熟"。有鉴于此呢,我在写《时间游戏》的时候,被迫放弃了大纲、体系和结构。我的前列腺还告诉我:"洛华,你已经无力写作一本有严谨逻辑和缜密体系的书了。"

但是我自豪的是,我所有的著作都没有学生和助手参与,每一个字都是我自己打的。从第一本书到现在,都是如此,区别只在于我现在打字的时候已经戴老花眼镜了。《时间游戏》出版以后,我打算修订前面出版的《货币起源》,并在恰当的时机去写《平等世界》——即便不能出版也不要紧。在这个问题上,我已经没有虚荣心了。责任心驱使我一定要把自己真正想说的话留给这个世界。

我想起"佛祖拈花,迦叶微笑"的故事。这就像是维特根斯坦说的,穷尽了语言包含的各种逻辑可能性之后,你就来到了语言的边界,好像撞上了一张无形的网,无论说什么话都是多余的,而且越说越错,就像徒手修补蜘蛛网一样,越弄越糟。此时,不可言说的伟大真理显示着它自身(佛祖拈花),我们需要面对信仰,纵身一跃(迦叶微笑)。因为各种逻辑可能都已经穷尽,你心里剩下的是此刻能够用语言表示的最清晰的东西。就像你辛辛苦苦收拾房间,打扫卫生,把杂乱无章的东西摆放整齐,并以某一个特定方式摆放这些家具时,你感觉最舒服,突然你有了一种轻松愉快释怀的满足感。这就是迦叶的微笑。

在《时间游戏》中,我并没有推翻经济学和金融学。我甚至没有试图去反对它们。但是我发现,当我用一种人类学和社会学眼光去看待那些所谓的经济规律和金融活动的时候,我自己多了一种基于惊喜、踏实和平静的自我肯定。对于过去不理解或者很纠结的事物,我现在不怎么分析它的来龙去脉,而是整体接受了它们。维特根斯坦说过,

"理解的过程就是自己和这个世界和解的过程。"我把这种自我和解视作是"对事物有了更好理解"的结果。

我在书中把这种看待问题的新视角分享给读者,祝愿你们阅读愉快。

参考书目

周洛华:《金融工程学》,上海财经大学出版社 2019 年第四版。
周洛华:《货币起源》,上海财经大学出版社 2019 年版。
周洛华:《市场本质》,上海财经大学出版社 2020 年版。
周洛华:《估值原理》,上海财经大学出版社 2022 年版。
李进华:《野生短尾猴的社会》,安徽大学出版社 1999 年版。
爱德华·威尔逊:《论人的本性》,新华出版社 2010 年版。
弗朗斯·德瓦尔:《猿形毕露》,三联出版社 2015 年版。
弗朗斯·德瓦尔:《黑猩猩的政治》,上海译文出版社 2014 年版。
路易·杜蒙:《阶序人》,浙江大学出版社 2017 年版。
第默尔·库兰:《偏好伪装的社会后果》,长春出版社 2005 年版。
戴维·迈尔斯:《社会心理学》第 11 版,人民邮电出版社 2016 年版。
瑞·蒙克著:《维特根斯坦传:天才之为责任》,浙江大学出版社 2011 年版。
路德维希·维特根斯坦:《哲学研究》,商务印书馆 1996 年版。